北京物资学院学术专著出版资助基金项目

中止自动性的实质解释与裁判研究

张 鹏 著

首都经济贸易大学出版社
Capital University of Economics and Business Press
·北京·

图书在版编目（CIP）数据

中止自动性的实质解释与裁判研究/张鹏著．--北京：首都经济贸易大学出版社，2025.7

ISBN 978-7-5638-3552-2

Ⅰ.①中… Ⅱ.①张… Ⅲ.①中止-刑事犯罪-研究-中国 Ⅳ.①D924.114

中国国家版本馆 CIP 数据核字（2023）第 130400 号

中止自动性的实质解释与裁判研究
ZHONGZHI ZIDONGXING DE SHIZHI JIESHI YU CAIPAN YANJIU
张　鹏　著

责任编辑	潘　飞
封面设计	风得信·阿东 FondesyDesign
出版发行	首都经济贸易大学出版社
地　　址	北京市朝阳区红庙（邮编 100026）
电　　话	（010）65976483　65065761　65071505（传真）
网　　址	https://sjmcb.cueb.edu.cn
经　　销	全国新华书店
照　　排	北京砚祥志远激光照排技术有限公司
印　　刷	人民日报印务有限责任公司
成品尺寸	170 毫米×240 毫米　1/16
字　　数	290 千字
印　　张	19
版　　次	2025 年 7 月第 1 版
印　　次	2025 年 7 月第 1 次印刷
书　　号	ISBN 978-7-5638-3552-2
定　　价	76.00 元

图书印装若有质量问题，本社负责调换
版权所有　侵权必究

前　言

中止犯减免刑罚的根据（以未遂为比较对象）在于量刑责任减少与刑事政策目的。量刑责任减少是中止犯减免刑罚的法律根据，刑事政策目的则是中止犯减免刑罚的目的论根据。据此，应该将"自动性"而不是"中止行为及中止意思"作为中止犯研究的重点。

在当前的法律语境下，自动性的边缘含义比较模糊，属于阶段性、连续性概念的范畴。在我国，自动性的含义可由刑法规定推导而来，既有心理内涵，又有规范内涵。在此意义上，需要分别从事实和规范的角度对自动性的概念进行理解。自动性作为一类心理现象，需要先根据心理学方法来加以认定，接下来还需要从法律规范的角度来检视结论的合理性。有鉴于此，对自动性的认定应当以行为人的主观认识为判断对象，以一般人（指具有行为人特质的平均理性人）为判断基准，具体分析诱因是否对行为人心理产生了强制性影响。其中，作为基准人物的一般人应当在"量刑责任减轻""政策诱导必要性"这两个观念的指导下进行论证和确定。本说虽然以平均理性人为基准人物，但自动性的成立并不以行为人违反某种理性为必要条件。由于本说一方面沿袭了传统折中说的基本框架，另一方面又在基准人物确认这一环节将规范的自动性理论导入理论框架之中，因而可以称之为新折中说。

根据新折中说，如果犯罪计划的某些要素是行为人犯罪的先决条件，那么在该要素未被满足时，便成立失败未遂，也就是应否定自动性的成立。在因情绪而中止的场合，如果情绪未产生足以压制一般人犯罪意志的心理压力，则应肯定自动性的成立；反之，则应否定自动性的成立。因迷信而中止的，应肯定自动性的成立。因合法替代手段而中止的，应否定自动性的成立。因犯罪起因消失而中止的，应否定自动性的成立。在目的物障碍的场合，当行为人主观设定的目的物为种类物时，针对实际存在的目

的物仍然可能成立犯罪中止；当行为人主观设定的目的物为特定物时，应否定自动性的成立；当行为人主观设定的目的物为一般财物时，则应肯定自动性的成立。在因财产得失而中止的场合，如果行为人实施的是财产性犯罪，那么否定自动性的成立；反之，则肯定自动性的成立。未预期障碍不等于意志以外的原因，需要具体分析该障碍是否足以使一般人中止。当行为人误以为存在客观障碍时，应否定自动性的成立。当行为人缺乏放弃犯意彻底性时，应否定自动性的成立。

就中止自动性的法院裁判而言，德国法院基本采用心理判断的标准来确定自动性是否成立，同时为了避免刑法伦理化，德国法院通常对中止动机没有要求。但是，受理论界提倡的规范性判断标准影响，是否应当在心理判断标准之上重视"规范标准"，成为摆在德国法院面前的重要课题。日本法院则表现出明显的流动性与多元化倾向。一方面，随着刑法观念的变迁，类似案件在不同时期的说理上会有一定变化；另一方面，判例既有采取客观说的，也有采取主观说的，但总体而言，第二次世界大战以后客观说占有更突出的地位。

就我国法院而言，其在肯定自动性时通常采用了衷心悔悟说（或限定主观说）和任意中止说（或主观说），在否定自动性时则采取了衷心悔悟说（或限定主观说）、任意中止说（或主观说）、客观说等。此外，在我国法院的审判实践中还有一个很有特色的"社会效果与法律效果统一"理论，这似乎表明我国法院在理解自动性时并不全然站在心理事实的角度，而是还要求考虑社会接受程度、社会大众对刑罚权的合理期待等因素。

法院的裁判立场体现出其与证据规则之间所存在的紧密联系。笔者认为，应充分重视证据规则对自动性解释理论的有益作用。以本书为例，其所提倡的新折中说能够与我国法院的审判实践相适应，既能较好地诠释我国对自动性之司法认定的内在逻辑和规则，具有良好的理论解释力，也能与证据规则形成呼应关系，从而形成自动性刑法解释与自动性证据规则上的一体化理论。近年来，由于受到计算法学的影响，在自动性这一司法认定领域中，应重视多态模拟推理与证据规则相结合的人工智能所可能发挥的作用。

目 录

1 导论 ·· 1
　1.1 引言 ·· 3
　1.2 研究意义与方法 ·· 3
　　1.2.1 研究意义 ··· 3
　　1.2.2 基本思路 ··· 4
　　1.2.3 研究视域及路径 ······································ 5
　1.3 研究难点 ·· 12
　1.4 用语的厘清 ·· 18

2 中止犯减免处罚的根据与自动性 ······················· 23
　2.1 德国刑法中的中止犯免除刑罚之根据 ············ 25
　　2.1.1 法律理论 ··· 26
　　2.1.2 黄金桥理论 ··· 27
　　2.1.3 奖赏理论 ··· 30
　　2.1.4 刑罚目的理论 ··· 32
　　2.1.5 其他学说 ··· 35
　2.2 日本刑法中的中止犯减免刑罚之根据 ············ 40
　　2.2.1 刑事政策说 ··· 40
　　2.2.2 刑罚目的说 ··· 41
　　2.2.3 法律说 ··· 41
　　2.2.4 并合说 ··· 51

2.2.5　新近的有力说——危险消灭说 …………………… 54
2.3　我国的中止犯减免处罚根据 ……………………………………… 55
2.4　本书立场：量刑责任减少和刑事政策并重说 …………………… 57
　　2.4.1　中止犯与未遂犯在现象上的差异 ……………………… 58
　　2.4.2　中止犯与未遂犯在刑法体系内的比较 ………………… 59
　　2.4.3　中止犯与未遂犯在刑法体系之外的比较 ……………… 64
　　2.4.4　本书观点的展开：量刑责任减轻与
　　　　　 刑事政策并重说 ……………………………………… 66
2.5　中止犯减免刑罚根据对自动性理论的影响 ……………………… 72
　　2.5.1　中止犯减免刑罚根据与自动性理论的地位 …………… 72
　　2.5.2　中止犯减免刑罚根据与自动性学说的关系 …………… 75
　　2.5.3　需要澄清的几点 …………………………………………… 79

3　自动性理论的基本脉络 ……………………………………………… 83
3.1　德、日两国的刑法自动性理论概述 ……………………………… 85
　　3.1.1　德国的自动性理论 ………………………………………… 85
　　3.1.2　日本的自动性理论 ………………………………………… 96
3.2　我国的自动性理论 ………………………………………………… 108
　　3.2.1　我国自动性理论的传统观点 …………………………… 108
　　3.2.2　我国自动性理论的新近观点 …………………………… 112

4　本书立场：新折中说之提倡 ………………………………………… 117
4.1　自动性理论的基本框架 …………………………………………… 119
　　4.1.1　自动性理论的建构方式 ………………………………… 119
　　4.1.2　自动性的判断对象 ……………………………………… 126

    4.1.3　自动性的判断基准 ······················· 130
  4.2　自动性理论的具体内容 ······················· 141
    4.2.1　自动性的实定法含义 ······················· 141
    4.2.2　自动性的心理内涵 ························· 144
    4.2.3　自动性的规范内涵 ························· 154

5　自动性认定中的具体问题 ························· 167
  5.1　因内在诱因而中止 ··························· 169
    5.1.1　失败未遂问题 ··························· 169
    5.1.2　因情绪性障碍而中止 ······················· 182
    5.1.3　因迷信而中止 ··························· 193
  5.2　因外在诱因而中止 ··························· 195
    5.2.1　因合法替代手段而中止 ······················· 195
    5.2.2　因犯罪起因消失而中止 ······················· 197
    5.2.3　因目的物障碍而中止 ······················· 199
    5.2.4　因财产得失而中止 ························· 204
  5.3　其他问题 ································· 205
    5.3.1　未预期障碍与中止自动性 ····················· 205
    5.3.2　误认客观障碍与中止自动性 ··················· 207
    5.3.3　放弃犯意的彻底性问题 ····················· 208

6　中止犯自动性的裁判立场 ························· 219
  6.1　中止犯自动性的域外判例 ······················· 221
    6.1.1　日本法院的判例立场 ······················· 221
    6.1.2　德国法院的判例立场 ······················· 225

6.2 中止犯自动性的域内判决 ······················· 235
    6.2.1 肯定自动性成立的情形 ················· 236
    6.2.2 否定自动性成立的情形 ················· 251
    6.2.3 自动性裁判立场不确定性较强的情形 ········ 263
6.3 新折中说与裁判立场 ························· 271
6.4 余论：证据规则、计算法学在中止犯自动性
    认定中的可能作用 ··························· 275

7 基本结论与创新之处 ···························· 279
7.1 基本结论 ································· 281
7.2 创新之处 ································· 283

参考文献 ······································· 287

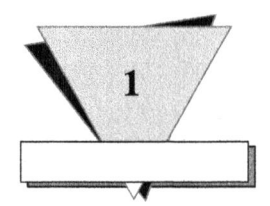

导 论

1 导 论

1.1 引言

自近代以来，尤其是随着西方启蒙运动的兴起，刑罚不再是无限制的统治手段，而必须满足经济性的要求。国家必须在保证刑罚预见可能性的前提下，以缓和而理性的刑罚手段实现法益保护的目的。中止犯在规训社会的过程中扮演着排除刑罚的角色，如果行为人在犯罪后避免了既遂，同时满足自动性的要求，那么其就不是刑罚惩罚的对象。在这之中，自动性无疑成为减免行为人刑罚的关键推手。由此可知，自动性所要解决的问题是：中止行为与行为人意志之间需要具有怎样的关联，才能产生减免刑罚的法律效果？正如有学者所言，在中止犯的研究中，"最值得讨论，同时也是问题最多的领域，就是犯罪中止的自动性（任意性）"[①]。该领域不仅牵涉问题多，而且这些问题彼此牵动，从而形成错综复杂的局面。在这一研究领域，刑法学说史上积淀了堪称繁复冗杂的理论。可是，在历经了漫长的理论演进之后，除了个别容易达成共识的部分，在自动性问题上仍然存在诸多聚讼不已的争议。那么，自动性问题到底有何意义？它又究竟难在何处呢？

1.2 研究意义与方法

1.2.1 研究意义

刑法学说史为我们了解自动性的意义提供了一个可以接受的制式答案，即自动性具有限缩障碍未遂成立范围的功能。也就是说，我们研究自动性正是要合理区分障碍未遂与中止未遂，从而满足刑罚之经济性的要求。但是，正如人们在实践中体会到的那样，自动性从来不是一个内涵明

[①] 陈兴良、周光权：《刑法学的现代展开》，北京：中国人民大学出版社2006年版，第384页。

确的概念。如果说刑法学是一门以合理勾勒可罚性界限为最高目标的学科，那么当刑法中引入自动性这种因从未被清楚表达而难以自我限定的要素时，我们就必须对其加以研究，使其逻辑自洽并具可操作性。

1.2.2 基本思路

传统观点认为，自动性要件是区分中止犯与未遂犯的关键，中止自动性是中止犯的研究重点。在国外的刑法理论中，通常将自动性问题与中止犯的减免根据联系起来进行研究。可以说，对中止犯减免根据的理解不同，就会造成对自动性的功能、地位及内容的不同解读。与国外不同，我国传统刑法的观点较少联系中止犯减免处罚根据来研究自动性问题。一方面，传统通说对中止犯的减免处罚根据缺乏细致研究，而仅从相对简单的理解出发，很难深入思考自动性的问题；另一方面，即便对减免根据有了深入思考，但由此出发拓展到自动性领域，仍然需要解决许多细节问题。总体而言，对中止犯减免处罚根据研究的相对落后制约了对自动性问题的研究，而这也是我国刑法学在该领域的发展长期滞后的重要原因之一。近年来，随着国内学界对中止犯的研究日渐深入，这一局面已有所改观。其主要表现之一是对日本相关理论的借鉴与吸收，国内学者不仅对中止犯的减免处罚根据有了比较系统而严谨的论述[1]，而且有观点提出应将中止行为作为中止犯的研究重点[2]，重新审视和建构自动性的理论地位和内容。

本书认为，自动性具有怎样的理论地位与中止犯的比较对象有关。如果我们将中止犯与既遂犯进行比较，由于两者在不法层面存在差异，因此即便忽略自动性要件，也不妨碍人们正确区分两者。因此，相比既遂犯，

---

[1] 相关论述包括：张明楷：《未遂犯论》，北京：法律出版社1997年版，第325-328页；张明楷：《刑法学》（第5版），北京：法律出版社2016年版，第365-369页；周光权：《刑法总论》，北京：中国人民大学出版社2007年版，第275-277页；张平：《中止犯论》，北京：中国方正出版社2005年版，第31-40页；程红：《中止犯基本问题研究》，北京：中国人民公安大学出版社2007年版，第25-30页；李立众：《中止犯减免处罚根据及其意义》，载《法学研究》2008年第4期；魏东、李运才：《中止犯的处罚根据检讨》，载《江西公安专科学校学报》2005年第3期。

[2] 吴大伟：《论中止行为》，北京：清华大学法学院2008年博士论文，第16-25页。

我们没有必要将自动性问题置于中止犯研究的中心,现实中只需要关注消灭既遂危险的中止行为及中止意思。但是,如果我们将中止犯与未遂犯进行比较,并且认为两者仅存在量刑责任与刑事政策上的区别,那么作为客观不法要素的中止行为,以及作为责任要素或主观不法要素的中止意思便不再重要,而此时自动性必然成为中止犯的核心问题。相反,如果我们承认主观的不法要素,认为中止犯与未遂犯在不法行为及行为责任上存在区别,那么将中止行为及中止意思作为中止犯的研究重点也未尝不可,而自动性的理论地位也会相应地降低。可见,自动性的研究意义与地位实际上取决于如何理解中止犯和未遂犯的区别。回答这一问题必须追问中止犯的减免刑罚根据(以未遂犯为比较对象),即为何中止犯的处罚不仅轻于既遂犯,而且轻于未遂犯。可以说,中止犯减免刑罚的根据直接影响自动性的理论定位、基本含义与认定方法。有鉴于此,本书拟从中止犯减免刑罚的根据出发,确定自动性的意义与功能,然后再进行自动性的基本含义及其认定方法的讨论,在此基础上针对自动性认定中的具体问题给出回答,并对中止犯自动性的相关判决进行梳理和归纳。

1.2.3 研究视域及路径

本书以大陆法系的刑法规定和理论为主线展开研究,将大陆法系设定为研究视域,主要运用大陆法系之刑法理论术语来铺陈研究所依赖的路径。理由如下。

第一,我国刑法师承大陆法系刑法,这决定了中国刑法学的路径依赖主要是大陆法系刑法理论。自《大清新刑律》开始,我国刑法逐步从中华法系刑法跨入近现代大陆法系刑法的行列。我国作为大陆法系刑法的继受法国家,不论是从规范比较角度,还是从功能比较角度,都需要追溯到德国刑法学那里。同时,日本的社会文化背景与我国接近,因而将日本刑法作为比较研究对象早已成为学界的习惯做法。这一客观历史决定了中国刑法学的路径依赖主要是大陆法系刑法理论,而不可能是中国古代刑法理论或英美法系刑法理论。

第二，中国刑法学目前使用的绝大部分论理词几乎都源自大陆法系刑法学，本书同样主要选择德、日两国的刑法论理词及相关理论对书中的基本结论进行论证。我国刑法学在中华人民共和国成立之初主要受苏联刑法学影响，近期则多受日本刑法学影响，而苏联刑法学和日本刑法学均师承德国刑法学。在这一背景下，我国目前使用的刑法学论理词几乎都是泊自大陆法系刑法学的移植词。我国学者在翻译这些移植词时多采用意译，能够兼顾音译的极其少见。这些意译而来的移植词并非生长于中国本土，因此除了翻译词条之后的释义，很多都没有"用法"，可感性极差。在这种情况下，许多刑法学研究者的文章简直就是一种"准外语写作"，难以在大众中进行传播和交流。因此，不少学者呼唤尽快创立具有中国特色的刑法学话语。但是就目前而言，中国特色刑法学距一种成熟的话语系统尚远，能否有效参与国际学术交流也还是一个未知数。由此可见，不论我们愿意不愿意，中国学者的刑法学研究必然会被纳入大陆法系的刑法学研究之中，而与英美法系刑法学保持一定的距离。

第三，在中止犯自动性问题上，英美法系刑法与中国古代刑法的研究价值相对有限。英美法系刑法学中不存在"犯罪中止"这一概念，但在不完整犯罪或免罪辩护中存在"放弃犯罪"（renunciation, abandonment or withdrawal）的概念。"放弃犯罪"要求自愿而彻底，其中的自愿性与中止犯的自动性在语义上接近。但是，由于英美法系刑法理论体系与大陆法系刑法理论体系存在明显不同，"放弃犯罪的自愿性"不仅影响量刑，而且作用于定罪，因而与"中止犯自动性"在语用上存在巨大差别。这种差别直接阻碍了英美法系刑法理论之于本书的借鉴作用。此外，英美法系刑法学本身的特点也决定了它在具体问题上不容易与大陆法系刑法学之交融，从而造成其理论意义相对有限[1]。例如，英美法系刑法学的精华在于判例，其成文规定几乎全部源自判例积累，并随着判例的发展而不断改变其内

---

[1] 当然，英美法系刑法学由于采用了现实主义和经验主义的哲学基础，因而在研究方法和基本理念上仍然有着极高的借鉴意义，如财产犯罪的财产观念、事实区分技术等。笔者在此无意全面否定英美法系刑法学的理论价值，仅指出其在我们对具体问题进行比较研究时所存在的特殊适用困难。

涵。可以这么说，当我们着手研究任何一个英美法系刑法问题时都需要搜集数量庞大的判例，并要在此基础上梳理出某种不断变化且缺乏普遍意义的刑法规则。就我国而言，缺乏英美法系刑法中那样成熟的判例体系，即便获得了大量英美法系刑法的研究成果，也很难将其移植到我国刑法之中。例如，作为一个大陆法系国家，我国的刑法学主要追求对普遍规则的研究，而这恰恰是英美法系刑法学所特别反对的。又如，奉行现实主义的英美法系刑法学并不特别在意理论的体系性，而是推崇"重叠的共识"和"不完全理论化的合意"等的好处，这使得英美法系刑法学往往具有散点论述的特点，而这恰恰又是大陆法系刑法学坚决排斥的。此外可能也是最重要的，英美法系刑法学对自动性的研究远未达到大陆法系刑法学的水平。不论是英美法系在刑法理论方面研究，还是其对经典判例（leading case）的论述，都未在自动性问题上提出太多独到的观点。基于上述原因，本书较少涉及英美法系刑法学对自动性问题的论述。

在刑法学研究中，理论地位比英美法系刑法更为尴尬的是中国古代刑法。中国古代刑法属于已经消逝的传统中华法系。我们是一个讲求继承传统文化的民族，如果中华法系的某些刑法规定与理论在今天仍然具有意义，那么理应被现代中国刑法所继承。遗憾的是，中国古代刑法从理念到具体制度和基本概念，大都与现代刑法有着相当大的差距甚至是尖锐对立，这造成我国刑法学在近现代与传统中华法系的决裂。例如，在自动性问题上，中国古代刑法虽然有关于未遂的规定，但对中止犯的规定及理论少之又少。因为本书研究的是刑法学而非刑法史，所以中国古代刑法理论对本书所想论证的新折中说意义有限。

第四，在全球化时代，刑法的问题体系和研究进路不可能再像过去那样仅仅以民族国家为单位进行划分，而是需要超越民族主义情结，追求全球化所带来的融通性。中国特色社会主义法学理论的话语系统根植于马克思主义之中，天然具有与马克思主义哲学类似的开放性与普适性。中国学者如能充分考虑自身文化背景与国情的特殊性，并善于将德国、日本等的刑法话语中国化，则完全可以用其来分析和解决中国的刑法问题。本书主要运

用大陆法系的刑法理论话语体系来研究我国的犯罪中止自动性问题。

综上可见，如果要在中国古代刑法理论、英美法系刑法理论和大陆法系刑法理论三者之中选取一个作为本书的研究视域，那么大陆法系刑法理论必然是首选。究其原因，如前所述，英美法系刑法与中国古代刑法在中止犯自动性领域中的相关研究素材较少、成果较为薄弱是一个重要方面。

应该说，中止犯在中国古代刑法中的地位并不突出，自动性要件更是极少见诸文字。夏禹时期的《尚书·康诰》中第一次出现了类似于中止犯的规定：既道极厥辜，时乃不可杀。对此，我国有学者是这样解释的："杀和刑在古籍中相互转借，所以这个杀字应该是刑的借字；道有治的意思，治是惩治，即处罚，既然所犯的罪行已中止，则对所中止的犯罪亦不罚。"[1] 但是，从这种规定中完全看不出中止犯成立时所需要满足的自动性要件。在唐代，被誉为传统中华法系之代表的唐律也未在其通例中规定未遂犯，中止犯更是无从谈起。但在具体罪名中，律文以"不"或"未"等形式表明了刑罚对犯罪未遂行为的处罚立场，如有学者指出的"未成盗""未实行""不得财"等[2]。据此可知，中止犯在唐律中只能按照障碍未遂犯处理。由此可知，我国中古时期的刑法几乎不关注中止犯自动性的法律价值。及至清代，乾隆三十二年（1767年）修订刑律，第一次在"私铸铜钱"中使用了"中止"的表述，即"若私铸未成，畏罪中止者，首犯和匠人俱改发足四千里充军"。根据该表述，畏罪心理等一概不妨碍中止的成立，但这有可能将部分被迫放弃犯罪的情形也纳入中止，因而稍显粗疏。对此，有学者评价"畏罪中止"虽然超越了唐律而有所进步，但处罚却重于未遂，因而不尽合理[3]。显然，当时之所以没有做到罚当其罪，一个重要原因可能是自动性的法律地位仍然不明确。"犯罪中止"一词以及自动性要件最早出现在《大清新刑律》第十八条之中，即"犯罪已着手而因己意中止者，准未遂犯论，得免除或减轻本刑"。有学者指出，根据该规定，中止犯与障碍未

---

[1] 宁汉、魏克家：《中国刑法简史》，北京：中国检察出版社1999年版，第140页。
[2] 戴炎辉：《唐律通论》，戴东雄、黄源盛 校订，台北：元照出版公司2010年版，第131页。
[3] 高绍先：《中国刑法史精要》，北京：法律出版社2001年版，第213页。

遂属于并列关系。据考证，这时的中止犯原则上可产生免刑的效果，例外情况下则可以减轻刑罚①。从实际内容看，清末刑律中对中止犯的规定明显是继受德、日两国刑法的产物，其自动性理论也大致承袭德、日刑法学理论。

民国时期的刑法基本沿袭清制。在1928年《中华民国刑法》第二次修正案中，中止犯不再与障碍未遂并列规定，而是作为中止未遂被纳入广义未遂的规定之中，其法律效果也变为原则减轻、例外免刑。这一立法体例与当时德国的刑法极为接近，并在此后我国台湾地区的刑法中得到延续。

中华人民共和国成立后，1954年之前我国刑法条文均以"因己意"来表达自动性要件，直到该年制定的《中华人民共和国刑法指导原则（草案）》中，才第一次出现了"自动"的表述。之后，该表述延续至今。总体而言，这时的自动性理论受到苏联刑法学的影响，但如前所述，苏联刑法学同样是由德国刑法学衍生而来的。

综上所述，中国古代刑法中基本没有对自动性要件的规定，直到晚清以降，随着西法东渐运动的发展，自动性要件才逐步得以确立。从自动性要件及其理论的发展脉络看，我国近代刑法基本师承德、日两国的刑法学。除了"自动"一词的表述与"出于己意"略有区别外，我国近代刑法学中似乎并未发展出具有中国特色的自动性理论。

基于法系的缘故，英美法系刑法对中止犯的理解与定位相对复杂。概括而言，关于英美法系刑法中的中止犯问题需要明确以下三点。

第一，有学者指出，在英美法系刑法的制定法中并没有犯罪中止这种犯罪形态②，但存在有关"放弃犯罪"的规定：美国刑法将放弃犯罪称为renunciation或abandonment，英国刑法则习惯称之为withdrawal。放弃犯罪与犯罪中止不完全相同，前者既可以作为未完成犯罪（inchoate crime）中的未遂犯（criminal attempt）来处理，如美国的《模范刑法典》（目前该国已有超过35个州全部或部分适用该法典）以及英国的《1981年刑事未

---

① 蔡枢衡：《中国刑法史》，北京：中国法制出版社2005年版，第199页。
② 李韧夫 等：《中英美刑法基本问题比较研究》，北京：法律出版社2011年版，第152页。

遂法》① 中的相关规定，也可以作为免罪抗辩②来处理（如美国《纽约州刑法典》中的相关规定）。

第二，就普通法判例而言，其原则上并不承认放弃犯罪可以作为抗辩事由。也就是说，只要被告人以犯罪意图实施了未遂罪，那么不论其中止未遂犯罪的悔悟是多么真诚和自愿，也不能因此逃脱未遂罪的刑事责任。例如，美国有的州以制定法的形式明确否定"放弃犯罪"可以作为抗辩事由，更多的州则以判例法的形式否定之，其典型判例如勒巴隆·斯科特（Le Barron Stcote）案③等。逐步承认"放弃犯罪"具有抗辩效力是在美国律师协会编纂《模范刑法典》之后的事。时至今日，放弃犯罪在英美法系刑法中主要有两种存在方式。其一，放弃犯罪在普通法中的存在方式。对此，普通法是这样规定的：行为人以明显的犯罪意图实施未遂的犯罪行为以后，出于真诚的悔过或者其他外部原因放弃了犯罪目的，并使未遂犯罪停止的。显然，普通法在自动性问题上明确站在限定主观说的立场之上。其二，放弃犯罪在制定法中的存在方式。美国《模范刑法典》第5.01（4）条规定：行为人的行为依照第1款b项或者c项的规定构成犯罪未遂时，在能确认行为人完全和自愿放弃犯罪目的的情况下，行为人放弃实施实质犯罪的努力或者以其他方法阻止实施实质犯罪的，成立积极抗辩。这里的"完全和自愿放弃犯罪目的"与广义悔悟说接近，因而也属于限定主观说的立场。

---

① 史密斯、霍根：《英国刑法》，李贵方 等译，北京：法律出版社2000年版，第358页。
② 储槐植、江溯：《美国刑法》（第四版），北京：北京大学出版社2005年版，第107页。
③ 1965年3月3日傍晚，被告人勒巴隆在一座铁路桥上劫持了被害人坎德（Kand），威胁她按自己说的去做，否则便会伤害她。随后被害人被推进桥旁边小木屋。在那里，被告人对被害人说："你知道我需要什么。"随即脱去自己的裤子和被害人的裙子。在保证自己绝不会叫喊后，被害人对被告人说自己已经怀孕，并恳求他放过自己，否则会伤害胎儿。被告人随后用手抚摸了她的腹部，并查看了被害人所穿的孕妇装。在威胁被害人不要报警后，被告人便放过了被害人。在本案庭审过程中，被告人辩称自己当时完全有机会和受害人发生关系，但最终并未实施犯罪；自己放弃犯罪的原因是受害人正在怀孕，这一因素不应被视为外来障碍，因而他放弃犯罪是完全自愿的。基于上述理由，被告人认为自己不应受到惩罚。被告人的辩护理由最终未被法庭采纳，其被判处监禁。之后，勒巴隆提出了上诉，但仍被上诉法院驳回。

第三，在英美法系刑法的司法实践中，以"放弃犯罪"为由进行抗辩的成功率极低。以美国为例，其《模范刑法典》对放弃犯罪所要求的自愿性与彻底性规定十分严格，以至于法院为了避免抗辩不成而不得不通过认定行为人未着手犯罪的方式将其按照预备犯加以处理。

在英美法系刑法理论界，对是否应该承认放弃犯罪具有抗辩效力以及如何认定完全自愿放弃，存在激烈的争议。主张未遂罪以主观主义（subjectivism）[①]为基础的学者通常反对放弃犯罪可以作为抗辩事由，即认为行为人一旦做出实施犯罪计划的决定，犯罪便不可撤回。对此弗莱彻指出，放弃犯罪成立抗辩事由并不能引导行为人放弃犯罪，而只会增加法律实施机构的实施难度[②]。然而，站在客观主义（objectivism）立场的学者则有可能承认放弃犯罪具有抗辩效力。正如德肖维茨所说的，这些持客观主义立场的学者认为："一个人如果在没有外力干预的情况下改变想法，那么其行为就应当从宽认定，因为法律会假设其想法的改变是出于自愿。当然，要是其放手不做是因为受到外力干预，那么法律依然会假定如果外力不曾介入的话，其将实施罪行。"[③]

该问题还与英美法系刑法学中的刑罚论相涉。主张报应主义（back-looking and retributive）的学者通常认为只要未遂已经开始就足够了，放弃犯罪目的并不影响定罪，行为人的反社会行为足以构成谴责和惩罚的基础。主张预防主义（forward-looking and preventive）的学者则认为，只有当社会损害结果明显时，行为人才应该承担犯罪未遂的刑事责任；在损害结果尚不明显时，放弃犯罪当然可以作为辩护理由。

总之，在自动性的认定问题上，英美法系刑法具有明显的大陆法系的主观主义刑法倾向，多数学者通常采取相当于限定主观说的立场。由此可知，

---

① 英美法系刑法学中所谓的主观主义、客观主义等概念与大陆法系刑法学中的相关概念并不完全等同，其报应主义和预防主义理论也与大陆法系刑法学存在区别。
② 弗莱彻：《刑法的基本概念》，王世洲 主译，北京：中国政法大学出版社2004年版，第242页。
③ 德肖维茨：《法律的创世记：从圣经故事寻找法律的起源》，林为正 译，北京：法律出版社2012年版，第100页。

英美法系刑法中对自动性的理解并未发展出超越大陆法系的特色理论。

1.3 研究难点

长久以来，自动性要件在世界范围内得到了实定法界、理论学说界及司法实务界的认可。依循大陆法系的刑法教科书中通常都会单辟一章，将中止犯作为重要要件加以介绍，并认为自动性或者具有区分中止与未遂的功能，或者具有限制中止行为的功能，或者具有降低刑罚处罚必要性和刑事政策的功能，等等。虽然自动性对于中止犯的认定具有重要作用，但是自动性的基本问题——自动性的概念为何？换言之，如何判断行为人中止犯罪具有自动性？对此仍然缺乏清晰的回答。实际上，这一疑难问题从其产生之日起便始终存在于自动性的理论研究之中，关于中止犯与未遂犯区分的疑难案例也大多肇因于欠缺对自动性的清晰定义。之所以造成这一局面，主要与以下三方面因素有关。

首先，自动性与行为人的心理有关，而人的心理现象异常复杂，对自动性的认定问题也随之变得困难起来。人们对自动性的理解肇始于心理学的考察方式。心理学意义上的自动性与日常生活中的自动性最为接近，因此赋予自动性以某种心理学内涵成为研究者最为朴素和自然的选择。

基于这一理解，有人将自动性视为心理学上的自控力。例如，如果行为人没有因某种外在力量的强制而主动停止犯罪，那么即便其主观上存在认识错误，只要仍然能够根据自身意志来支配行为，就说明其行为具有自动性。据此，只要排除外在物理[①]强制、精神病、反射性活动等所谓缺乏行为性的情况，余者基本上都可以肯定其自动性的成立，这种对自动性的理解也最为宽泛。有人则从动机角度理解自动性，认为自动性是指中止行为的动力来自行为人自身的因素，而非外部因素。也就是说，当行为人基于自身产生的自律性动机而实施了行为之时，该行为便具有自动性。反

[①] 本书之中的"物理"为客观环境之意，与主观心理相对。

之，如果行为人的动力来自外部，那么其行为就不具有自动性。

但是，如何从心理学角度理解和认定自律性动机并不是一个容易回答的问题。例如，行为人因为迷信而产生了某种强烈的恐惧心理，因此不敢继续犯罪，对这种情况下究竟行为人是否具有自律性动机的问题，可谓见仁见智。如果从因具体恐惧而产生的心理压力看，似乎应该否定其自律性；如果从迷信观念属于行为人自身因素的角度来看，由于此时确实没有外部因素介入，似乎又应该肯定其自律性动机。这样一来，因迷信而产生的心理压力究竟属于肯定自动性的理由，还是属于否定自动性的理由，便成为心理学上一个难以回答的问题。

此外，心理学在动机之外通常还会考虑情绪、意志力、性格等诸多因素对行为选择过程的影响。这些因素对行为人做出的中止决定，有时可能会产生方向一致的作用，有时则完全相反。那么，当各种因素的作用方向不一致时，对在整体上到底应当如何认定自动性这一问题，也难以从心理学的角度得出令人满意的答案。

还有人只把那些闪烁着道德光彩的自律性动机作为适格的动机，如真诚悔悟等。但是，伦理性动机如何在心理学上加以认定也是一个难题。从自然辩证法的角度来看，对心理学是否属于严格意义上的实证科学这一点仍然存在疑问。可是，假如心理学不能从实证角度认定伦理性动机，那么其作为事实学的优势便不复存在。退一步说，即便心理事实能够从实证角度被查明，我们也无法从这样的事实中推导出相应的价值。例如，心理学研究表明，处置危险的行为由脑干决定，情绪行为由小脑决定，只有那些理性计算的行为才由大脑决定。假设一名意欲盗窃的行为人因为被害人的恶犬向自己扑来而放弃了犯罪，通常人们会认为这是因为行为人经过理性认知产生了恐惧心理，并最终被迫放弃犯罪。但实际上，心理学研究表明，在这种基于人身安全考虑而决定行为的场合，行为人放弃犯罪行为的决定往往是根据其以往的记忆经验而在一瞬间做出的，并没有一个所谓的理性思考过程。换言之，行为人是先做出行为决定，而后再思量其行为理由的。须知，如今的脑科学、心理学、社会学、经济学、人类学等对人类行

为内在机理的研究已取得突飞猛进的发展,其中最重要、最核心的发现就是:影响人类行为的最主要因素不是显意识层面的思维,而是潜意识层面的思维[1]。从一定意义上来说,人们的潜意识在瞬间决定了行为的取舍,在此之后,显意识中的理性思维才为人们的行为决定寻找理由。又如,在因情绪而中止的场合,情绪行为并非理性思考的结果,而是小脑根据其情感功能而做出的行动决定。

上述两个例子说明,心理的实像与人们对行为过程的想象之间存在巨大差距。那么,面对这种多少有些出人意料的心理事实,我们应该怎样思考自动性问题呢?显然,心理事实本身推导不出价值,而撇开价值与规范,我们又无法从纯心理事实的角度思考自动性的问题。这实际上反映了心理学的自动性考察方式虽然有其必要性,但也存在一定局限。人类的心理现象极其复杂,单纯从心理事实的角度来理解和认定自动性是远远不够且实施起来十分困难的。就此意义而言,如果我们对心理学的真实面貌一无所知便盲目乐观,坚信心理学足以建构自动性理论,就可能会陷入想当然的臆想之中。只有真正了解心理的复杂性以及心理学的优势与不足,才能恰当运用心理学知识来建构自动性理论。

其次,自动性问题之所以难以研究,还与我们对"自动"一词的使用方式有关。从语言学的角度来看,自动性在语言学上属于核心含义极小而边缘含义极大的用语[2]。在中文语境中,这一点表现得尤为明显。这是因为,自动性在德国、日本等国家和地区的刑法中被明确表述为"出于己意"[3],人们据此可以断定自动性不应超出心理意义上的自愿心理。如果论者单纯根据规范性标准来理解和判断自动性,那么就会因被认为超出了法

---

[1] 关于潜意识与显意识在行为决定中的地位与作用,心理学上一般概括为主仆关系。参见:布鲁克斯:《社会动物》,余引 译,北京:中信出版社2012年版,第X-XVII页。

[2] 许玉秀、陈志辉:《不疑不惑献身法与正义——许迺曼教授刑事法论文选辑》,台北:台北春风煦日出版社2006年版,第379页。

[3] 自动性在《德国刑法典》中的表述为"frewilligkeit"。根据德文构词法,will是指意志,frewilligkeit即指"出于自由的意志"。自动性在《日本刑法典》中表述为"自己の意思",翻译为中文是"自己的意志"。由此可见,在德、日两国刑法中,自动性与行为人的意志有着必然联系。

条用语可能具有的语义范围而遭到批评。但在我国刑法中，自动性要件仅仅以"自动"一词加以表述。"自动"一词在中文中有着相当灵活的用法和含义，如日常语言中存在"自动售货机""自动取款机"等表述，说明即便对没有行为意志的机器，我们也可以用"自动"加以描述。因此，单从用语的涵摄范围来看，"自动性"完全能够超出"自愿心理"这一纯粹心理学层面的自动性理解方式，并在事实允许的范围内[①]进行适度规范评价与认定。可以说，在我国，法官在审判疑难案件时，即便对自动性做最广义的解释，也未必能超出自动性的语义射程。这带给我们的启示是，中国的自动性理论并不一定要亦步亦趋地沿袭外国理论，而是应当充分考虑本国用语的特点，以更包容和务实的态度建构我国的自动性理论。

最后，自动性与中止犯减免刑罚的根据关系密切，而学界就该问题长期以来始终争论不休。如前所述，自动性的边缘含义极大，因此对其理解的方式也必然呈现多元化的趋向。严格来说，自动性可以区分为身体上的自动性、心理上的自动性和规范意义上的自动性。但是，这种区分只是理论上的，在自动性的日常含义中它们其实是浑然一体的。换言之，现实中我们没有办法只采取某一种理解方式而排除其他理解方式。就此而言，自动性实际上是一个难以自我限定的概念。在这种情况下，人们对自动性的理解取决于他们使用这一术语的目的。诚如语言哲学的重要原则之一——用语的含义在使用中得以确定，"对于一个法律概念的定义来说，最重要的正确性标准即法律适用上的实践后果（die Praktischen Konsequenzen），也就是所谓的目的论解释（teleologische Auslegung）"[②]。如果我们脱离目

[①] 这里所谓事实允许的范围，是指在自愿心理不典型的场合，由于既不能明确否定具有自愿心理，也不能明确肯定具有自愿心理，因此案件查明的心理事实没有明确否定存在自愿心理的可能性。只有当存在这种可能性时，我们才允许依据规范主义对自动性进行理解与认定；如果缺少这种可能性，就不可以依据某种纯粹的规范标准拟制"自动性"的成立。本书强调"事实允许的范围"，旨在排除罔顾生活经验与事实的纯粹的规范性评价。换言之，本书在事实与规范性评价的关系上采取了规范评价必须在事实允许范围之内的观点。

[②] 英格博格·普珀：《法学思维小学堂——法学方法论密集班》，蔡圣伟 译，台北：元照出版公司2010年版，第9页。

的论解释，或者不考虑刑法意图而将些中止行为人作为减免刑罚的对象，而仅在表面上对自动性理论的源流加以梳理，并试图从中发掘某种完美无缺的"定义"或"判断标准"，这几乎是一个不可能完成的任务。我们必然要追问：既然自动性的概念如此模糊，为什么刑法要将自动性作为中止犯成立要件？或者说，刑法设置自动性要件时究竟想要将哪些中止行为人作为减免刑罚的对象？实际上，对此类问题只能通过讨论中止犯的减免刑罚根据才能进行恰当的回答。

在本书看来，只有从中止犯的减免刑罚根据出发，才能够理解中止犯的法律性质，进而把握自动性的意义与内涵。与其他犯罪形态相比，中止犯所获处罚最轻。那么，它为何得以被减免刑罚呢？这就需要追溯中止犯在犯罪成立、量刑以及刑事政策上所具有的特点，即中止犯的法律性质问题。明确这一问题，有助于我们在宏观上把握自动性的体系位置与功能。如果我们承认主观的不法要素，认为中止犯与未遂犯在不法及行为责任上存在区别，那么中止行为及中止意思就可以作为中止犯成立的关键，自动性则仅具有决定中止行为可能性的功能。换言之，刑法设定自动性要件的目的在于限制中止行为成立的范围。刑法试图把握的宽宥对象是以中止意思而实施中止行为的行为人。相反，假如我们否定主观的不法要素，认为中止犯与未遂犯仅存在量刑责任与刑事政策上的区别，那么中止行为及中止意思便不再那么重要，自动性也因此必然成为中止犯的核心问题。也就是说，刑法设定自动性要件的目的并非为了限制中止行为的成立范围，而是要在中止行为及中止意思之外独立地限定中止犯的成立。刑法试图把握的宽宥对象并非仅仅因中止意思而实施中止行为的行为人，而是在此基础之上提出了更高的要求。

此外，明确中止犯的法律性质，还有助于修正心理意义上自动性的成立范围。像许多法律概念一样，自动性概念是一个将"评价本身"与"评价对象"融于一体的概念，即具有反身性（reflexivity）[①]之特点。我们不

[①] 反身性是指评价主体以某种评价标准评价客体，而其秉持的评价标准实际上是由评价客体决定的。简言之，评价标准与评价对象相互决定而彼此无法独立。索罗斯在证伪主义哲学基础上提出了这一概念。参见：索罗斯：《金融炼金术》，孙忠、候纯 译，海口：海南出版社2011年版，序言。

能像研究自然事实一样，从价值中立的立场出发去研究自动性。现代刑法理论通常认为，除了心理学的观察方式之外，对自动性还应从法规范目的这一规范学角度来进行理解。换言之，刑法学中的自动性区别于心理学中的自动性，前者必须从法律规范的意义上加以思考。规范的自动性理论认为，如果行为人通过中止行为表现出了某种能够满足特定规范性要求的态度，如向合法性回归、动机的伦理性等，那么其便具有自动性。至于如何理解这里的规范性要求，则仍然众说纷纭。例如，有人主张从刑罚目的的角度论证中止犯减免刑罚的根据，认为只要从这一角度来看已无须对行为人施加刑罚，便符合了自动性的规范性要求；有人从责任减少的角度论证中止犯减免刑罚的根据，因而有可能将伦理性动机、向合法性回归等作为自动性的规范性要求；还有人从刑事政策的角度论证中止犯减免刑罚的根据，于是可能将预防必要性降低、刑事政策的诱导目的等作为自动性必须满足的规范性要求；等等。大体而言，对自动性的规范性要求必须联系中止犯减免处罚的根据来加以理解。

一言以蔽之，虽然自动性的概念非常模糊，但它与中止犯减免刑罚根据存在紧密的关联（除了自动性之外，难以找到更为有效的替代性概念）。正因为如此，只有通过研究中止犯减免刑罚根据来追问"自动性概念何以可能"，才能深入研究自动性的问题。可以说，如果解释者心中没有明确中止犯的法律性质，并由此思考刑法设置自动性要件的目的与根据，而仅将自动性进行某种形式化的或者日常式的理解，那么恐怕除了少数明显属于"意志以外原因"的情形，自动性的外延几乎是无边无际的。反之，解释者在个案中之所以能够认定自动性，其实都有目的论与范畴论上的理由。可以说，自动性概念及判断理论的发展与演变，实际上就是人们对自动性要件的法律性质进行不断反思和追问的过程。

综上所述，自动性涉及心理学意义上的自动性考察、法律概念的目的解释论、中止犯减免刑罚根据等诸多问题。在这些问题得到恰当处理之前，自动性在法学上的内涵和成立范围自然没有办法得到清晰界定，而这正是自动性问题的难点所在。

1.4 用语的厘清

为了避免不必要的误读，本书在进入正式讨论之前，需要先厘清中止犯罪的行为、中止意思和中止行为这三个概念。

本书所谓中止犯罪的行为，是指行为人在中止意思的支配下放弃继续犯罪或有效阻止犯罪既遂的行为。它的客观面是中止行为，主观面是中止意思。中止行为，是指将中止意思从主客观统一的中止犯罪之行为中暂时抽离后的客观行为。由此，中止行为是指客观上放弃犯罪或有效阻止犯罪既遂的行为。即便行为人没有中止意思而偶然实现了中止效果，也应该承认中止行为的存在。换言之，中止行为的性质是由客观效果决定的，而不是由内心意思决定的，因此不能将中止行为简单理解为基于中止意思的行为。例如，行为人以杀害的意思将被害人打成重伤后感到十分恐惧，尽管当时抢救被害人的可能性微乎其微，但行为人仍然心存侥幸并将其送医。由于被害人体质非常好，最终奇迹般地活了下来。在这里，行为人的中止意思确实支配行为人实施了积极救护的行为，并且该行为与既遂结果未发生之间也具有条件意义上的因果关系。但是根据一般人的经验法则，这一行为并不足以有效阻止死亡结果的发生，被害人最终是因为自己独特的体质原因而没有死亡，因此从规范意义上而言，并不能说是行为人实施了中止行为。

所谓中止意思，是指行为人意图避免犯罪既遂的内心意思。根据这一表述，行为人具有中止意思时未必一定具有自动性。这是因为中止意思关注的是行为人对既遂结果的内心态度，而自动性关注的是中止行为是否出于行为人自身的意志。只有当中止意思是基于行为人的自由意志产生而不是在其意志以外因素的作用下被迫产生时，才具有自动性。例如，行为人准备炸毁桥梁，但在点燃炸药后，行为人发现其在爆炸前很难撤离至安全位置，因而不得不将导火索拆除。在这里，行为人虽然不希望既遂结果发生，但该中止意思并非其自由意志的产物，而是基于其自身安全需要而被

迫产生的，因而不具有自动性。此外，即便行为人的中止意思完全出于自己的意志，但如果其在客观上并未实施有意义的中止行为，也谈不上具有自动性。以前述被害人因体质特殊而获救的案件为例，行为人将缺乏抢救可能性的被害人送医之时，主观上不可能真诚地相信自己的送医行为有助于避免被害人的死亡结果，其只是抱着一种"纯粹的希望态度"而侥幸为之，因此客观上不存在中止行为，也不具有中止行为的自动性。又如，行为人与共犯人一起实施敲诈勒索行为，后来行为人后悔，主动放弃继续勒索，但并未有效阻止共犯人继续犯罪。在这种情况下，虽然行为人具有中止犯罪的内心意思，但并没有实施有效的中止行为，因此也不成立自动性。

反观中止行为，即便其具有自动性，也并不一定就可以由此认定行为人具有中止意思。自动性是否可以"推定"出中止意思，主要取决于如何理解自动性。倘若在中止犯减免刑罚根据等问题上采取违法性减少说，即认为研究中止行为及中止意思便足以区分未遂犯与中止犯，那么自动性几乎可以成为中止行为"行为性"的代名词。也就是说，只要没有"身体被强制""反射性活动"等排除行为性的情形，便可以一概承认自动性的存在。根据这一立场，行为人即便自动中止犯罪，也未必存在中止意思。例如，行为人意图杀死重病中的被害人，其先给被害人口服了足以致命的毒药，待被害人昏迷后，又觉得需要再打一针毒针以便令其尽快死亡。可是，行为人后来注射的毒针的毒素实际上对此前口服的毒药具有某种解毒作用，最终被害人因毒药毒性被部分抵消而没有死亡。在这里，行为人并没有受到外在强制，表面上看其完全受自己意志的支配，从而满足了刑法的行为性要求，即完全能够肯定行为人中止行为具有自动性。但实际上，行为人自始至终都认为自己在实施杀人行为，并未认识到未遂结果发生的可能性，因而其不具有中止意思。与之相反，如果认为这种对自动性的理解过于宽泛而采取较为严格的自动性定义，如本书所主张的自动性应以反对既遂的意思为必要条件，那么凡是在能够肯定自动性的场合中，行为人必然具有中止意思。本书之所以这样认为，从根本上说是因为采取了量刑

责任减少说。也就是说，是否为中止犯需要根据先客观后主观的位阶关系来进行认定。客观上讲，中止犯以有效避免既遂结果为前提，在满足这一前提的基础上，才可进一步根据是否具有自动性来区分未遂犯与中止犯。就此而言，中止犯罪的行为（含中止行为及中止意思）作为消灭既遂危险的行为，当然先于自动性而存在。因此，中止意思自然需要先于自动性而成立，否则不可能进一步检视自动性的问题。其结果是，自动性当然要求行为人具有反对既遂的意思。

此外，本书在中止犯减免刑罚根据及自动性规范内涵中频繁使用量刑责任、责任刑、预防刑与刑事政策等术语，这些术语的内涵往往与论者的使用目的和具体语境有关，为了行文明晰，需要在此一并加以厘清。

首先，本书将量刑责任中的责任与归责责任中的责任做统一理解，即均视之为规范上的非难可能性。之所以如此，是因为本书在量刑问题上所赞同并采用的理论——点的理论①，与之对应，量刑责任中的责任并非日本学者所谓的广义责任，也非德国学者所谓的"有责的不法"，而仅指规范上的非难可能性。在本书看来，中止犯具有自动中止的意思，即积极希望既遂结果不发生，因此其在规范上的非难可能性有所降低。与这种责任降低对应的违法性降低是行为人自动消灭了既遂的危险，即此处的责任降低同样遵循了"责任对违法具有从属性"这一原理。应该说，中止犯责任降低的程度不仅低于既遂犯，而且低于未遂犯。之所以这样说，是因为虽然未遂犯与既遂犯的违法性不同，但责任程度却相同。未遂是指出于意志以外的原因而未得逞，行为人要么对既遂结果不发生持反对态度，要么对既遂结果不发生仅具有消极希望，因而无法反映其规范的非难可能性降低。简言之，中止犯虽然具有成立犯罪意义上的有责性，但由于具有"自动性"和"中止意思"这两个要素，行为人的量刑责任降低，责任刑也必

---

① 点的理论与幅的理论在是否承认责任减轻事由上存在区别。点的理论承认责任减轻事由能够减轻责任刑，幅的理论则不承认这一点。如果赞成点的理论，必然会认为量刑责任中的责任与归责中的责任均是规范的非难可能性。参见：张明楷：《责任主义与量刑原理：以点的理论为中心》，载《法学研究》2010年第5期。

然相应减轻。

其次，中止犯量刑责任的减轻还会直接使得行为人的人身危险性降低。也正是因为这一点，我们才得以判断中止犯具有比未遂犯更低的人身危险性和预防必要性。

最后，刑事政策在不同语境下具有不同的含义。不少学者将犯罪预防作为刑事政策的重要内容，但在中止犯领域，刑事政策的内容主要指诱导行为人中止犯罪，从而最大限度地保护法益。本书所及的刑事政策概念也在这一意义上使用，即中止犯的刑事政策主要涉及诱导必要性与可行性这两个问题。前者以一般人为基准，以中止行为时的客观情况为材料，分析是否有必要在政策上诱导行为人中止犯罪；后者则根据行为人的主观情况，判断行为人是否具有实施中止行为的现实可能性。

2

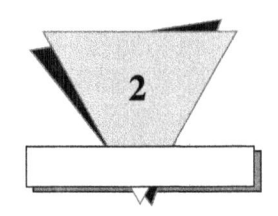

中止犯减免处罚的根据与自动性

如前所述，自动性是一个难以自我限定的概念，如果不从中止犯减免刑罚根据出发对自动性进行实质性理解，而仅从形式上梳理既往理论的脉络，则很难发展出真正有价值的自动性理论。对此我们不禁要追问：既然自动性概念如此模糊，那么刑法究竟是基于何种理由而必须引入自动性概念？为什么刑法无法发展出其他更为精确的概念来实现这一目的呢？这些问题需要通过讨论中止犯的减免刑罚根据，或者说在充分理解中止犯的法律性质的基础上才能得到恰当的回答。

2.1　德国刑法中的中止犯免除刑罚之根据

德国的刑法通说认为，中止未遂属于"个人免除刑罚事由（persönlicher Strafaufhebungsgrund）"。人们通常在未遂（Versuch）[①] 这一环节处理中止的问题。在分析案例时，应先讨论不法构成要件要素的符合性，其中包括"结果"这一要件要素。如果"结果"不存在，那么便不可能成立既遂犯，则接下来需要讨论的是"未遂"。这一部分有所谓的刑罚排除事由，中止便是其中之一。经过检讨，如果"结果"没有发生是因为行为人中止，那么便排除刑罚；如果不是，则成立障碍未遂。也就是说，在德国刑法中，需要积极认定的是中止，而不需要积极认定障碍未遂。至于对是否构成障碍未遂的认定，则主要是通过其与中止之间存在的对立描述关系来进行反向推论。

中止未遂的成立通常需要四个要件：其一，行为尚处于未遂阶段；其二，客观上存在中止行为；其三，出于己意而中止；其四，并非失败未遂。至于如何解释这四个要件，学界存在极大的分歧。实际上，即使是对中止未遂在犯罪阶层中的定位问题，也存在许多不同的见解。应该说，这些争议的出现很大程度上是因为不同学者对中止未遂的减免根据持不同立

[①] 国内学界通常将 Versuch 翻译为未遂，但是 Versuch 显然不是中国刑法中作为终局的犯罪形态，因此将其理解为犯罪阶段意义上的未遂可能更为妥当。

场。要厘清自动性理论的种种难题，必须得追溯到中止未遂处罚根据这一基本问题上，对自动性问题的研究也必须建立在中止未遂减免根据这一基石之上。

2.1.1 法律理论

关于中止未遂的减免根据，最早出现的理论是合法理论（Rechtstheorien）。该理论认为，中止未遂之所以被免除刑罚，是因为中止行为阻却了构成要件的符合性或违法性。也就是说，原先的未遂行为不再是违法，即视同合法。主张这一学说的德国学者扎沙利亚（Zachariä）指出，免除中止未遂者的刑罚并不单纯因为合目的性的考虑或者刑事政策上的理由，而是因为其在法理上不满足被处罚的条件。刑法处罚未遂是因为行为人客观上具有违反法律的外在行为，同时主观上具有以违反法律为目的的邪恶意志，而中止未遂者并不具备这种邪恶意志，因此并未对法秩序造成威胁。换言之，行为人通过中止行为表现出忠实于法律的意志，而将原先的邪恶意志溯及地予以撤回，因此原先着手实行的犯罪即丧失了刑法上的意义[1]。可以说，扎沙利亚主要是着眼于行为人的邪恶意志而对中止未遂的免刑根据加以论证的。

与扎沙利亚不同，宾丁（Binding）认为犯罪中止之所以得以免刑，是因为其阻却了行为违法性。宾丁提出，人类的行为不可以被理解为孤立的原子，而应当先将其连接为有机整体后再进行一体性的考察。就中止未遂而言，其一方面存在足以造成法益侵害结果的行为，另一方面又存在使前述侵害法益之结果不可能实现的行为，这两个方面应该结合为一个整体进行统一的评价。总体而言，中止未遂的行为缺乏成为法益侵害结果原因的性质，因此其违法性被及时解除，即不存在违法行为[2]。但是，这一观点无

---

[1] Zachariä: Die Lehre vom Versuche der Verbrechen, zweiter Theil, Nachdruck: Goldbach, 1997: p239.

[2] Binding: Strafrechtliche und strafprozessuale Abhandlungen, erster Band: Strafrecht, Nachdruck: Goldbach, 1997: p125.

法解释为何中止行为可以溯及地将原本存在的违法性予以消灭。如果说在单独犯的场合该理论尚可自圆其说的话，那么在共犯场合该理论可能会导致存在缺陷的结论。因为，根据共犯的限制从属性之说，共犯的成立必须以正犯的行为违法为前提。如果正犯中止犯罪而共犯未中止，则就一般人的法感情来说，仍然应当肯定共犯的成立。但根据宾丁的理论，既然正犯行为的违法性已经被消灭，那么共犯行为也必然不违法，因而得出无罪的结论。这一结论显然不合理，也与德国刑法中关于共同犯罪中止效果仅给予中止者的规定不相符合。由于该合法理论存在缺陷，现在已经基本不被采用。

德国学界仍然采取合法理论的代表人物是希佩尔（Hippel）和舍约尔（Scheurl），两人均将犯罪中止理解为负面的构成要件要素。据此，当行为人出于己意而中止时，客观上不存在满足"行为"这一构成要件要素的完整行为，行为人的行为不具有构成要件要素的符合性。对于前述针对共同犯罪中止的质疑，希佩尔采取了共犯独立性理论，认为没有必要通过正犯行为来确定共犯的需罚性，况且"对一事无成之人（其德文为 Versager，即中止之正犯）加以教唆和帮助的行为不予处罚之想法，并不至于妨碍犯罪预防"[①]。

2.1.2 黄金桥理论

黄金桥理论主张，为了诱使行为人及时防止犯罪既遂，有必要对其做出承诺：倘若出于己意而中止，那么其着手实行犯罪之行为将不受处罚。该理论旨在为犯罪人在未遂阶段的迷途知返提供机会，从而为他们架起一座重获新生的"黄金桥"。如果追溯黄金桥理论的源头的话，主张心理强制说的费尔巴哈（Feuerbach）早在 19 世纪便已经提出了该理论的内核。他认为，如果在未遂阶段不给行为人免刑之优惠，无异于"迫使"其"一

---

① Hippel: Untersunchungen über den Rücktritt vom Versuch, Berlin: Vico Verlag und Antiquariat Dr. Otto, 1966: p65.

条道走到黑"——完成犯罪。在后来明确使用"黄金桥"一词的学者中，李斯特（List）是最为著名的一个。由于他在学界的显赫地位，该理论一度成为德国早期的通说。李斯特认为，在跨越不罚的预备行为与可罚的未遂行为之界线的瞬间，针对未遂行为之可罚性即已产生。违反规范之行为不再只是一个侵权行为，而是已成为一个犯罪行为，即此事无法再被改变，无法"溯及地被废弃掉"，无法从这个世界中消失。然而，通过立法或许可以刑事政策之理由替已经负有刑责之行为人架设一座可以反悔（Umkehr）的"黄金桥"。对此，立法已经借由将己意中止当作刑罚解除事由而做到[1]。可见，黄金桥理论是在批判法律理论的基础上而提出的。在德意志帝国时期，其法院也采取了黄金桥理论。

现在德国学界主张黄金桥理论者主要是结合被害人保护的观点来对该理论进行阐述的。普佩（Puppe）认为，中止未遂免刑不是因为行为人反悔并极力避免结果发生，而是为了尽量创造保护被害人的机会。换言之，即便免除刑罚并不是影响行为人避免结果发生之最适当的手段，但这至少能够消除对选择避免结果发生之路的障碍，即行为人不会有其行为一旦达到未遂阶段，则其刑责便终局地永远存在，因而不顾中止的心理障碍[2]。

德国学界认为，黄金桥理论主要存在以下两方面不足。

第一，从诱使行为人获得免刑角度理解中止未遂的实质，不符合绝大多数案件的实际情况。根据对德国、瑞士及奥地利等国法院判决的统计，很少有犯罪人出于获得免刑的动机而中止未遂罪。因此，如果以产生免刑动机作为判断自动性的标准，那么绝大多数成立中止的案件都应该被认定为障碍未遂。就连德国联邦最高法院也认为，在大多数案件中，行为人在未遂阶段根本就不会想到刑法的后果。行为人常常或是不知道，或是弄不清楚倘若其中止犯罪计划则可以获得免刑这一点。一般而言，即便其有这

---

[1] Liszt: Das Deutsche Reichsstrafrecht, Nachdruck: Goldbuch, 1997: p143.

[2] Puppe: Der halbherzige Rücktritt, Zugleich eine Besprechung von BGHSt 31, in NStZ, 1984 (46): p490.

种考量，其行为也并不是因为此种考量而决定的①。可见，即便行为人能够进行符合自己利益的理性选择，其在实际的中止案件中往往也不会产生黄金桥理论所设想的免刑动机。

第二，即便行为人产生获得免刑的动机，也未必符合中止未遂的要求。例如，行为人认识到自己虽有机会既遂，但也会因此立即被捕，此时行为人为了避免被抓捕以及为了获得免刑优惠而中止的，实践中通常不被认定为犯罪中止。就此而言，即便其产生了黄金桥理论所说的动机，也不能据此而被认定为中止未遂。更有甚者，假如行为人恶意利用中止这一迷途知返的机会，则这种所谓的机会有可能诱使其敢于尝试着手实行犯罪②，而这反而不利于对被害人的保护。

综上所述，一方面，获得免刑并不是中止未遂必然要求的动机；另一方面，即便产生这一动机，也未必成立中止未遂。因此，黄金桥理论无法被证立。

但在本书看来，上述批判未必妥当，因这里涉及如何理解和评估政策有效性的问题。黄金桥理论的目的是通过诱使行为人产生明确的"免除刑罚"动机而发挥作用，论者便据此将政策有效性的前提设定为"行为人必须事先明知中止犯规定，并意图获得免除刑罚的奖励"，但是这一假设显然脱离了现实。现实中人们主要受生活规范的调整，而非主要通过学习刑法和刑事政策等来指导生活。因此，如果将明知和主动使用刑法和刑事政策作为其有效性的前提，便意味着任何法律和政策都将是无效的。这显然也不符合现实，因为刑法与刑事政策的有效性不取决于公民是否对其具有明确认知并主动使用，而是取决于国家是否强制推行之以及公民是否有条件认知和使用之。在法治社会中，学法不仅是一种道德义务，而且是一种法律义务。只要公民客观上有条件认知和使用刑法与刑事政策，那么便不能以不知法为由而逃逸于法律之外。

---

① 参见德国法院案例：BGHSt 9, 48, 52。
② Roxin: Strafrecht Allgemeiner Teil, Bd. 2, München: Walter de Gruyter & Co., 2003: pp20-30.

此外，黄金桥理论要求行为人产生"获得免刑的动机"，这不能想当然地从专业法律人士的角度将其解读为"知法用法"的动机，而应从外行人的角度理解为"及时挽回结果而受优待"这种源于生活常识的动机。从某种意义上来说，是否符合生活常识恰恰是法律与政策产生实际效用的关键。与此同时，刑事政策的有效性不仅是一个实然性问题，而且是一个应然性问题。通过给予中止犯减免刑罚的奖励从而促使其中止犯罪，这种政策性考虑既有必要性，也有可行性，不论这一促使中止的效果能在多大程度上得以实现，其应然的合理性都足以建构起正当性，从而保证政策的有效性。退一步说，即便我们不能证明中止犯刑事政策的高度有效性，也不等于说该政策是完全无效的。考虑到现代社会中大众传媒在法治宣传上的巨大作用，特别是新闻媒体对刑事个案的报道，很难想象一个生活在正常环境中的公民完全不了解刑法的情形。事实上，诸如自首、坦白等刑罚减免事由几乎已经家喻户晓，因此没有理由认为大部分公民会对中止犯的规定一无所知。在此意义上，仅仅因为实际发生的中止案件行为人很少具有免刑动机便否定自动性的成立，并进而否定黄金桥理论的合理性，这种做法并不可取。

2.1.3 奖赏理论

奖赏理论是一种描述性理论，缺乏实质理由。奖赏理论最开始被称为"恩典理论"，但是有学者指出，"'恩典'在概念上不以任何功劳为前提"[1]，而中止犯的成立要求行为人必须为防止犯罪既遂有所贡献，因此"恩典"一词并不妥当。有鉴于此，该理论的提出者便将"恩典"改为"奖赏"。这一理论的核心是：中止未遂之所以得以免刑，是因为行为人通过自动中止未遂罪而对防止犯罪既遂有所贡献，因此应给予其免刑的奖赏。主张这一理论的博克尔曼（Bockelmann）提出："行为人对于加诸其

---

[1] Ulsenheimer: Grundfragen des Rücktritts vom Versuch in Theorie und Praxis, Berlin: Walter de Gruyter & Co., 1976: p76.

上的罪责非难，在一定程度下通过其有所贡献之行为，正反比较下至少可以平衡。因此，不以刑罚对其加以制裁，可称合理。这就是说：给予其赦免。"[①] 耶塞克（Jescheck）和魏根特（Weigend）也主张奖赏理论，他们认为，"自动中止犯罪并阻止犯罪既遂，或者为实现此目的而真诚努力者，即使犯罪本来就不可能既遂，同样能够部分地再次消除其行为在社会中对法律的动摇的影响，从而能得到宽大处理。再加上这样的因素，即其通过应当受到赞赏的行为，使未遂不法在一定程度上得以抵消。当然，法律只要求中止犯罪，并不要求中止动机的特别伦理价值"[②]。

本书认为，该理论主要存在以下不足。

第一，既然中止未遂是因为赦免原则而免刑，那么为什么对于那些在犯罪既遂以后幡然悔悟甚至消除结果的，其中止未遂却不能成立并获得奖赏呢？换言之，奖赏理论不能解释为什么在未遂阶段才有成立中止的可能，而在既遂阶段却不能成立中止。对此，博克尔曼认为，犯罪既遂造成了极为严重的后果（尤其是对社会大众法安全感的负面影响），行为人的行径也更为恶劣，因此不能在既遂后认定中止未遂。如果行为人在既遂后的行为确实值得给予积极评价，那么可以通过缓刑或者在量刑环节给予奖赏的方式，未必一定要采取中止未遂的做法。其实，博克尔曼的回应只是强调中止未遂仅是奖赏形式的一种，即其本身具有可替代性，却回避了正面回答为什么只能在既遂前才可以承认中止未遂。本书认为，之所以在既遂后不能承认中止未遂，是基于刑事政策上的理由，对此后面将要做进一步论述。

第二，奖赏理论实际上只是法条文字的变相表述。免刑当然是一种奖赏，但关键是为什么可以得到这一奖赏。对此，奖赏理论并未给出实质根据。于是，是否成立中止未遂而给予行为人免刑的奖赏端赖法官的自由裁量，这实际上与中古时代充满人治色彩的赦免类似。对此，罗克辛（Roxin）

---

① 王效文：《中止未遂减免刑罚之理由》，载《月旦法学杂志》2011年第194期。

② 耶塞克、魏根特：《德国刑法教科书》，徐久生 译，北京：中国法制出版社2001年版，第645页。

明白地指出，奖赏理论所主张的中止未遂其实已经超越了宪法规定的立法者权限①。面对这一批判，博克尔曼不得不在奖赏理论之外借助刑罚目的理论为中止未遂寻找实质的成立根据。他认为，"及时中止或以行动悔悟者，将唤醒人们的希望，亦即可预期其未来不再犯罪"②。这里所谓"其未来不再犯罪"显然借鉴了特殊预防的刑罚目的理论。韦瑟尔斯（Wessels）和薄逸克（Beulke）认为中止未遂之所以得以免除其刑，是因行为人有效避免结果发生而重归合法，已经重新平衡了未遂之不法以及行为人之于社会大众安全感的负面影响，因此可以排除其需罚性③。正是因为奖赏论者不得不引用或者结合刑罚目的理论来论证中止未遂的免刑根据，奖赏论在学界又被称为"残余的刑罚目的理论"。

2.1.4 刑罚目的理论

在德国，刑罚目的理论在中止未遂免刑根据问题上居于通说地位。简言之，中止未遂通过行为人及时中止未遂罪已经实现了刑罚目的，因而没有必要再对其施以刑罚。这里所谓的刑罚目的，既可能指特殊预防的目的，也可能指一般预防的目的，还可能指罪责平衡（Schuldausgleich）的目的。当然，不论基于何种目的考虑，中止未遂都没有需罚性。

据考证，早期文献虽然也有从刑罚目的切入论述中止未遂之免刑根据的，但明确表述刑罚目的理论的是德国联邦法院于1956年做出的一项判决。在该判决中，德国联邦法院认为行为人如果根据自己的意志中止了已经着手的未遂，那么便显示出其犯罪意志并未达到实行犯罪所需要的强度。也就是说，行为人虽然在未遂阶段显露出危险性，但之后被证明很轻微。正是基于这种考虑，法律对未遂本身不再加以处罚。不论从哪个角度看，如果法律施以刑罚是为了预防行为人犯罪，或者为了吓阻别人效仿，又或者为了修复被侵害的法秩序，中止未遂都不具有可罚性。行为人及时

---

① Roxin: Strafrecht Allgemeiner Teil, Bd.2, Müchen: Walter de Gruyter & Co., 2003: p23.
② 王效文:《中止未遂减免刑罚之理由》，载《月旦法学杂志》2011年第194期。
③ Wessels: Weigend. Lehrbuch des Strafrechts Allgemeiner Teil, Berlin: Aufl, 1996: pp3-51.

放弃犯罪决定，法律也不再归责于其人……只有这样，刑法才能实现预防目的与正义理念①。

针对上述观点，学界有反对意见认为，中止未遂的危险性不能因为中止犯罪行为就一概被消灭。行为人毕竟已经着手实行犯罪，虽然后来中止了，但从刑法角度看，其仍然是一个不可靠的人。也就是说，即便这一次行为人没有达到既遂，但下一次未必会再次中止。更有学者一针见血地指出，德国联邦最高法院的观点实际上建立在一个过于大胆的犯罪学假设上——出于己意中止的行为人在将来不会再犯新罪。遗憾的是，这种对中止未遂欠缺特殊预防必要性的乐观假设在大多数案件中恐怕是毫无根据的幻想②。因此，中止未遂的减免根据只能建立在缺乏一般预防必要性的基础之上。例如，施密特霍伊泽尔（Schmidhäuser）认为，根据法秩序固有的道德上的要求，法律对违反法秩序的人特别设立的规定（因其在行为过程中适宜地进行了自我修正）是合理的。因为这种情况表明中止者在行为过程中恢复了其具体行为的合法性，即便对其不再进行处罚，也不会损害刑罚的一般预防目的③。

为了弥补原有刑罚目的理论的缺陷，德国刑法学界又提出了"修正的刑罚目的理论"。该理论认为，虽然人们不能根据一次中止犯罪的行为便断定行为人不再具有将来犯罪的潜在可能性，但这种将来犯罪的潜在可能性并不是确定特殊预防必要性的标准。刑法是行为刑法，而不是行为人刑法，因此，是否具有特殊预防的必要性应根据行为人的行为事实进行确定，而不可以根据犯罪人潜在的犯罪可能性这一假设进行判断。正所谓"对于未遂的行为人没有借助他人之手而是自己重返社会的合法形态，处罚也就不必要了"④。这就是说，中止未遂行为人通过中止犯罪的行为重归

---

① 参见德国法院案例：BGHSt 9, 48。
② Herzberg, Zum Grundgedanken des 24 StGB, in: Neue Zeitschrift für Strafrecht, 1989（8）.
③ Schmidhäuser: Strafrecht, Allgemeiner Teil, Berlin: Aufl, 1975: p623.
④ 町田行男：《中止未遂的理论》，东京：现代人文社2005年版，第21页。

合法，仅凭这一点便足以证明行为人缺乏特殊预防必要性[1]。

除了缺乏特殊预防必要性，修正的刑罚目的理论还认为中止未遂同样缺乏一般预防必要性。一般预防必要性与行为人是否动摇了公众对法律的印象有关，也与既遂结果是否出现有关。行为人自动中止犯罪后，原本引起社会大众安全感负面影响的未遂犯危险性已经被消灭，因此其并未对社会做出不良示范，相反，却是一种回归法秩序的表现。此外，中止未遂要求结果尚未发生，一旦结果发生便不再成立中止未遂。这意味着即便在准中止未遂的场合，由于既遂结果毕竟没有发生，根据一般预防的观点，其一般预防必要性还是极度轻微或者可以视为不存在的。罗克辛便持这一观点，认为"从一般预防的角度看，中止未遂不需要处罚。因为结果并没有发生，行为人在决定的时点自己显示出对法的忠实，因而没有提供不良示范。由未遂行为所显示出来的一时迷茫，只要行为人自愿地断绝引起既遂结果的意思，就不具有对其施以刑法处罚的充分根据。此外，责任清算也是多余的。这是因为行为人已将未遂行为之中所含有的责任通过自愿中止的形式加以偿还了，即进行了清算"[2]。总之，中止未遂既缺乏特殊预防必要性，又缺乏一般预防必要性。在这种情况下，考虑到行为人有悔过之举，给予其免刑的奖赏是理所当然的。

经过修正的刑罚目的理论并不一定同时考虑特殊预防与一般预防的问题，学者们往往根据自己的刑罚目的理论而在二者之中有所偏重。例如，舍约尔（Scheurl）特别强调一般预防，认为"刑罚的唯一正当性基础不在于维护绝对的正义或者教育个别的行为人，它是一项一般预防的国家政策，目的是维护法律秩序及保护法益。对于潜在的犯罪人必须通过刑罚加以威慑，但对忠实守法的人也应该予以鼓励。这样，人们的法感情才能获得满足。刑罚之必要性需要根据行为对社会大众产生的影响来确定，当行为人之行为会引起人们对法律不可违反这一信念的怀疑时，它就会成为社

---

[1] Roxin: Strafrecht Allgemeiner Teil, Bd. 2, München: Walter de Gruyter & Co., 2003: p6.
[2] 山中敬一：《中止未遂研究》，东京：成文堂2001年版，第9页。

会的不良示范，从而撼动人们对法安定性的信赖，因此其行为必须受到刑罚的制裁……根据这种一般预防的思想，自动中止犯罪在社会生活中并未或者至少没有严重到对法秩序的稳定造成干扰，加上结果并未发生，也未产生实质的法益侵害，所以中止未遂并不值得刑罚处罚"[1]。与之相反，瓦尔特（Walter）则特别强调特殊预防，认为"如果行为人出于己意而中止犯罪行为，那么就足以认定行为人已经证明其自己具有可靠性。换言之，当行为人处于守法还是违法的冲突选择时，若其选择用守法的方式来解决这一冲突，那么在刑法看来，这便展示了其自己的可靠性，也因此可以否定其需罚性"[2]。

德国刑法理论中的刑罚目的理论主要从刑罚的外在目的这一角度展开理论建构，但也不排除个别学者考虑报应刑的一面。从刑罚的内在目的来说，报应恰恰是刑罚的目的所在。因此，除了目的刑之外，也有少数德国学者从报应刑的角度来论证中止未遂的免刑根据。在报应刑看来，如果行为人出于己意而实施中止行为并避免了既遂结果的发生，那么法律上的报应便失去了根据，因此对中止犯应当给予免除刑罚的优待。

2.1.5 其他学说

（1）行为变更说。

德国学者雅克布斯（Jacobus）尝试在刑罚目的论之外探究免除中止未遂刑罚的根据，并提出了行为变更说。该理论认为，中止犯属于广义未遂，相比障碍未遂而言，它是具有特殊性的未遂形式[3]，即"中止犯的特殊性在于其仍处在正在进行的状态之中，因而存在有变更可能性的行为"。雅克布斯认为，未遂的处罚根据在于未遂已经实现了"未遂不法"，但他

---

[1] Scheurl: Rücktritt vom Versuch und Tatbeteiligung mehrerer, Berlin: Duncker & Humblot GmbH, 1972: p26.

[2] Walter: Bestimmung der Freiwilligkeit beim Rücktritt vom Versuch, Berlin: Duncker & Humblot GmbH, 1981: p406.

[3] 陈家林：《外国刑法通论》，北京：中国人民公安大学出版社2009年版，第468-469页。

所讲的"未遂不法"并非通常理解的"客观法益的危殆化"。这是因为，根据他所提出的规范违反说，既遂的不法并不是法益侵害，而是规范侵害，即"意味着不被允许的危险的行为"，而不被允许的危险行为是被刑法所禁止的。未遂也可以说是不被允许的危险，因而未遂也是完全的规范侵害。那么，中止犯能否再度消除完全的规范侵害呢？对此，雅克布斯认为，中止是已经存在可罚的行为之后所实施的"事后行为"。但是，中止显然并不是已经完成的行为之后发生的"事后行为"，而是尚未完成之行为的反方向的续行行为，是"特别的事后行为"，其特色不在于该行为在未遂行为开始后才发生，而在于未遂行为仍具有变更的可能性。

当然，这种行为的变更是在行为具有可罚性之后产生的。一旦产生了未遂这一事实，便不能由中止溯及消灭，行为只能改变这种事实在将来的明确性。详言之，犯罪一旦形成未遂，尽管行为人在未遂后立即中止，也不能获得任何的奖励，因其不过是对义务的履行。德国现行刑法之所以不对这种行为进行处罚，只是因为立法者不想封闭通过刑罚威慑促使行为人回头之路。中止虽然不能消除未遂，但它可以终止未遂阶段，其属于未遂的反面。在中止的场合，规范侵害只是短时间的存在。中止可以归属为行为人的业绩，规范侵害阶段的短暂性也属于行为人的业绩。因此，中止即使存在"残存的不法"，但还是可以对其加以宽恕且不施以刑罚的。雅克布斯还认为，规范侵害的最小化，可以发生在犯罪的任何阶段。因此，中止是犯罪任何阶段的行为变更。

本书认为，行为变更说所谓的"行为违法性变更"是一个似是而非的提法。因为，因犯罪行为而产生的结果不法没有理由被减少，即使行为人在此后实施了面向将来的中止行为也是如此。在这一点上，就连雅克布斯自己也认为，"一旦产生了未遂这一事实，则该事实就不可能被中止溯及消灭"。应该说，违法性不存在变更的可能性，只有广义责任才会受事后行为的影响。此外，雅克布斯所谓的"规范侵害的最小化"概念也十分模糊。其一，何谓侵害规范并不是一个容易判断的问题；其二，既然规范侵害只是最小化，而不是完全丧失，那么对残存的规范侵

害为何"不处罚"这一点必须加以说明，但雅克布斯对此并未提出令人信服的理由。

(2) 义务履行理论。

义务履行理论主张引入民法和公法领域的义务履行说来阐明中止未遂的免刑根据[1]。该理论认为，行为人的中止行为是对其之前犯行的缓和与修补，刑法也因此陷入以下两个法律原则的冲突之中。其一，刑法特有的预防犯罪原则。国家对犯罪人施以刑罚的目的在于预防犯罪。中止未遂已经超越预备阶段并进入未遂阶段，这种犯罪行为必须受到刑罚处罚，否则不利于犯罪预防目的的实现。其二，一般性法律均具有的解决原则。此处的解决原则是指行为人如果能够对不法行为加以及时修补，恢复被破坏的法秩序，那么就没有必要再启动公权力来进行制裁。解决原则在民法和行政法领域得到了广泛认可。例如，行为人窃取了被害人数额较小的财物之后又及时归还的，被害人若再以侵权名义提起诉讼，法院将不会受理。从民法角度来看，行为人破坏的财产法秩序已经通过行为人事后归还财物的行为得到了修复。换言之，行为人因侵权行为而产生的义务已经得到了履行，因此法律不允许再追究行为人的民事责任。在行政法领域，行政相对人或行政主体只要及时履行了因自身违法行为而产生的行政法义务，通常也没有必要再追究其行政责任。义务履行理论的支持者试图比附民法、行政法等的做法，运用解决原则来解释中止犯。面对上述两项原则的冲突，义务履行论者认为，原则上只有立法者有权决定究竟在何种条件下应该优先考虑适用解决原则。通常而言，如果不法行为的影响越小，同时行为人修补法秩序的努力越大，那么就应该优先适用解决原则。据此，中止未遂应该说是在最大程度上满足了这一要求，因此应给予行为人免除刑罚的奖励。因为，中止犯并非事后排除行为的结果，也不是单纯对损害予以赔偿，而是在一开始就力图避免结果的发生。这种对不法

---

[1] Herzberg: Grund und Grenzen der Strafbefreiung beim Rücktritt vom Versuch. Von der Strafzwecklehre zur Schulderfüllungstheorie, in Wilfried Küper (Hg.) Festschrift für Karl Lackner zum 70. Geburtstag am 18. Berlin/New York: Februar, 1987: p325.

损害的修补可以说是最为直接和有效的。在这个意义上,立法者之所以给中止犯以免刑的优惠,应该是考虑了中止未遂属于满足解决原则的最极端形式,即行为人在行为当时便履行了刑法原本将以刑罚威慑的方式来要求行为人履行的修补义务。

本书认为,义务履行理论存在以下三方面问题。

第一,义务履行理论与奖赏理论一样,都属于描述性的理论。对于立法者为何在中止未遂的场合优先选择适用解决原则或者为何放弃预防犯罪原则的问题,该理论并没有给出实质的回答。

第二,义务履行论混淆了中止犯的优惠与其他部门法强制力威慑免除之间的本质区别。在其他部门法领域,法律免除强制力威慑不需要行为人出于己意,即便行为人对履行义务完全无意识,但只要其客观上履行了修补义务,也不妨碍义务的有效履行。与之相应,当在刑法领域免除强制力威慑时也应该无须出于己意才对,但法律却明确规定必须出于己意。显然,这从反面证明了义务履行理论缺乏说服力。

第三,义务履行理论无法解释不能未遂的中止和准中止。以德国刑法为例,其承认不能未遂也可以成立中止,但不能未遂并未制造客观的危险,原本就不存在值得免除的刑罚威慑,却仍然成立中止。此外,准中止不要求中止行为与既遂结果的不发生存在因果关系,这样看来,中止行为并不是一个有效的义务履行,却依然成立中止。对此,义务履行理论回应认为,解决原则只是从正面为中止未遂免除刑罚提供了理论根据,至于如何界定解决原则的适用范围,则需要另外结合预防必要性进行论证。不论是失败未遂还是非出于己意而中止的情况,由于存在预防必要性,刑法仍然要优先适用预防犯罪原则。只有当出于己意而中止欠缺预防必要性时,刑法才优先适用解决原则。至此我们不难发现,义务履行理论并不是一个具有自身根据的学说,其在是否优先适用解决原则的问题上,最终还是要从刑罚目的理论那里获得理论根基。

(3) 专属的刑罚解除事由说。

专属的刑罚解除事由说是由德国学者耶格尔(Jäger)提出的,该理论

是从犯罪构成要件所具有的定罪功能通过逆向思维而发展出来的。耶格尔认为，既然立法者能够通过设立犯罪构成要件的方式对行为人进行定罪，那么立法者也完全可以根据其立法权限而设定有关中止未遂的解除刑罚事由。如果说行为人是通过"未来侵害危险的实现"而成立犯罪的，那么中止未遂便是行为人通过实施个人专属的中止行为而实现了"未来侵害危险的逆转"，从而解除了对自身的刑罚处罚。该说的关键点是区分了中止行为前的危险与中止行为后的危险。其中，前者是因行为人着手实行犯罪而产生的危险，既包括已经发生并成为过去的既有危险，也包括面向未来并最终达到既遂的危险；后者则是行为人针对前者实施中止行为后剩余的危险，由于中止行为消灭了犯罪行为面向未来并最终达到既遂的危险，因此仅留下犯罪行为已经发生并成为过去的既有危险，后者是中止未遂可罚性的基础。由于中止行为消灭了部分面对未来的危险，因此其可以作为行为人的"功绩"而解除刑罚[1]。

本书认为，既然专属的刑罚解除事由说承认行为人着手犯罪已经制造了完全值得处罚的现实危险，那么即便行为人防止了将来的危险，也仍然需要接受处罚。换言之，防止将来的危险如何成为行为人的"功绩"从而能够免除其刑罚呢？对此，该理论并未进行有说服力的说明。此外，还有日本学者认为，该理论所使用的"危殆化的逆转"本来属于教义学的概念，只能在犯罪论体系内加以使用，但该说最终又在犯罪论体系外的刑罚排除事由中加以使用，因此存在方法论上的错误[2]。可见，该说实际上混淆了定罪与量刑的概念。

综上所述，刑罚目的理论在德国的中止未遂免刑理论中具有不可替代的地位，其他理论或者缺乏实质根据，或者流于描述性陈述，或者不符合社会事实，均存在一定的不足。此外，上述各种理论也未必存在绝对对立的关系。以奖赏理论为例，它完全可以与黄金桥理论、刑罚目的理论等结

---

[1] 王效文：《中止未遂减免刑罚之理由》，载《月旦法学杂志》2011年第194期。
[2] 山中敬一：《中止未遂研究》，东京：成文堂2001年版，第58页。

合在一起。实际上，不少学者所采取的综合说，就是上述两种或三种理论的结合体。

2.2 日本刑法中的中止犯减免刑罚之根据

2.2.1 刑事政策说

日本的刑事政策说包括黄金桥理论和褒奖理论这两种类型。日本的黄金桥理论的基本内容与德国没有什么区别，但该理论在日本的地位远不如像在德国那样突出[①]。日本学者对黄金桥理论的态度比较纠结。一方面，他们认为考虑到日本与德国在刑法规定上的差异性，很难根据这一理论学说来说明中止犯的法律性质；另一方面，完全否定该说的合理性也不太可能。例如，有学者认为，"现行法上关于中止行为是免除还是减轻刑罚的选择是裁量的、事后的选择，不能由此期待充分的刑事政策效果，因而刑事政策说并不妥当"[②]。还有学者认为，"对于德国那种不处罚中止未遂的法律制度而言，是可以期待产生刑事政策上的效果。但对于仅限于应当减轻或免除刑罚之日本的中止未遂法律制度而言，则不相符合"[③]。但肯定该说合理性的学者认为，"对中止未遂给予宽宥是基于政策上的考虑，否定这一点很困难……成立中止犯时，中止以前所产生的事实往往已经符合了其他犯罪的既遂犯构成要件。例如，在成立杀人的中止未遂案件中，有时实际上已经发生了符合伤害罪既遂的事实。此时，尽管无法否定伤害罪的成立，但可以在伤害罪的量刑标准之下处刑，甚至有可能判处免予刑罚这种最轻的有罪判决。只要达到了伤害罪既遂，就没有探讨违法性或有责性减少的余地。这时非但不追究伤害的事实，反而通过中止给予恩典，是为了引导行为人避免实施侵害生命这一更重要法益的行为。不能否认中止犯

---

① 町田行男：《中止未遂的理论》，东京：现代人文社2005年版，第15页。
② 川端博：《刑法总论讲义》（第2版），东京：成文堂2006年版，第472页。
③ 浅田和茂：《刑法总论》（补正版），东京：成文堂2007年版，第389页。

规定具有政策上的考虑"①。

除黄金桥理论之外,也有日本学者采用了褒奖理论。例如,山中敬一站在可罚的责任减少说这一立场论述了中止犯减免刑罚的根据。与此同时,他还结合刑事政策说提出,"'架设后退的黄金桥'不是引诱行为人的返回,而是对渡过该桥回归合法性的行为人给予相应的褒奖。在这个意义上,这是一种事后的褒奖"②。

2.2.2 刑罚目的说

刑罚目的说在日本很早便已经出现了,但长期未被其学界看重,直到近年来才有少数日本学者重新提倡这一学说。早期采用刑罚目的论的代表学者小野清一郎认为,"对中止犯之所以承认刑罚减轻……主要是政策的考虑,即在一般预防上,以使着手犯罪者为了得到刑罚减免而避免犯罪达到既遂为目的,在特别预防上,由于行为人恶性的减小而减轻其刑罚"③。该说在日本学界遭遇质疑,被指为一种过于大胆的刑事政策,因为"即使成立中止犯,也并不能保证实施中止的行为人将来不会再犯罪,因而认为其没有特殊预防或一般预防的必要性"④。后来,小野清一郎本人也改弦易张,采纳了其他学说。

2.2.3 法律说

与德国不同,法律说在日本占据通说地位。法律说是在批判刑事政策说和刑罚目的论的基础上产生的,其认为中止犯的减免刑罚根据不应在刑法体系之外去寻找,而应该结合犯罪成立要件进行论证。这里需要注意的是,主张法律说的学者虽然反对刑事政策说和刑罚目的论,但实际上仍然借鉴了这两种学说的部分内容。之所以如此,主要是因为这些学者着力反

---

① 井田良:《讲义刑法学:总论》,东京:有斐阁2008年版,第421页。
② 山中敬一:《刑法总论》(第2版),东京:成文堂2008年版,第753页。
③ 陈家林:《外国刑法通论》,北京:中国人民公安大学出版社2009年版,第461页。
④ 陈家林:《外国刑法通论》,北京:中国人民公安大学出版社2009年版,第461页。

对的只是刑事政策说和刑罚目的论所采取的"脱离犯罪成立要件，在刑法体系之外论证中止犯减免刑罚根据"的方式，就两者的实体内容而言，仍然有值得肯定地方。具体而言，日本的法律说主要包括以下几种观点。

（1）违法性减少说。

德国的违法性消灭说相当于日本的违法性减少说①。日本学者不能接受违法性消灭这一提法，因为"如果违法性消灭的话，犯罪本身就不成立了。日本刑法认为中止犯的成立仅是进行刑的减轻或免除……因此在日本的法律背景下不能承认违法性的消灭"②。尽管如此，日本违法性减少说的基本观点仍然与德国的违法消灭说相似，它们之间的区别实际上主要体现为因法律规定差异而采取的表述方式不同。

违法性减少说认为，所谓中止犯是指行为人基于自己的意思而中止犯罪，使得违法性减少。该结论可分为两种论证模式。其一，如果承认故意是主观不法要素，那么中止犯产生犯罪故意后，如果又因己意而中止犯罪，则说明其在主观上消除了这一不法要素，从而降低了行为的违法性程度③。其二，如果认为违反规范的意思是主观的不法要素，那么中止犯先产生了违反规范的意思，其后又产生了中止意思并撤回了此前违反规范的意思，从而降低了不法程度④。

违法性减少说的理论建构涉及许多犯罪论的基本概念，而对这些基本概念仍然存在多种不同的理解，因此人们便围绕这些基本概念的争议而对违法减少说展开了以下一系列批判。

第一，围绕"故意是否为主观的不法要素"而展开的批判。如前所述，如果着眼于中止未遂中故意的变化，同时认为故意属于主观的不法要素，那么才能推出不法程度降低的结论，但是对于故意究竟是否属于不法要素这一点仍然值得讨论。如果否认这一前提，那么当然不能得出违法性

---

① 町田行男：《中止未遂的理论》，东京：现代人文社2005年版，第57页。
② 平野龙一：《中止犯》，载《刑事法研究》（第2卷），东京：有斐阁1981年版，第144页。
③ 平野龙一：《刑法总论Ⅱ》，东京：有斐阁1975年版，第333页。
④ 西原春夫：《刑法总论》（上卷），东京：成文堂1993年版，第332页。

2 中止犯减免处罚的根据与自动性

减少的结论。"既遂的场合自不必说,即使是未遂的场合,故意也属于责任要素而不是违法要素,所以我们不赞成违法性减少说。"① 对此,违法减少说是这样回应的:"如果认为未遂犯的故意不是主观上的违法要素,这一批判可以说具有相当的理由。但通说认为它是主观的违法要素……从这一立场看,能够肯定是由于主观的违法要素的消灭而造成违法性的减少。因此,上述批判不一定妥当。"② 可见,违法减少说合理与否不是一个孤立的问题,必须联系更为基本的问题来分析。如果这些基本问题尚处于悬而未决的状态,那么很难对违法减少说给出适当的评价。

第二,针对第二种着眼于"中止行为使危险消灭"的论证思路,有批判意见认为该理论无法说明中止未遂与障碍未遂在法律后果上的差异。"障碍未遂与中止未遂都是已经着手实行犯罪从而产生了法益侵害的危险,但都没有发生结果,在这一点上它们具有完全相同的构造……障碍未遂中结果的不发生是出于意外的障碍,中止犯则是出于己意而中止犯罪。但不论是因为障碍还是基于中止行为,都同样使行为的违法性减少,同时并不能说明中止未遂的违法性比障碍未遂更低。"③ 对此,有学者从行为样态上寻找到了反驳的理由:"的确,从结果发生的危险消灭这一观点来看,中止未遂与障碍未遂是完全一样的。但是,如果着眼于过程的话,两者则有明显的差异。举例言之,T基于杀害的意思让O饮用毒药后,可能会出现这样两种情况:①此后T基于自己的意思(任意地)让O服用解药从而避免了O的死亡;②与T无关,O自己服用了解药从而消除了自己的生命危险。比较这两种情况可知,虽然在消灭结果发生的危险这一点上是同一的,但其过程却有明显的差异。也就是说,O死亡危险的消灭,在①的情况下是由T的中止行为(即遵守法律的行为)而引起的;在②的情况下则并非如此。因此,从危险消灭原因的观点出发,也能够区分中止未遂与障

---

① 浅田和茂:《刑法总论》(补正版),东京:成文堂2007年版,第389页。
② 川端博:《刑法总论讲义》(第2版),东京:成文堂2006年版,第473页。
③ 曾根威彦:《刑法总论》(第4版),东京:有斐阁2008年版,第227页。

碍未遂。"①

在本书看来，从行为样态区分障碍未遂与中止未遂的做法未尝不可，但是这一思路恐怕主要适用于实行终了的中止未遂，而未必适合未实行终了的中止未遂。因为，在实行终了的场合，行为人为了阻止既遂结果的发生，必须积极实施中止行为，这种中止行为当然比障碍未遂要额外多出一个积极的行为。也正是这个多出来的中止行为，才使障碍未遂与中止未遂在行为样态上存在差别。但是，在实行未终了的场合，障碍未遂与中止未遂两者的行为样态没有任何区别，因此难以从行为样态上论证中止未遂的不法程度更低。因此，如果坚持以行为样态来区分障碍未遂与中止未遂，只能借鉴不作为犯罪理论，论证单纯放弃继续实施犯罪是一种不作为形式的中止行为。也就是说，单纯放弃继续实施犯罪在阻却既遂结果的发生上与积极有效防止结果发生的行为没有任何区别。之所以能够承认这种不作为的中止行为，从根本上说是因为行为尚处于没有终了的阶段，单纯消极的不作为便足以防止结果的发生。

第三，违法减少说不符合违法性作为一种形式上的法律评价的属性。有学者认为，"对一个事实的违法评价是固定的，因此对变化了的事实所做的违法评价，是与先前评价不同的另一评价，它不能影响到对先前事实的违法评价"②。对此，主张违法减少说的学者辩解认为，"的确，如果将实行行为与中止行为理解为完全独立、无关的行为，那么要在事后变更对违法行为的评价的确是很困难的。然而，两者在内容上并非无关。这是因为，中止行为是使实行行为丧失实效性的否定行为。因此，即使认为事后的中止行为减少了违法性，也不能说这就违反了违法性评价的性质"③。

在本书看来，这里涉及如何理解违法概念的问题，而违法与不法有时会被混同使用。例如，违法减少说中的违法，实际上是指不法内涵减少的意思；反对该说者所指的违法，则是严格遵循了违法性概念本身的用法，

---

① 町田行男：《中止未遂的理论》，东京：现代人文社2005年版，第64-65页。
② 木村静子：《中止犯》，载《刑法讲座》（第4卷），东京：有斐阁1964年版，第25页。
③ 川端博：《刑法总论讲义》（第2版），东京：成文堂2006年版，第474页。

2 中止犯减免处罚的根据与自动性

双方所指并非同一概念，因而没有真正意义上的交锋。细究起来，不法和违法存在同一说与区别说之争①。其中，前者的根据是古典犯罪论体系，即认为构成要件是价值中立的，并无价值判断的色彩，是纯粹描述性的，与法益侵害无关②，因此法益对构成要件缺乏解释功能，不法与违法是相同的概念。除古典犯罪论体系之外的各种犯罪论体系则一般倾向于区别说。不过应当注意的是，区别说中所指的不法仍然包括以下两个方面。

第一，是指犯罪成立的要素。通说主张，要成立犯罪，必须具备不法和罪责，而不法又包括构成要件的该当性和违法性。在这个意义上使用的不法，显然包括了违法。进一步而言，作为犯罪成立要素的不法或者违法都是一种"有或无"的判断。行为该当于构成要件就是该当，不该当就是不该当，没有量化或者层深概念。以违法性为例，如果阻却事由成立，其就不存在；如果没有违法阻却事由，就存在。可见，这也是单纯有无的判断。不法包括了该当性与违法性，由于后两者都是有无的判断，所以不法当然也是有无的判断，不存在程度的问题。在判断结论上，如果行为违法即成立不法，反之亦然。

第二，是指各种犯罪类型或者犯罪的主、客观上的不法内涵。刑法规定的犯罪类型都有彼此相异的不法内涵。例如，分则规定了故意杀人罪与过失致人伤害罪，由于行为人主观罪过和行为结果存在明显差异，因此前者的主观不法内涵与客观不法内涵均高于后者。又如，总则规定了既遂犯与未遂犯，由于未遂是已经着手但没有既遂，因此其客观不法内涵要低于既遂。在这个意义上使用的不法，是指各种犯罪类型本身或者主客观方面的不法内涵，而并不涉及犯罪的成立与否，因而有着层深和量化的区别。

因此，不法与违法是不可以混同的概念。违法之概念用以判断行为与法规范是否对立，其结论永远是有或者无，而不可能出现既违法又不违法的情形；不法则可能出现量化差别的结论。本书认为，既然刑法以保护法

---

① 林山田：《刑法通论（上）》（增订九版），台北：兴丰印刷厂2005年版，第290页。
② 王安异：《刑法中的行为无价值与结果无价值研究》，北京：中国人民公安大学出版社2005年版，第26页。

益为目的，那么立法者在建构罪刑规范时一定是从法益保护的角度设计其构成要件的。须知，犯罪行为不是物理世界的一种变动，而是有价值含量的现象。绝对中性、无色的构成要件是不存在的。因此，如果将不法与违法同一，实际上就是将人的行为完全物化，从而排除了法益对构成要件的解释功能。这既不符合事实，也不实用，尤其是在需要解释构成要件的场合，不考虑法益的解释功能会导致司法上的困难。基于这种考虑，区别说是妥当的。

根据区别说可知，违法减少说对所谓违法减少的解释显然不符合违法作为一种形式法律评价的属性。但就违法减少说的内容来看，该说意图表达的意思应该是中止未遂的不法内涵低于障碍未遂的不法内涵。可以说，违法减少说及其反对者虽然使用了同一概念，但双方所指并非同一事物，自然不可能进行真正意义上的论战，也不可能形成一个真正有效的批判。

第四，违法减少说在共犯中止问题上必然违反中止犯的"一身专属性"。这一批判以采取违法性减少说者必须同时承认共犯的从属性为前提。如果正犯成立犯罪中止，那么按照违法性减少说的观点，正犯的违法性就降低了。同时，因为违法是连带的，共犯的违法性也必然因此降低，从而也能获得刑罚上的减免。但是，这与中止犯所具有的"一身专属性"相矛盾。也就是说，"既然承认'违法是连带的，责任是个别的'，就必须以结果不发生为由对全体共犯均承认其违法性的减少，而这显然不妥当"[①]。但是，这一批判是有前提的，假如采取违法减少说者在共犯问题上主张共犯独立性，那么就可以有效回避这一缺陷。例如，有学者认为，"如果在共犯的处罚依据问题上采用可罚性借用说的话，就必须承认上述批判的正确性。因为如果共犯本身并不可罚，其可罚性是从正犯处借用来的话，那么当由于中止而使正犯的违法性减少时，自然也应承认共犯违法性的减少。但是，现代刑法中依据的是个人责任之原则，因而不能采用这种共犯论。之所以处罚共犯，是因为其自身行为的可罚性。因此，即使中止使正犯的

[①] 香川达夫：《中止未遂的法的性格》，东京：有斐阁1963年版，第72-79页。

违法性减少，但只要不会因此使共犯的违法性减少，那么其中止的效果就不及于共犯。此外，违法性说对正犯中止时就不能处罚共犯的批判，是在共犯的处罚依据问题上采用了可罚性借用说的观点，是否定个人责任之原则的"①。

(2) 责任消灭、减少说。

责任消灭、减少说的理论前提是将故意归入责任要素。如果行为人根据自己的意思放弃继续犯罪或者有效防止犯罪既遂，那么据此可以认为行为人已经放弃了犯罪故意，其相应的责任程度便会降低。这里涉及对责任本质如何理解的问题。如果对责任本质持不同观点，那么就中止未遂究竟对责任程度有何影响这一问题，自然也会得出不一样的答案。

在责任本质问题上，如果采取心理责任论的立场，即认为故意是行为人与构成要件事实之间的一种心理关系，那么中止未遂的中止意思会与犯罪故意产生相互抵消的效果，最终使未遂的有责性消灭。"作为未遂的可罚性必须具备两个要件：一是与法律相抵触的外部行为；二是违反刑罚法规的恶的意思。因此，未遂的刑罚是以上述两个本质要件统合下的一个行为作为条件的。以此为前提，如果上述两个要件中的任何一个被回溯废弃或否定，那么可罚性就必然消失。外部的行动不能被回溯，而与外部的行动不同，意思可以被回溯废弃……如果行为人在中途停止、变更或放弃其意思，在这种情况下，既存的意思可以因被回溯而失去意义。"② 有学者则站在人格责任论的立场来论证责任减少或消灭。以团藤重光提倡的人格责任论为例，在他看来，"中止犯减免刑罚的根据在于中止行为显示的人格态度，使得责任减少。这种责任事后减少的观点，只有在以人格形成责任为核心的动态犯罪理论前提下才得以成立。采用这种观点时，应取以下两点立法论：其一，当中止的动机是基于道德上的悔悟时，由于责任消灭而不成立犯罪；其二，当实施了真挚的中止行为时，即使犯罪达到既遂，至

---

① 町田行男：《中止未遂的理论》，东京：现代人文社2005年版，第61-62页。
② Zachariae: Lehre vom Versuch der Verbrechen, Berlin: Duncker & Humblot, 1936: p240.

少也应任意减轻刑罚"[1]。

心理责任论和人格责任论主要具有历史沿革的意义，现在关于责任本质的理解通说多采取的是规范责任论。根据规范责任论，责任的核心是期待可能性，也就是行为人在行为时产生对违法之反对动机的可能性。中止未遂自动放弃犯罪，表现了对法规范的积极态度，满足了法规范对行为人的期待，因此行为人中止前的犯罪行为虽然表现出了与法规范的敌对意志，但该意志随着中止意思的产生而变弱，足以使其责任降低。例如，韦尔策尔（Welzel）认为，对中止犯不处罚的根据在于"中止显示出中止者责任的微小性"[2]。

有学者认为，责任消灭、减少说存在以下一些不足。

第一，该说容易造成对中止动机的伦理性的过分强调，因为只有这样才能减少或消灭行为人的可非难性，但这样做又必然过度限缩了中止未遂的成立范围[3]。对此该说学者是这样反驳的：责任消灭、减少说并不认为法规范与伦理可以相提并论，因此采取责任减少、消灭说并不会必然造成上述结论，也即责任的降低并不一定是借助了动机的伦理性，因而这一批判意见并不具有充分的说服力[4]。

第二，如果认为行为人只要放弃了犯罪故意责任便会消灭、减少，那么即便犯罪实现了既遂，也应当给予行为人刑罚减免，但是刑法并不认可犯罪既遂之后可以获得这一优待[5]。

第三，与违法不能回溯地消灭类似，对于在实行行为着手时就已经存在的责任，为什么能够在事后被回溯地予以减少或消灭这一点，该说并不能给出有说服力的解释[6]。"至少就刑的免除而言，必须考虑刑事政策上放

---

[1] 团藤重光：《刑法纲要总论》，东京：创文社1990年版，第270-271页。
[2] Welzel: Das Dertsche Strafrecht, Berlin: Aufl, 1969: p196.
[3] 井田良：《讲义刑法学：总论》，东京：有斐阁2008年版，第423页。
[4] 浅田和茂：《刑法总论》（补正版），东京：成文堂2007年版，第391页。
[5] 平野龙一：《刑法总论Ⅱ》，东京：有斐阁1975年版，第334页。
[6] 浅田和茂：《刑法总论》（补正版），东京：成文堂2007年版，第391页。

2 中止犯减免处罚的根据与自动性

弃处罚这一因素。"①

第四，该说完全从责任角度思考中止未遂的减免刑罚根据，而忽略了中止未遂在违法性上减少的一面，这是不妥当的②。

在本书看来，上述批判有其合理性，但也存在诸多疑点。

首先，责任消灭、减少说实际上是将责任理解为狭义责任或罪责，进而围绕中止意思对故意的影响展开论证。但是，就像违法性一旦产生便不能溯及消灭一样，罪责一旦产生也不可能减少或消灭。因为，罪责是针对不法的责任形式，一旦行为人认识并容忍不法，那么其便具有故意责任，反之则不具有故意责任。严格说来，罪责只有有或无的问题，而无所谓减少或消灭。可见，借助"罪责"这一概念实际上不可能论证责任的减少、消灭。诚如有学者所言，"(如果)从经验上来分析犯罪事实的话，则犯意是一种心理的事实。只要着手犯罪，这种心理的、物理的事实就永远是一个事实，认为它可以被废弃的只不过是一种拟制而已"。③ 正因如此，该说才特别从动机伦理性、人格责任或者法规范态度等角度寻找责任减少、消灭的根据。但是动机伦理性显然具有刑法伦理化的倾向，实际上，即便使用诸如人格责任、法规范的态度之类的概念时也很容易与伦理相混淆。

其次，该说完全不考虑刑事政策的根据，这就难以解释为何在既遂后不可能成立中止未遂的问题。

最后，中止未遂与障碍未遂在违法性上是否存在区别仍然是一个存在争议的问题。例如，上述第四种批判意见实际上是在肯定两者于违法性上存在区别的前提下才得以提出的。但是，责任减少、消灭说并不认为中止未遂的违法性低于障碍未遂，因此第四种意见并不是有效的批判。

(3) 可罚的责任减少说。

日本学者山中敬一、浅田和茂等采用了可罚的责任这一概念，据此他

---

① 山中敬一：《刑法总论》（第2版），东京：成文堂2008年版，第752页。
② 川端博：《刑法总论讲义》（第2版），东京：成文堂2006年版，第475页。
③ 小野清一郎：《刑法总则草案与中止犯》，载《关于刑罚的本质及其他》，东京：有斐阁1955年版，第278页。

们在论证中止犯减免刑罚根据时便采取了这一独特的表述方式，以区别于一般的责任减少说。

浅田和茂认为，"中途放弃的故意（并非事后消失或减少）可以被视为从一开始就没有那么强烈，由此可以减少非难可能性，当其不具有可罚的量或质时就可以免除刑罚（实质上无罪）。关于故意的强度这一点，虽然这是可罚之责任的量的问题，但是在中止犯的场合，其有可能被视为在行为时已经缺少特别预防的必要性，这样就可以作为可罚之责任的质的问题加以考虑（可罚的责任减少说）"①。

山中敬一则认为，"只有定位于可罚的责任的要件之内，才有可能找到中止犯减免刑罚之具有说服力的根据。之所以中止未遂的减免刑罚根据在于可罚之责任的减少，是由于为了防止结果发生的事后行为（中止行为）使违反禁止规范的可罚之责任相比障碍未遂而减少了。尽管行为的不法一旦表现于外部就不可能根据事后行为而变更，但是由于事后行为（中止行为）防止了结果的发生，考虑到这种行为，就应当减少可罚的责任。因为妨碍了法益侵害结果发生的人，不仅减少了未遂的责任，而且对事后显示出遵守规范态度的人来说，从处罚的必要性上来看也应相应减少"②。

在本书看来，可罚的责任概念应属于量刑责任的范畴。中止未遂与障碍未遂在罪责上没有区别，但在量刑责任上存在区别。因此，着眼于量刑责任来论证中止未遂的减免处罚根据是一种必然的选择。就此而论，可罚的责任减少说具有合理性。

（4）违法、责任减少说。

前述学说主要着眼于违法或责任的角度来思考中止未遂的减免刑罚根据，违法、责任减少说则将两者结合起来。川端博、佐伯仁志、井田良等认为，中止犯既包括中止行为、既遂结果未发生这种影响违法性程度的要素，也包括自动性这种影响责任程度的要件，这两方面均能说明中止未遂

---

① 浅田和茂：《刑法总论》（补正版），东京：成文堂2007年版，第391页。
② 山中敬一：《中止未遂研究》，东京：成文堂2001年版，第67-72页。

的减免刑罚根据,没有理由顾此失彼,因此只有站在违法、责任减少说的立场上才能全面把握中止犯的减免刑罚根据。例如,有学者将违法、责任减少说建基于刑罚的目的论之上,认为"刑罚的目的在于法益保护,为此不仅要禁止法益侵害行为,而且根据不同场合还有必要要求避免法益侵害行为……对于一般的犯罪,可以考虑其违法与责任这两个成立要件,如果合理地考虑通过规范来进行法益保护这一目的的话,那么中止犯也应当从违法与责任两个方面来确立成立要件……正如具备违法与责任才成立犯罪那样,具有违法减少和责任减少才成立中止犯这种'负犯罪'(带减号的犯罪)。中止犯的规定,是为了切离通常的犯罪构成要件而确定特别的'负犯罪'的要件"[①]。

本书认为,违法、责任减少说并没有在违法减少说或责任减少说之外进行新的理论构建,而只是将两者结合在了一起。这种综合说虽然表面上看借助学说之间的差异而实现了互补的效果,但同时也难以避免地有着这些学说的不足。应该说,如何在吸取两种学说优点的同时避免它们的缺点,或者说如何进行不同学说之间的有意义的结合,并不是一个简单的问题。可见,该说除了必须面对前两种学说所存在的问题之外,还要面对一系列新的问题,从而徒增了解决问题的难度。该说的这一不足,对于下文将要介绍的并合说也同样适用。

2.2.4 并合说

并合说主张综合刑事政策说与法律说这两种学说,来说明中止犯减免刑罚的理由。这一理论转向与法律论证方法的变化有关,正如有学者所言,"德国学者在早期倾向于在犯罪体系外考察并探求中止犯的立法理由,日本学者则倾向于在犯罪体系内考察中止犯的立法理由。但是,现在的德国刑法理论将中止犯的立法理由问题分为'根据'问题与'体系'问题,并分别加以论述,而'根据'问题与'体系'问题又分别与目的论的说

---

① 井田良:《讲义刑法学:总论》,东京:有斐阁2008年版,第424页。

明及范畴论的说明相对应。作为'根据'问题的黄金桥理论，恩典、褒奖说、刑罚目的说等理论，是说明'为了……'中止犯不可罚。与此相反，对'体系'问题的说明则是基于因果的说明，即'因为……'中止犯不可罚"[①]。

按照法律论证理论，法律论证有内在论证和外在论证之分，两者兼具才是法学论证所应该具有的品质。日本学者注重在刑法体系内寻找中止犯减免刑罚根据的法律说属于内在论证，德国学者注重在刑事政策或刑罚目的之中讨论中止犯减免刑罚的根据则属于外在论证。两者非但不矛盾，实际上还有内在的联系。法律说虽然在犯罪论体系内展开论证，但必须考虑到中止犯规定的外在目的；刑事政策说和刑罚目的理论虽然在犯罪论体系外进行思考，但也可以将其主张融入犯罪成立的不法要件与责任要件，这样便找到了法律上的根据。日本学者同样意识到了这一点，因而在采用违法减少说、责任减少说或者违法、责任减少说的同时，结合刑事政策说的部分内容而形成了多种形式的并合说。需要附带提及的是，如前文所述，日本学者虽然不赞同完全在犯罪论体系外进行思考，但对刑事政策说的基本内容还是认可与赞许的，即便是并合说的反对者也是如此，因此他们在批判并合说时很少针对刑事政策说，而主要针对的是违法减少说、责任减少说或违法、责任减少说中存在的问题。

（1）违法减少说与刑事政策说相结合的并合说。

平野龙一、西原春夫、大谷实、福田平、立石二六等学者采取了违法减少说与刑事政策说相结合的并合说，他们认为应同时采用违法减少说与刑事政策说来说明中止犯的立法理由。例如，大谷实认为，"未遂犯的处罚根据在于引起结果的现实危险，一旦产生故意并且着手实行，就是已经造成了危险，那些（行为人）事后放弃故意或者亲自防止结果发生的场合，属于其在事后减少发生结果的现实危险或者降低行为的反社会性，应当被视为违法性的减少。因此，违法性减少说基本上是妥当的。但是，日

---

① 陈家林：《外国刑法通论》，北京：中国人民公安大学出版社2009年版，第466页。

本刑法对于中止犯并不是一律规定不可罚或者免除刑罚，而是希望通过宽大处理，在未然之中防止完成犯罪。换句话说，并非完全没有一般预防的效果。因此，将违法减少说与刑事政策说相结合的综合说是妥当的"①。

(2) 责任减少说与刑事政策说相结合的并合说。

植松正、中山研一、冈野光雄、前田雅英、曾根威彦等学者则采用了责任减少说与刑事政策说相结合的并合说，他们认为应同时采用责任减少说与刑事政策说来说明中止犯的刑罚减免根据。例如，前田雅英认为，"……基于自己的意思而中止就会使责任减轻的责任减少说是妥当的。对于基于自己的意思而中止的行为人，可以认为从国民的规范意识考察，并非难减弱了"；"进而在共犯的场合，一人中止不影响其他参与者，违法性减少说难以说明这一点"；"但是，仅用责任减少说还不能说明中止犯的减免。通过对基于自己的意思而停止的行为人的褒奖，意图对着手实行者以及一般人产生一般预防的效果，这种政策性规定的（性质）无法否认。不论责任如何减少，只要结果发生了就不会给予，对中止犯的认定被限定为未遂的情况"②。

(3) 违法、责任减少说与刑事政策说相结合的并合说。

大塚仁、藤木英雄、板仓宏等学者主张同时采用违法、责任减少说与刑事政策说来对中止犯的刑罚减免根据进行说明。例如，大塚仁认为，"刑法第四十三条但书是以刑事政策目的为背景，类型地规定了由于行为人的中止而减少违法性和责任的情形"③。对此有学者提出了批判，认为"此说意图在除构成要件该当性之外的所有的犯罪成立条件之中为中止犯找到位置。但这样的综合说放弃了对犯罪阶段构成的分析和思考而成为整体、直观的思考，这是不恰当的。认为所有规范的评价都被减少，并进而混入刑事政策的思考，并且其根据在体系上也散在于任何地方，这种做法

---

① 大谷实：《刑法讲义总论》，黎宏 译，北京：中国人民大学出版社2008年版，第350页。
② 前田雅英：《刑法总论讲义》（第4版），东京：东京大学出版会2006年版，第159页。
③ 大塚仁：《刑法概说：总论》（第4版），东京：有斐阁2008年版，第159页。

不外乎是一种欠缺体系化的努力"①。

本书认为，并合说虽然并未对所并合之学说做了进一步的研究，但其优势在于能够发挥各学说的长处。就此而言，并合说值得赞许。当然，如何在恰当发挥各个学说长处的同时避免其短处是并合说的一个难点。本书主张责任减少说与刑事政策说的并合，且两者应处于并重的地位，唯有如此才能全面解释中止未遂减免刑罚的问题。

2.2.5 新近的有力说——危险消灭说

日本学者山口厚提出的危险消灭说是当前日本刑法学中的有力说。该说与前述耶格尔所提倡之专属的刑罚解除事由说有着相似之处，认为"对中止犯的规定，是救济了因未遂犯的成立而招致危险之具体的被害法益，从而消灭了'引起既遂结果的危险'，因此这是作为奖励而设立的纯粹政策的、与一般犯罪'反方向的'构成要件。根据这种见解，未遂犯中'引起既遂结果的危险'在产生未遂的可罚性的时点时就已经确定。因此，危险的'消灭'并不溯及消灭已经存在的所有危险，而不过是消灭面向将来的危险，即存在作为可罚性条件的危险，作为犯罪完全完成的行为，由于此后的危险被消灭而在政策中承认对其刑罚的减免"②。

在本书看来，危险消灭说存在以下几方面问题。

第一，刑法上的危险是指发生实害结果的可能性，就这个概念本身而言，任何危险都是面对未来的。由此，无法回溯消灭的所谓已经存在的危险当然也是面向未来的危险。然而，该说将刑法上的危险分为面向未来的危险与无法消灭、既存的危险，这一区分显然是有问题的。

第二，该说存在误认事实为规范的错误。消灭面向未来的危险只是一种现象上的描述，而不具有规范上的意义。所谓消灭面向未来的危险，实际上是强调犯罪本来可以继续向既遂发展，但行为人的中止行为使其停下

---

① 山中敬一：《刑法总论》（第2版），东京：成文堂2008年版，第752页。
② 山口厚：《刑法总论》（第2版），东京：有斐阁2007年版，第279-280页。

来了。但是，这一现象上的描述并不具有规范上的意义，因为就违法性而言，中止未遂与障碍未遂没有任何区别，即二者均存在发生既遂结果的危险。这一危险在行为人着手犯罪之时便已经存在，中止行为既没有使之增加，也没有使之减少。换言之，中止行为只是在现象上影响了犯罪发展的具体过程，但在规范上并没有对刑法上所指的危险产生任何影响。正如有学者所言，"此说的问题是，虽然认为在犯罪论中发生了'既遂结果的危险'，但对该危险为何因行为人的中止行为而事后消灭这一点并未加以说明"[①]。因此，根据一个没有规范意义的"消灭面向未来的危险"而给予行为人刑罚上的减免，缺乏实质依据。为了回避这一问题，该说强调中止犯是基于纯粹的政策性考虑才产生的。但是，即便中止犯是纯粹政策性的产物，也不应当仅仅根据某种事实现象便建构一种必然影响实质法律效果的政策。

第三，在现代法治国家，完全脱离法律而仅仅根据政策上的理由减免刑罚处罚，显然具有随意性。纯粹的政策性考虑缺乏法律上的规制，必然会损害刑法的安定性与正义性。一般认为，刑法是刑事政策不可僭越的藩篱，这是现代刑法共许的原则。尽管中止犯的提出并不是要对公民施以刑罚上的负担，但中止犯同样是在刑法上应受处罚的行为人，只对那些具有政策理由的行为人减免刑罚而罔顾其他人，存在违背公平原则之嫌。

2.3 我国的中止犯减免处罚根据

我国刑法理论对中止犯减免的处罚根据，一般采取并合说。"就中止犯之从宽处理的根据而言，既可以从法律（包括违法性与责任）的角度考虑，也可以从刑事政策（包括一般预防与特殊预防）的角度考察；既可以从行为的危险性（包括客观和主观）上考察，也可以从刑罚目的（预防犯

---

① 山中敬一：《刑法总论》（第2版），东京：成文堂2008年版，第749-750页。

罪)上考察，这样才能全面揭示对中止犯从宽处理的根据。"① "中止犯既然自动放弃犯罪，表明其主观恶性大为减少；没有造成损害，说明客观上对社会没有造成危害，从而应当免予处罚。并且这样做，可以鼓励实施犯罪行为的人悬崖勒马，因而有助于防止犯罪结果的发生。"② "如果套用日本刑法理论来表述，我国的通说可谓违法减少+责任减少+刑事政策的并用说。"③

我国学者虽然采取了并合说，但其论证思路与国外的并合说存在区别。有学者从罪刑相适应的原则出发，认为中止犯的刑事责任较轻，因而应予刑罚上的减免④。但这一论证角度缺少必要的政策性考虑，难以在法律体系之外为中止犯提供论据。另有观点从主客观统一的原则来论证并合说⑤，但这一论证角度只是强调从主观和客观两个方面来寻找中止犯减免处罚的根据。严格说来，主客观统一的原则属于贯彻责任主义的原则，是为了避免主观归罪与客观归罪而提出的，它与刑罚的减免并没有必然联系。还有观点从并合主义刑罚正当化之根据出发论证并合说，认为中止犯的减免处罚根据在于报应为主、功利为辅的刑法观念⑥。这一论证思路与刑罚目的论类似，只不过增加了报应刑的观点。考虑到我国刑法对造成损害的中止犯之处罚重于对未造成损害的中止犯之处罚，报应刑的观点具有一定的解释力。但是，这一现象在犯罪论体系内部就可以解释，未必一定要从报应刑的角度来论证。此外，有观点从伦理上为中止犯减免处罚寻找

---

① 马克昌：《未遂犯比较研究》，载《珞珈法学论坛》（第1卷），武汉：武汉大学出版社2000年版，第234页。

② 马克昌：《犯罪通论》，武汉：武汉大学出版社1999年版，第488页。

③ 李立众：《中止犯减免处罚根据及其意义》，载《法学研究》2008年第4期。

④ 高铭暄：《刑法专论》（上编），北京：高等教育出版社2002年版，第308页。

⑤ 梁晟源、周伟良：《中止犯减免处罚的根据》，载《中国人民公安大学学报（社会科学版）》2006第6期。

⑥ 袁彬、李旭：《中止犯处罚若干问题研究》，载《黑龙江省政法管理干部学院学报》2004年第3期。

根据①，但这一思路无疑混淆了伦理与法律的概念和特点，违反了现代刑法的基本常识。还有学者从刑法谦抑性的角度为中止犯寻找减免刑罚的根据，但刑法谦抑性难以在比较意义上进行论证，即其虽然能够论证对中止犯施以刑罚时应该从轻的观点，但对究竟应当轻到何种程度（是比既遂犯轻，还是比未遂犯和预备犯轻）的问题，则难以回答。

总体而言，上述论证角度看似新颖，但普遍存在过于抽象化和观念化的方法论问题。中止犯减免处罚的根据属于中止犯领域中相对具体的问题，将这一问题上升到刑法基本原则、基本理念的层次并不见得能够解决具体争议。就方法论而言，具体问题最终只能在具体层次解决，"无限上纲"的方法或许有助于在宏观层面理解问题，但并不能给出有针对性的答案。

此外，我国对中止犯减免处罚根据的论证多以既遂犯为比较对象而进行，对未遂犯的比较意义则不够重视。例如，有观点认为"犯罪中止这种情况，不仅客观上没有发生预期的危害结果，而且中止犯本人的危险性也比较小。因此，与犯罪预备和犯罪未遂相比较，对中止犯的处罚应当更轻"②。实际上，这一论证思路充其量只能解释为何对中止犯的处罚比既遂犯轻，却不能解释为何对中止犯的处罚比未遂犯、预备犯轻，因而存在较大缺陷。

2.4 本书立场：量刑责任减少和刑事政策并重说

一般认为，中止犯与既遂犯在客观上存在明显的区别。在这之中的主要问题是如何区分中止犯与未遂犯，也就是对自动性的理解与认定问题。正因如此，本书关于自动性的讨论均是以未遂犯作为比较对象而展开的，以下讨论也遵循这一理论前提，即仅在与未遂犯进行比较的基础上研究中

---

① 赵秉志：《犯罪总论问题探索》，北京：法律出版社2003年版，第484页。
② 高铭暄：《中国刑法学》，北京：中国人民大学出版社1989年版，第180页。

止犯减免刑罚的根据。

2.4.1 中止犯与未遂犯在现象上的差异

要论证中止犯减免处罚的根据，应先从中止犯与未遂犯在现象上的差异入手，以了解这些差异是否足以建构中止犯减免处罚的根据。在此，中止犯可以被理解为是犯罪行为和中止行为的结合体。

第一，就其着手及其产生的危险而言，中止犯与未遂犯并没有什么差异。中止犯着手犯罪的行为与未遂犯相同，该行为产生了既遂的危险，但因为之后的中止行为而归于未遂，未遂犯则是因为意志以外原因而归于未遂。从最终结局来看，中止犯的危险在着手犯罪之时便已经产生，这种危险足以引起既遂，但在中止行为作用下并没有转化为既遂，而是永远地停留在既遂危险这一不法形态之中。未遂犯的危险在着手犯罪时也已经产生，这种危险足以引起既遂，但在行为人意志以外原因的作用下没有转化为既遂，该危险最终也永远停留在既遂危险这一不法形态之中。应该说，两者在作为结果的危险上没有任何区别。

第二，在行为形态方面，单纯放弃继续犯罪的中止犯与未遂犯并无任何区别，因为两者在外在行为上都是放弃了犯罪。当然，积极阻止犯罪既遂的中止犯因为不是单纯放弃犯罪，而是积极采取措施避免犯罪既遂，因此其在客观上比未遂犯多了一个中止行为。据此可知，两者在行为形态上存在区别。

第三，在是否存在"意志以外原因"方面，中止犯与未遂犯其实不存在区别。在此需要明确的是，在通常所说的行为人已经着手实行犯罪，但出于意志以外原因而没有既遂的情况中，所谓的"意志以外"当然是指行为人实行犯罪过程中的犯罪意志以外。与未遂犯不同，中止犯并非出于意志以外原因，而是自动中止犯罪。言下之意，这里的自动中止犯罪是指行为人出于意志以内原因而中止犯罪的。这里所谓的"意志以内"是指实施中止行为过程中的意志，与前述实行犯罪中的意志不同。虽然这两种意志都是行为人的意志，但所处的行为阶段不同，有必要予以明确。当我们概

括地说意志以外或者意志以内时，心中所指的可能不是同一个意志。如果我们将意志以外与意志以内中的"意志"做同一的理解，即都认为它是指行为人实施犯罪过程中的行为意志，那么中止犯在实施犯罪中止之前仍然是犯罪意志，其在当时并没有预见到，也不会希望后续发生中止行为。这意味着，中止犯的中止行为相比行为人在实施犯罪时的行为意志而言，当然属于意志以外的原因。并且从有效避免既遂的角度来看，中止行为可以说是更为直接有效的障碍形式，因其直接从促进既遂的动力源头着手进行阻却。简单地说，对于实施犯罪行为时的行为人意志而言，其后出现的"中止行为"当然是属于行为人意志以外的行为。如果说未遂犯是障碍未遂，那么中止犯便可以理解为是行为人自设障碍的未遂。不论是外来障碍，还是自设障碍，其在阻却既遂意义上都是一样的，没有任何区别。可见，如果我们将"意志"统一地理解为犯罪行为时的意志，那么严格说来所有的中止犯也满足意志以外原因这一要素的要求。

第四，从主观方面看，未遂犯始终存有希望犯罪既遂的意思，而中止犯只是一开始具有该意思，到后来发生的中止行为时则转变为反对既遂的中止意思。但需要明确的是，中止意思仅支配了中止行为而未支配之前的犯罪行为，或者说在中止意思产生之时，之前的犯罪已经不可能继续发展下去。此外，两者都存在犯罪故意。

综上所述，中止犯在单纯放弃继续犯罪的场合比未遂犯多了一个中止意思，这是行为意思上的区别；在积极有效防止既遂的场合，中止犯除了上述中止意思外，客观上还多出了一个中止行为，这是行为形态上的区别。除上述区别外，中止犯与未遂犯没有任何区别。

2.4.2 中止犯与未遂犯在刑法体系内的比较

根据犯罪论体系，本书按照先不法后责任的顺序依次对中止犯与未遂犯进行了比较。在不法层面，如前所述，中止犯与未遂犯都停留在既遂的危险这一不法形态之中。就此而言，中止犯与未遂犯在不法程度上没有区别。但需要思考的是，中止犯的行为意思和中止行为能否减弱不法程

度呢？

首先，中止意思对中止犯的不法程度没有影响。一般说来，在法益侵害仍然存在继续发展的可能性时，行为意思所具有的引导功能会对行为的不法程度产生影响。例如，同样是把被害人砍成重伤，如果行为人是基于杀人的意思而实施的行为，就比单纯基于轻伤的意思有着更高程度的不法内涵。这是因为，只要被害人未死亡，法益侵害仍然存在继续发展的可能性，如果行为人基于更重的犯罪意思而进一步实施行为，当然会将行为引向更严重的法益侵害，其行为的不法程度自然就会提高。但需要注意的是，行为意思对不法程度的影响是以该行为意思支配了犯罪行为为前提的。在中止犯的场合，不论是单纯放弃继续实施犯罪，还是采取积极措施避免犯罪既遂，中止意思都只是支配了中止行为，而未支配之前的犯罪行为，因此不可能降低犯罪行为的不法程度，更不可能经由回溯影响因犯罪行为而已经产生的不法事实。

其次，从行为形态角度来看，中止行为对中止犯的不法程度也没有影响。行为形态在比较不法内涵时具有积极意义，如在取得等额财物的场合中，通过抢劫行为取得比通过盗窃行为取得有着程度更高的不法内涵。但这一比较是在不同犯罪行为之间进行的比较，不涉及正当行为。在中止犯的场合，如前所述，如果行为人只是单纯放弃继续犯罪，而没有积极中止行为介入犯罪的过程，那么中止犯与未遂犯在行为形态上没有区别。唯一可以尝试的论证角度是，将自动放弃犯罪理解为是一种与积极中止行为具有等价性的消极中止行为，换言之，将放弃犯罪理解为不作为形式的中止行为。可是，这一思路要求行为人在中止时负有某种作为义务，但不论从哪个角度看，都很难说行为人在犯罪过程中有义务将犯罪实现既遂。

如前所述，在有效阻止既遂结果发生时，中止犯与未遂犯在行为形态上存在区别。行为人虽然有着手实行犯罪的行为，但其接下来又实施了积极避免既遂结果发生的行为，因此从行为形态上似乎可以做出这样的论证：中止犯比单纯着手实行犯罪的未遂犯有着程度更低的不法内涵。但是，这一论证是以中止行为属于犯罪行为的一部分为前提的。如果中止行

为与犯罪行为不是一个整体,而是必须分开评价的两个行为,那么上述论证非但不成立,还必须承认中止行为不可能回溯地影响犯罪行为所产生的既遂危险。

那么,接下来必须讨论的问题是:中止犯的不法评价对象究竟是中止前的犯罪行为,还是由中止行为和犯罪行为共同组成的行为整体?对此有观点认为,中止犯减免处罚应以中止犯构成犯罪为前提,因此有必要从整体结构上结合中止前的犯罪行为与中止行为来理解中止犯的特点。违法性评价不是在犯罪行为产生时就固定下来了的,而是会随着中止行为发生变化,先犯罪而后中止的整体行动过程统一地构成了动态的违法评价对象[①]。也有学者主张不能将中止行为孤立化,即"中止行为绝不是与构成要件毫无关联的中性行为,而是围绕构成要件、减少法益侵害的程度、规模与方向的行为。不过,与一般的犯罪行为维持、增加法益侵害的危险不同,中止行为是一种减少、消灭法益侵害危险的行为。如果说一般的犯罪行为是'+犯罪行为',那么,中止行为便是'-犯罪行为'。正因为中止犯中存在'-犯罪行为',所以对于中止犯应减免处罚。总之,既然在一定意义上中止行为也属于犯罪的一部分,其当然可以成为违法与责任的评价对象"[②]。

本书认为,中止犯的不法评价对象只能被理解为是中止前的犯罪行为,而不能从整体上进行把握,理由如下。

第一,犯罪行为与中止行为属于价值对立的要素,两者不可能同时成为不法评价的对象。既然犯罪行为是建构不法的负面要素,那么作为正面要素的中止行为便不可能成为建构不法的要素。所谓整体把握的观点,实际上增加了不法评价的对象。需要注意的是,也许有学者会主张从负面构成要件要素或者阻却违法事由等意义上来理解犯罪中止,但这一观点并不可取。负面构成要件要素或阻却违法事由均是指一个独立而完整的行为,而不可能同时包含两个行为。例如,我们不能将正当防卫理解为一个犯罪

---

① 板仓宏:《刑法总论》,东京:劲草书房2004年版,第135页。
② 李立众:《中止犯减免处罚根据及其意义》,载《法学研究》2008年第4期。

行为与一个正当防卫行为的结合体，而只能以防卫行为作为唯一的评价对象。即便在防卫过当的场合，我们也不能将其理解为正当防卫行为和过当之犯罪行为的结合体，而仍应以防卫行为作为唯一的评价对象。

第二，倘若中止行为是犯罪行为的一部分，那么根据危险的判断规则便应得出不存在危险的结论，而这就从根本上否定了犯罪行为的成立。对未遂犯的处罚根据是实质危险的客观存在，我们需要根据客观因果法则以事后查明的事实为基础来判断该行为之危险是否存在。虽然法律允许对作为判断对象的事实进行一定程度的抽象，但诸如中止行为这样具有重要意义的犯罪事实是无论如何也不可能被抽象掉的。可见，如果我们将能够消灭既遂危险的中止行为考虑在内，那么就这个整体行为而言是不可能产生所谓的客观危险的。因此，既然被予以整体把握的犯罪行为"应当不成立犯罪"，也就谈不上减免刑罚之类的问题。

第三，中止行为与实行行为在客观上虽然有一定的关联，但行为人是基于两种相反的行为意志而做出行为的，其对法益的作用也完全相反，因而很难将两者统一为一个整体。严格说来，中止行为为减免对中止犯的处罚提供了依据，犯罪行为则为施加对中止犯的处罚提供了依据。两者当如何统一于中止犯的不法评价对象之中，着实令人费解。本书认为，中止犯的不法评价对象只能是中止前的犯罪行为，因此中止行为对中止犯的不法性质不会产生任何影响，即其既没有减少，也没有消灭犯罪行为产生的危险。可见，对中止犯的减免处罚根据只能从刑事政策和量刑责任的角度来进行建构。

在比较了不法层面之后，还需要比较中止犯与未遂犯在责任上的差异，如下所示。

第一，从归责责任角度来看，如前所述，中止犯与未遂犯都存在犯罪故意，行为人都应承担故意责任。与违法性与不法性的区分一样，如果将罪责理解为犯罪成立所需要的形式意义上的有责性，那么罪责便没有轻重之别，而只有是否具备的问题。如果从实质内涵角度来理解罪责，由于中止犯与未遂犯存在相同的不法内涵，那么与之相应，中止犯与未遂犯的责

任内涵也不存在区别。总之，就罪责而言，中止犯与未遂犯不存在区别。

第二，就量刑责任而言，中止犯具有自动性和中止意思，而未遂犯具有被动性和犯罪意思，两相比较，应该说中止犯的量刑责任轻于未遂犯。或许有观点认为，中止意思的内容是希望犯罪既遂不发生，由此便可断定行为人规范上的非难可能性降低。但是，这一观点忽略了所谓希望其实也包括消极希望之情况，因而该观点并不妥当。详言之，刑法上的希望既可能是积极希望，也可能是消极希望。积极希望固然能够反映行为人对法益具有的积极态度，但消极希望却未必如此。在积极希望的场合，如果我们从"刑法的目的在于保护法益"这一命题出发，将保护法益作为所有罪刑规范的实质，那么既然行为人对法益采取了积极态度，便足以彰显其向合法性的回归，因此具有较低的责任程度（详见本书"4.2.3 自动性的规范内涵"部分）。在消极希望的场合，由于行为人对法益保护本身并没有持积极态度，因此不能说行为人的量刑责任可据此减轻。需要指出的是，这里所说的积极希望与消极希望，实则端赖自动性的有无。也就是说，在自动中止的场合，只有当行为人基于中止意思而放弃犯罪时，才能说其积极希望既遂结果不发生；在被迫中止的场合，行为人即便对未遂结果抱有希望态度，也可能只是消极希望，而不能据此降低规范上的非难可能性。由此可见，表明量刑责任减轻的关键因素不是中止意思，而是自动性。换言之，正是因为中止犯具有自动性才使行为人的量刑责任得以减轻。

第三，就预防刑而言，中止犯的预防必要性低于未遂犯的预防必要性。

首先，从特殊预防的角度来看，中止犯在规范上的非难可能性低于未遂犯，我们据此可以判断行为人具有更好的规范意识或者说对法规范的积极态度，行为人的人身危险性也就相应降低。需要注意的是，我们判断行为人的人身危险性降低并非基于"潜在犯罪可能性降低"这一假设，而是根据行为人以中止意思自动中止犯罪这一客观事实。换言之，我们是根据行为人对法规范的积极态度这一事实来认定行为人之人身危险性的降低，而非毫无根据的猜测。对于较低的人身危险性，刑法应相应予以较低的刑

罚处罚，因此对其的特殊预防必要性也随之降低。

其次，从一般预防的角度来看，中止犯表现出了对法秩序的积极态度，由此行为人对法秩序的违反也会在一定程度上得到修复，就此而论，给予中止犯减免刑罚的做法同预防一般人违法（一般预防）的目的并不矛盾。换言之，假如我们拒绝对中止犯进行刑罚减免，而对其处以未遂犯的刑罚，那么实际上是对该行为人采取了一般预防的手段，这便违反了刑法的人权保障机能。在此意义上，中止犯的一般预防必要性也应该相应降低。或许有人认为，如果对中止犯减免刑罚，可能会诱使一般人更放肆地违法，因为他们会认为反正还有中止犯减免刑罚这一奖励机会，因此不妨放手违法。这样一来，对中止犯的一般预防必要性其实也没有降低。但是，这一观点不仅不合逻辑，而且不符合日常生活经验。现实中，很难想象有人会因为有机会中止而去违法，中止犯罪与着手犯罪显然在逻辑上是矛盾的，日常生活中几乎见不到这样的实例。

最后，中止犯特殊预防必要性的降低与一般预防必要性的降低之间也存在内在关联。根据预防刑的一般原理，由于行为人不能作为犯罪预防的手段，因此不论是积极的一般预防还是消极的一般预防，都是在特殊预防的基础之上得以实现的。换言之，一般预防寓于特殊预防之中，只要做到了特殊预防，则一般预防的目的也就达到了。既然如此，如果中止犯的特殊预防必要性降低，那么一般预防的必要性自然也会降低。

2.4.3 中止犯与未遂犯在刑法体系之外的比较

在刑法体系之外，我们还可以从刑事政策等角度来观察中止犯与未遂犯的不同之处。应该说，中止犯与未遂犯在政策诱导的必要性及可能性上存在重要区别。

首先，在中止犯的场合，当行为人处于行为中止之前、既遂结果尚未发生之时，此时为了促使行为人中止犯罪（因考虑到一般情况下行为人未必会中止犯罪），以达到保护被害人的目的，就有必要通过政策加以诱导。这便是政策诱导必要性需要考虑的内容。如果缺少政策诱导的必要性，或

2 中止犯减免处罚的根据与自动性

者说一般情况下行为人都会选择放弃犯罪,那么从刑事政策的制定目的来看,就完全没有必要通过适用中止犯规定来对行为人予以奖赏,因为被害法益不假中止犯之规定仍然会免于既遂形态的侵害。值得注意的是,由于政策的指导对象是一般人,因此政策诱导必要性也必须以一般人为基准来进行客观判断。同时,政策制定的事实基础是犯罪时的客观情势,需要根据一般人在当时情势下通常如何反应来决定是否有必要诱导行为人中止犯罪。这一判断基本上是客观的和策略性的,显然不同于对行为人心理的判断。

与中止犯不同,未遂犯由于意志以外的原因,原本就不会发展到既遂阶段,因此客观上没有必要通过给予减免刑罚的奖赏来诱导行为人放弃犯罪。可见,未遂犯缺乏政策诱导的必要性。

其次,除了上述诱导必要性问题,政策诱导还存在可能性问题。如果仅有诱导必要性而无现实的可能性,诱导政策就形同虚设。在中止犯的场合,行为人在中止之前自认为能够使犯罪既遂,此时如果给予其政策上的诱导,行为人便可能重归合法,因而政策诱导具有可能性。未遂犯的场合则有所不同,因为由于其意志以外原因,犯罪已经不可能发展下去,所以行为人客观上没有选择行为的可能性,因此既无必要也不可能给予其具有可行性的政策诱导。

显然,只有当行为人具有行为选择的可能性时,诱导政策才具有可能性。这里的行为选择可能性实际上是自动性的另一种表达方式,即由于对中止犯的必然要求是行为人中止犯罪,因而肯定了其行为选择的可能性,也就肯定了自动性。换言之,正是因为有了自动性,政策诱导才具有可能性。在未遂犯的场合,由于行为人主观上认为不可能继续犯罪,因此即便存在政策诱导的必要性,也不存在诱导的可能性。

需要注意的是,除政策诱导必要性之外,前述量刑责任、人身危险性、预防必要性、政策诱导可行性等均与自动性密切相关,即只有在肯定自动性的场合,行为人的规范非难可能性才会降低,其人身危险性、预防必要性等也才会随之降低,同时政策诱导才具有可行性。这一点对我们的

启示是，自动性兼具刑法体系内的法律意义与刑法体系外的刑事政策意义。其中，量刑责任减轻、人身危险性降低、预防刑减轻是自动性在刑法体系内的意义（法律意义）；政策诱导的可行性是自动性在刑法体系外，即刑事政策上的意义（政策意义）。此外，政策诱导必要性在刑法之外起到了限定中止犯成立范围的作用。只有在具有政策诱导必要性时，才有必要承认中止犯；反之，即便具有量刑减轻的事由，但如果缺乏政策诱导的必要性，也不宜认定为中止犯。例如，行为人在盗窃既遂后又幡然悔悟返还财物的，不能因为存在量刑减轻事由便认为成立中止犯。由于此时犯罪既遂，因此没有必要再诱导行为人避免既遂结果发生，即将其作为普通量刑情节处理即可，而不能适用中止犯的减免刑罚之规定。

由此可见，刑事政策与刑法在自动性领域实际上是自足与互助的关系。一方面，刑事政策可以通过"量刑责任减轻""预防必要性降低"等在刑法框架内找到法律根据，以不至于完全脱离法治理念而流为纯粹的政策性机制。另一方面，当在刑法体系内的思考不能合理地解释中止犯时，则我们可以借助刑事政策上的理由加以补充，即在缺乏政策诱导必要时不需要承认中止犯，也就不需要考虑自动性的问题。明确这一点，对自动性的认定具有积极的意义。

2.4.4 本书观点的展开：量刑责任减轻与刑事政策并重说

通过上述比较，本书认为中止犯与未遂犯在不法与罪责上并没有区别，因此不能认为中止行为减少或消灭了不法与罪责。行为人一旦着手实施中止行为之前的犯罪行为，其作为中止犯的不法与罪责便已成为事实并被永远定格下来。因此，我们不能从成立犯罪的角度来论证中止犯减免处罚的根据，而只能借助刑事政策和量刑减轻事由来论证其根据。

第一，本书同意法定量刑事由说的观点，认为自动中止作为一种事后情节可以降低行为人的量刑责任，中止犯便是这种量刑情节的法定化[1]。

---

[1] 西田典之：《刑法总论》，东京：弘文堂2006年版，第295页。

自动中止之所以能够减轻行为人的量刑责任，是因为自动中止同时具备"中止意思"和"自动性"，两者结合在一起便可证明行为人积极希望既遂结果不发生，也就是其对法益保护持积极态度。由于刑法以保护法益为根本目的，不论是通过保护行为规范的有效性实现这一目的，还是绕过行为规范直接实现这一目的，都应当承认对法益保护的积极态度符合刑法的目的与实质要求。如果行为人具有这一态度，应该说其便实现了向合法性的回归，其在规范上的非难可能性也随之降低。既然如此，行为人的量刑责任就相应得以减轻，责任刑也就相应得以减少。

第二，既然行为人的量刑责任得以减轻，那么根据这一客观事实便足以认定行为人具有较低的人身危险性，因此对其的特殊预防必要性也随之降低。同时，如前所述，一般预防寓于特殊预防之中，既然特殊预防的必要性降低，便没有理由以一般预防的名义拒绝对其施以减免刑罚。总之，量刑责任减轻直接使预防的必要性降低，中止犯的预防刑也必然轻于未遂犯。

将上述两点结合起来看可知，中止犯的责任刑与预防刑都轻于未遂犯。之所以如此，从根本上来说是因为中止犯的量刑责任得到了减轻。也就是说，量刑责任减轻决定了预防必要性的降低，预防必要性的降低从属于量刑责任的减轻。在此意义上为了行文简洁的需要，如无特别说明，下面所说的量刑责任减轻也同时包含了预防必要性降低之意。

第三，本书同时主张将刑事政策作为中止犯的目的根据。这里的刑事政策，是指针对中止犯的刑法规定，其目的是诱导行为人及时中止犯罪从而保护被害法益。刑事政策之所以能够成为中止犯的目的根据，是因为刑法中关于中止犯的规定确实能够在行为人中止犯罪之中发挥积极的诱导作用，从而实现保护法益的目的。

其一，刑法规范作为一种行为规范无疑具有行为指引功能。应该说，对于刑法具有预防犯罪的功能这一点，几乎是毫无争议的。既然如此，我们就应当肯定刑法中关于中止犯的规定具有诱导行为人及时中止犯罪的功能。就此而论，"中止犯减免处罚的规定"与"行为人中止犯罪"之间存

在诱导与被诱导的关系。具体说来，我国刑法在未造成损害时给予中止犯免除刑罚的奖赏，无疑对行为人放弃犯罪具有诱导作用；在已经造成损害时给予行为人减轻处罚的奖赏，在一定程度上也会吸引行为人及时中止犯罪。换言之，对中止犯的奖励递增规定会激励行为人最大限度地保护法益。

其二，中止犯的成立需要时间性要件，在犯罪既遂前，法益还有保护的余地，因此刑法中关于中止犯的规定能够实现刑事政策保护法益的目的。

其三，如前所述，刑法中关于中止犯的规定能够引导行为人保护法益，并不在于行为人或一般人事先了解法律规定或刑事政策，而在于针对中止犯的法律规定和刑事政策的制定目的符合一般人"弃恶从善、应予宽宥"的常识。也就是说，针对中止犯的法律规定和刑事政策的制定目的是通过常识的力量来发挥作用的。只要中止犯的规定与刑事政策合乎常识，行为人在了解这些内容后便不会形成中止犯罪的心理障碍，从而有助于激励其中止意思的产生。因此，对于事先了解相关内容的行为人来说，这些规定和政策足以诱导行为人产生中止意思；对于不了解的行为人来说，这些规定和政策也可以借助常识发挥作用。在现代社会，公众对刑法一无所知的情况是难以想象的。也就是说，只要针对中止犯的规定能够为一般公众所认知，那么其必然可在相应范围内发挥行为引导的功能。总之，前文中那些质疑刑事政策能否发挥作用的观点并不可取。

既然刑事政策确实能够成为中止犯的目的根据，那么从刑事政策的角度来看，刑法上对中止犯之刑罚减免事由的规定便是为了诱导行为人及时中止犯罪、保护法益这一政策性目的而设立的。据此，在具有政策诱导必要性和可能性的情况下，有必要通过减免刑罚的方式诱导行为人中止犯罪；反之，在缺乏政策诱导必要性或可能性的情况下，则没有必要将行为人中止犯罪的行为称为中止犯，而仅将其作为一般量刑情节也就够了。

明确这一点对于合理解释中止犯的成立范围具有重要意义。如果认为中止是因为属于能够减轻量刑责任的事后表现而成为法定量刑情节，那么

所有能够减轻量刑责任的事后表现（如盗窃既遂后又返还财物）都应当被视为法定量刑情节，但刑法为何只规定了中止犯这一种？[①] 这一质疑实际上是将对中止犯的减免处罚根据理解为纯粹的法定量刑事由了。如前所述，在讨论对中止犯的减免处罚根据时，必须将量刑责任减少与刑事政策结合起来。例如，在盗窃既遂后，财产损失已经形成，此时通过减免刑罚进行诱导为时已晚，即便行为人返还财物，使行为人损失得偿，但如果给予其免除刑罚的奖赏势必诱发更多的盗窃行为。因此，将这种盗窃既遂后返还财物的行为类比为中止犯并不合适，因其既缺乏刑事政策上的诱导必要性，又与刑法作为惩罚法的属性相违背。

第四，量刑责任减轻与刑事政策之间还有相互辅助、相互制约的关系。

一方面，根据刑法与刑事政策的关系原理，刑法是刑事政策不可逾越的藩篱，刑事政策必须融入刑法才能得到有效运用。据此，在中止犯的场合，刑事政策需要借助量刑责任减轻这一法律根据才能够得到有效运用，只有在满足量刑责任减少这一要求时，刑事政策才能发挥其指导意义。例如，在犯罪失败（未遂）的场合，尽管客观上具有政策诱导的必要性，但此时行为人在主观上认为继续犯罪已经失去意义，因此即便中止犯罪也不能降低其在规范上的非难可能性。这时，就不能单纯根据刑事政策上的考虑便认定其具有自动性，而应通过肯定中止犯的成立来满足政策诱导的需求。

另一方面，在缺乏政策诱导必要性的场合，也不能仅从量刑责任来理解中止犯的性质。例如，在犯罪既遂的场合，就没有必要诱导犯罪人进行"中止"。犯罪既遂后法益侵害已经形成，此时诱导行为人"中止"于事无补；即便某些犯罪在既遂后仍然能够通过诱导行为人实施特定行为来消除对法益的侵害，也不宜将这种特定行为上升为如中止犯那样的法定量刑情节。其理由在于，如果犯罪既遂后可以获得如中止犯那样的奖赏，那么

---

① 李立众：《中止犯减免处罚根据及其意义》，载《法学研究》2008年第4期。

必然降低行为人受到刑事处罚的风险，从而极大地减弱相关法律的一般预防效果。事实上，刑法作为惩罚法，无论如何是不可能主要通过奖赏来达到预防犯罪与保护法益之目的的。正因为如此，刑法才只在例外的场合规定了中止犯。

第五，总之，量刑责任减轻为对中止犯的减免处罚提供了法律根据，刑事政策则为对中止犯的减免处罚提供了目的论根据。在此意义上，本书主张量刑责任减轻和刑事政策并重的学说，本说的特点在于以下几个方面。

首先，这里的责任减少特指量刑责任的减少，而非归责责任的减少。由于行为人规范的非难可能性降低，其责任刑也必然降低；同时，规范的非难可能性降低还会使行为人具有更低的人身危险性与预防必要性，因此预防刑也必然随之降低，这是对中止犯减免刑罚的法律根据之所在。

其次，这里的刑事政策以诱导行为人中止犯罪为主要内容，并未将犯罪预防作为刑法之外的刑事政策所独有的目的。换言之，本说的刑事政策以政策上的诱导性为中心，并将犯罪预防纳入刑法体系以进行思考。

最后，以往的责任减少与政策并合说并未明确说明两者之间的关系，本说则明确指出两者属于法律根据与政策目的之间的关系，它们能够彼此补充和制约。

需要注意的是，刑事政策的诱导机能往往具有双刃剑的性质，其一方面有利于引导行为人踏上"黄金桥"从而回归合法，另一方面也有可能导致行为人恶意利用这种奖赏政策，因此通过刑事政策论证对中止犯减免处罚的根据时应当采取严谨、保守的态度。在具体案件中，政策性诱导的合理性往往需要结合具体案情来进行论证，考虑具体的预防对象、中止行为发生的通常可能性、行为人的具体动机等因素。例如，当行为人因被害人处于月经期而放弃了强奸行为时，对于这一中止行为是否反映了行为人人身危险性降低这一点，可以从以下几方面来考虑。

第一，犯罪预防的对象究竟是"再次着手强奸正处于月经期的被害人"，还是"再次着手强奸一般被害人"？如果以前者为预防对象，那么行

为人的人身危险性理应降低;如果以后者为对象,那么行为人的人身危险性则没有降低。本书认为,犯罪预防的对象既不是与本案完全相同的犯罪(针对本案特定被害人的强奸罪),也不是抽象意义上的犯罪(即一般意义上的强奸罪),而是与本案具有相同类型化特征的犯罪(即针对特定种类被害人的强奸罪)。应该说,行为人再次遇到本案特定被害人的概率显然低之又低,如果预防对象仅仅针对这种情况,那么刑罚效果恐怕只能归于偶然。如果将预防对象定为一般意义的强奸罪,那么即便行为人出于维护被害人健康这一伦理动机而停止强奸,但是由于其中止前的犯罪已经表现出一定的人身危险性,也应当具有特殊预防的必要性,因此应当否定中止犯的成立。可见,只有将犯罪预防的对象理解为是针对处于月经期被害人的强奸罪,才能得出合理的结论。因为,行为人对处于月经期的被害人仍然可以继续进行强奸但却放弃了犯罪,所以其再次实施此类强奸的可能性降低了,应当将其认定为中止犯。

第二,中止行为发生的通常可能性,即月经期是否足以压制一般人实施性行为意志。如果一般情况下行为人在发现受害人正处于月经期时大都会放弃奸淫,那么据此可知此时中止行为发生的概率较高,因此对行为人实施政策诱导的必要性较低,否定中止犯的成立较为妥当。反之,如果没有证据表明一般情况下行为人在发现对方正处于月经期时会放弃性行为,那么说明对行为人实施政策诱导的必要性就仍然存在,即肯定中止犯的成立较为妥当。显然,月经期不足以压制一般情况下行为人实施性行为的意志,即被害人是否处于月经期对行为人实施奸淫行为并没有必然影响,因此肯定自动性更为合理。或许有人认为,日常生活中人们通常都会避免在月经期发生性行为,据此可以证明月经期足以压制一般人的性行为意志。但是,这一观点实际上是以当事人之间具有婚姻、家庭等人身关系为前提的。生活中人们之所以避免在月经期发生性关系完全是因为当事人之间具有紧密的生活关系,男方是考虑到要保护女方的健康才压制了自己的行为意志。然而,在犯罪行为人与被害人这种缺乏人身关系的场合,月经期并不足以压制其犯罪意志。退一步说,即便认为月经期足以压制一般人的行

为意志，也完全是男方为女方健康着想的结果，即行为人是出于有利于被害人的事由而中止行为的。因此，如果我们否定了行为人的中止自动性，实际上就是对其利他性选择的惩罚。换言之，中止犯原本是为了保护被害人利益而设立的制度，因此我们当然不能因为行为人通常会做出有利于被害人的中止决定而否定中止自动性的成立，否则刑法实际上就是在鼓励行为人继续犯罪。

第三，行为人放弃强奸行为的动机是否具有一定程度的伦理性。如果行为人放弃犯罪的动机体现出对被害人的怜惜之情，那么其人身危险性较低；相反，如果完全出于嫌恶之情而停止犯罪，那么对其进行特殊预防的必要性就较高。

2.5 中止犯减免刑罚根据对自动性理论的影响

2.5.1 中止犯减免刑罚根据与自动性理论的地位

关于中止犯减免刑罚根据与自动性理论之间的关联问题存在激烈的争议，对于这一问题的回答直接关乎自动性的理论地位。凡是认为自动性与中止犯减免刑罚根据存在直接联系的，必然赋予自动性以极高的研究价值；反之，则会贬低自动性的理论地位。在这个问题上，存在两种对立的观点。

否定说认为，中止犯减免刑罚的根据与中止意思或者中止行为关系紧密，而与自动性并无直接关联或者关系松弛。例如，违法减少说认为应将认定中止犯的重心放在中止行为上，因为不论行为人在主观上多么希望不发生犯罪既遂，但只要其客观上不存在中止行为，那么就不能肯定中止犯的成立。在此意义上，中止行为是中止犯成立之最低限度的要件[①]。"行为人出于消灭危险的意思并且也实现了消灭危险的场合，原则上就成立中止

[①] 山口厚：《刑法总论》（第 2 版），东京：有斐阁 2007 年版，第 279 页。

犯。欠缺任意性的，只能限于诸如中止行为人受到强制这样例外的场合。"① 该观点一方面提倡危险消灭说，另一方面又将中止意思完全置于自动性之外，那么只要行为人在中止意思的支配下实施了中止行为，便足以肯定中止未遂，同时否定障碍未遂。就此而论，自动性仅仅涉及中止行为是否具有"行为性"的问题，其在中止犯认定中的意义不大。可见，根据危险消灭说，自动性与中止犯减免根据之间的关系较为松弛。也有学者持类似观点，认为应着眼于中止行为来研究中止犯减免刑罚的根据，自动性则属于主观要件，其涉及的是中止行为的可能性问题，发挥着何时可以认定存在中止行为的机能②。其理由在于：其一，中止行为是认定自动性的前提和基础，也容易被认定，因此中止行为更具有理论价值；其二，将自动性作为中止犯成立的重心，容易对行为人提出伦理上的过分要求，中止行为则可以较好地将伦理排除在刑法之外。由此，中止犯之减免刑罚根据与中止行为存在直接关联，而与自动性仅存在间接关联。应该说，否定说的理论逻辑相当明确，其支持者认为中止未遂与障碍未遂的关键区别在于中止行为，中止意思与中止自动性都是围绕中止行为展开的，只有中止行为才与中止犯的法律性质或者中止犯减免刑罚的根据之间存在紧密的联系，因此应当将中止行为作为中止犯的研究重心。由此可见，既然中止行为的地位和意义被抬高，那么自动性的理论价值就会大打折扣，自动性与中止犯减免刑罚根据之间的紧密联系也就不太可能得到承认。

肯定说则认为，中止犯的减免刑罚根据与自动性存在直接而紧密的关联。例如，责任减少说认为自动性是中止犯的重点，中止犯的核心在于如何解释"根据自己的意思放弃犯罪"。既然"任意性""出于己意"等主观要素是中止犯的行为前提，那么中止犯减免处罚根据的主要支柱便在于责任的减少③。这一立场也是我国和日本刑法理论的传统观点。

如前所述，本书认为中止犯减免刑罚的根据在于量刑责任的减少以及

---

① 山口厚：《刑法总论》（第2版），东京：有斐阁2007年版，第280页。
② 李立众：《中止犯减免处罚根据及其意义》，载《法学研究》2008年第4期。
③ 川端博、前田雅英：《刑法理论的展望》，东京：成文堂2000年版，第320页。

刑事政策的要求。由此，自动性在中止犯的研究中应居于核心位置，其功能在于为中止犯的刑罚减免提供事实依据，从而正确划分中止犯与未遂犯的界限。具体而言，未遂犯与中止犯在不法程度与罪责上不存在任何区别，试图借助中止行为划出两者界限的做法并不可取。

首先，从表面上看，作为中止犯罪的行为似乎比自动性更容易认定，但实际情况并非如此。在单纯放弃继续犯罪的场合，中止犯罪的行为与未遂犯的放弃行为在客观结果上是完全一样的。事实上，如果不借助自动性要素，根本无法将两者区分开来。在积极阻止犯罪既遂的场合，行为人如果基于犯罪意思而采取了实际上阻止犯罪既遂的行为，则通常认为其缺乏自动性或中止意思而不成立中止犯罪。由此可见，认定中止犯罪的行为实际上还是需要借助自动性要素。尽管从概念之间的形式逻辑来看，中止行为是自动性的前提要素，但这并不意味着实际认定过程也必然遵循这样的先后顺序。应该说，法官在认定自动性时，其思考会不断往返于中止犯罪的行为与自动性之间。严格而论，其对自动性的判断实际上要先于对中止行为的判断。这是因为，中止犯与未遂犯在客观结果上是完全一样的，意图通过最终结果这一客观要素反推中止犯罪的行为是否存在实际上并不容易。换言之，当我们面对未遂案件时，案件结局究竟是中止行为的结果，还是未遂行为的结果，并不能进行纯粹客观的判断。因此，如果不先从自动性这一要件开始检讨案件，几乎没法断定客观放弃犯罪的行为必然属于中止行为。这一点与既遂犯的检讨顺序刚好相反。在既遂犯的场合，因为既遂结果是完全可以被客观认定的，因此由这一结果出发，可以反向推导出实行行为。然而在广义未遂犯的场合，由于无法对结果的性质做出唯一的认定，因此不可能据此反向推导出行为的性质。

其次，承认自动性在中止犯成立中的重要性，未必就会对中止犯提出过分的伦理要求。自动性认定是否带有伦理要求，取决于人们对自动性的理解与认定方式。如果能为自动性提供客观的法律标准，便不必担心自动性伦理化的问题。在否定自动性方面，限定主观说已在世界范围内被普遍否定，可以说人们对中止犯认定中的伦理化问题已有足够的警惕。在肯定

自动性方面，限定主观说被普遍肯定。就此而论，伦理性要求对自动性认定的影响未必都是消极的。实际上，在肯定自动性的方面，伦理性有其积极意义。可见，抽象地以避免刑法伦理化倾向为由而弱化自动性之理论地位的做法并不可取。

综上所述，否定自动性研究意义的理由并不成立。本书认为，自动性既能说明中止犯的量刑责任减少和预防必要性降低，也能说明中止犯具有刑事政策上的合理性，理应成为中止犯研究的重点。既然自动性能够为中止犯的刑罚减免提供事实依据，那么从这一点出发，便可以认为只要行为人的心理满足了量刑责任减少和刑事政策要求，便没有理由否定自动性的成立。换言之，中止犯减免刑罚之根据是认定自动性的指导观念，应当着眼于量刑责任减轻和刑事政策要求来理解和认定自动性。

2.5.2 中止犯减免刑罚根据与自动性学说的关系

如果承认自动性与中止犯减免刑罚的根据之间存在联系，那么不论这种联系是直接的或是间接的，都应该承认中止犯减免刑罚之根据会对自动性理论学说产生某种影响。至于这种影响究竟是怎样的，由于涉及犯罪论的基本范畴，则是一个见仁见智的问题。根据日本的刑法通说，主观说容易与违法减少说相结合，限定主观说和客观说容易与责任减少说相结合[①]。在本书看来，关于自动性的学说争议因中止犯的减免刑罚根据而起，但实际上中止犯的减免刑罚根据与自动性学说并不存在一一对应的关系，而是呈现错综复杂的局面。

首先，可以肯定的是，采取限定主观说者一般都会接受责任减少说的立场。这是因为，限定主观说所强调的广义悔悟至少具有减轻责任的效果。即便采取违法减少说者，一般也不否认广义悔悟能够降低行为人的责任。但是，我们不能反过来这样推论，即大凡采取责任减少说者也一般会

---

① 川端博：《刑法总论二十五讲》，余振华 译，甘添贵 监译，台北：元照出版公司1999年版，第269页。

接受限定主观说。虽然表面上看采信责任减少说者大都属于"责任减少"这一阵营，但是他们对责任的理解未必相同，因而完全有可能采取客观说或主观说。如果论者站在规范责任论的立场来理解责任，同时主张以一般人作为责任的基准，那么就有可能采用客观说[1]或者折中说[2]；相反，如果其主张以行为人为责任基准，那么就有可能采用主观说。因此，站在规范责任论的立场上是无论如何也不可能推导出广义悔悟这样的限定性要素的，也就不可能采用传统意义上的限定主观说。如果论者采取规范责任论，并由此推导出诸如"规范意识回复""向合法性回归"等限定性要素，那么就会提出新的限定主观说（详见本书"3.1.2 日本的自动性理论"中限定的主观说）。如果论者站在人格责任论的立场来理解责任，照理讲应该比较有可能提出中止动机必须基于道德悔悟这样的要求，但实际上论者完全有可能基于反对刑法伦理化的考虑（即认为行为人只要自发、积极地中止犯罪就足以证明其人格责任的减轻），从而最终采取主观说的立场[3]。换一个角度来看，前述道义责任论、规范责任论和人格责任论均以人人具有完全或者相对的意志自由为理论前提。假如论者不是从这一立场，而是从否定意志自由的主观主义所提倡的社会责任论或性格责任论出发，那么便会站在客观说的立场之上。但是，这一论断也只是一种关于倾向性的推测，事实上仍然会有主张社会责任论者强调只有行为人出于广义悔悟而中止犯罪才能证明其反社会性格的减弱，并由此最终推导出限定主观说的结论[4]。此外，如果论者在狭义责任之外仍然承认量刑责任，即采取广义责任的概念，那么如果论者同时主张以行为人作为责任基准，就会采用主观说；反之，如果以一般人作为责任基准，则会采用客观说。简言之，站在责任减少说的立场之上，既可能采取限定主观说，也可能采取主观说，还有可能采取客观说。

---

[1] 前田雅英：《刑法总论讲义》（第4版），东京：东京大学出版会2006年版，第159页。
[2] 福田平：《全订刑法总论》（第4版），东京：有斐阁2004年版，第234页。
[3] 团藤重光：《刑法纲要总论》（第3版），东京：创文社1990年版，第363页。
[4] 宫本英修：《刑法大纲》（第4版），东京：弘文堂1935年版，第183-184页。

其次，如果论者站在违法减少说的立场之上，同时认为故意乃属主观不法要素，那么作为放弃故意之根据的自动性便应当从行为人的角度进行考察，因此通常会采取主观说。但是，也有学者主张即便故意是不法要素，但对违法性仍必须从一般人的角度去进行客观考察，这样的话就有可能采取折中说的立场[1]。相反，如果站在违法减少说的立场之上，但不承认主观的不法要素，则会采取客观说的立场。可见，站在违法减少说的立场之上，既可能采取主观说，也可能采取客观说，还可能采取折中说。

从以上分析可知，中止犯减免刑罚根据与自动性学说之间的关系是复杂的，未必存在一一对应的关系，但我们也不能据此否定中止犯减免刑罚根据对自动性学说的影响。实际上，两者关系中所呈现出的复杂局面恰恰说明其之间确实存在某种关联，否则便不会围绕两者的关联而产生如此复杂的关系。在本书看来，中止犯减免刑罚根据涉及主观不法要素、责任论等刑法基本问题，可以说它实际上可以被视为犯罪论基本立场的一个缩影。正因为如此，中止犯减免刑罚根据并不是作为某种孤立的要素而影响自动性学说的，而是作为展开犯罪论基本原理的一个平台来对自动性理论产生深刻影响的。换言之，虽然我们可能不能根据某种中止犯减免刑罚根据从而十分确定地推导出某种自动性学说，但是所建构的任何一种自动性学说都必须从中止犯减免刑罚根据中获得理论上的支持。应该说，中止犯减免刑罚根据凭借其承载的犯罪论基本原理，对自动性基本争议的解决具有重要指导意义。

本书认为，中止犯减免刑罚根据对自动性的理解与认定具有解释功能和修补功能。就前者而言，中止犯减免刑罚根据有助于人们确定自动性的心理内涵与规范内涵，对自动性的认定具有解释功能。如前所述，中止犯与未遂犯虽然在现象上存在诸多差别，但只有自动性才具有规范上的意义，即能够说明量刑责任之减轻，而对中止犯的处罚之所以轻于未遂犯，也正是因为前者在量刑责任方面的减轻。就此而论，自动性要件与中止犯

---

[1] 福田平：《全订刑法总论》（第4版），东京：有斐阁2004年版，第234页。

的法律性质之间存在内在的关联，或者说，自动性是中止犯刑罚减免的事实根据，量刑责任减轻是自动性的规范实质。据此，我们对自动性应有以下几点理解。

第一，自动性属于规范性构成要件要素。本书认为，不能将自动性理解为纯粹的描述性构成要件要素，因此在心理的自动性理论之外，还需要从规范角度来建构自动性理论。

第二，由于自动性要体现的是量刑责任的减轻，因此应站在规范非难可能性的立场来确定自动性的判断对象与判断基准，即自动性应当以行为人的主观认识为判断对象，以一般人为判断基准，由此需要否定主观说或客观说，而是采取折中说。

第三，量刑责任减轻使自动性超越了单纯的心理事实而具有了规范上的规定性。只要行为人通过中止意思表现出对法益的积极态度，并通过与一般人比较而体现出规范非难可能性的降低，且如果对该行为还存在政策诱导的必要性，那么就有必要肯定自动性的成立。就此而论，在满足上述规范性要求的场合，即便中止动机不具有伦理性或者广义的悔悟，甚至行为人心理意义上的自动性亦不甚明显，仍可以承认自动性成立。

由此可见，限定主观说所提倡的广义悔悟是不必要的，而纯粹心理的自动性理论也可能过度限缩了自动性的成立范围。只有站在法规范的角度，从中止犯的法律性质或者中止犯减免刑罚根据出发充分考虑自动性所应具有的规范内涵，才是正确的立场。

就中止犯的减免刑罚根据而言，其有助于人们提出规范性标准，从而修补心理的自动性理论。如前所述，心理的自动性存在缺陷和不足，有时难以得出认定结论，有时则会得出法感情无法接受的结论，此外还有可能导致认定结论的随意性。此时，中止犯减免刑罚的根据实际上可以通过提出规范性标准而对相关缺陷进行修补。当心理的自动性理论难以得出认定结论时，可以借助中止犯减免刑罚根据所提出的规范性要求来判断是否应当肯定自动性。此外，当心理的自动性理论过于限缩自动性的成立范围时，可以在尊重法条文字的前提下，通过中止犯减免刑罚根据所提出的规

范性标准来适当扩大其成立范围；当心理的自动性理论过于扩大自动性的成立范围时，则可以通过中止犯减免刑罚根据所提出的规范性标准来适当缩小成立范围。

简言之，中止犯减免刑罚根据并不只是在宏观层面有助于解释自动性理论的建构问题，其在个案处理中也可以起到修正和补充的作用。例如，在因为迷信而中止的场合，尽管行为人完全可能因为迷信产生的心理压力而丧失自我决定的能力，但由于这种场合在一般人看来仍然可能继续犯罪，因此客观上存在政策诱导的必要性，对行为人也体现出量刑责任的减轻，因此应肯定自动性的成立。又如，在行为人因某种原因而放弃轻罪、转而实施更重的犯罪时，即便行为人对轻罪的放弃完全具有心理上的自动性，但由于对其的量刑责任并没有减轻，客观上也缺乏政策诱导的必要性，因此应否定自动性的成立。

根据本书提出的量刑责任减少与刑事政策并重说，对自动性的规范实质应理解为既减轻了量刑责任，又满足了刑事政策目的。对这一理解的具体论证过程将在本书第 4 章有关新折中说的论述中具体展开，此处不再赘述。

2.5.3 需要澄清的几点

有人认为，研究中止犯减免刑罚根据与自动性的关系问题时，需要先研究对中止犯的减免处罚这一现象与自动性究竟是何关系，即到底是中止犯的减免处罚诱导了行为人自动中止犯罪，还是行为人的自动中止犯罪引发了刑法的减免处罚问题[1]。对此本书认为，该观点所称"对中止犯的减免处罚"与"行为人的自动中止犯罪"之间的关系，与上文所说的"中止犯减免处罚根据"与"自动性"的关系，并不是同一种意义上的说法。

第一，前者是犯罪学或刑事政策学所讨论的问题，即刑罚与行为之间在发生学上的事实关系。本书前面在讨论刑事政策诱导作用时曾部分地涉及这一问题，旨在说明本书所谓"刑事政策诱导必要性"的概念具有经验

---

[1] 这一问题来自本书的匿名评审意见，评阅编号 YR120055。

事实的支持，而绝非臆造。对这一问题的讨论，服务于本书对"自动性"的研究。

第二，"自动性"才属于刑法学的研究领域，也是本书研究的核心内容。如前所述，中止犯减免刑罚根据对人们深入理解自动性要件具有重要的指导意义。中止犯减免刑罚根据不仅直接影响了自动性要件的理论地位，而且对自动性的理解与认定具有解释功能和修补功能。论者之所以提出上述质疑，可能是因其对本书的研究目标及论证结构缺乏必要了解所致。

在本书看来，"到底是中止犯的减免处罚诱导了行为人自动中止犯罪，还是行为人的自动中止犯罪引发了刑法的减免处罚？"这一提问本身便存在问题。

第一，该问题如果是在发生学意义上得到提出的，即中止犯减免处罚和自动中止究竟谁是起因、谁是结果，那么其应该属于犯罪学和刑事政策学的研究领域，而非刑法学研究自动性问题时的核心内容。

第二，如果该问题是在存在论意义上被提出的，即中止犯规定与中止犯现象究竟谁在存在论上具有终极的决定意义，那么其应该属于哲学研究的范畴，也非刑法学研究自动性问题时需要涉及的内容。

第三，根据哲学常识，该提问方式本身属于典型的伪问题。类似的提问方式，如究竟是蛋生鸡，还是鸡生蛋等，在刑法学领域没有任何研究意义。

尽管如此，从避免误解以及论证全面的角度，本书仍然认为有必要对上述观点予以回应。在本书看来，刑法规范作为一种行为规范无疑具有行为指引功能，或者说，我们必须承认刑法具有预防犯罪的作用。既然如此，那么就应当肯定其对中止犯的规定具有诱导行为人及时中止犯罪的功能。就此而论，"对中止犯的减免处罚"与"行为人的中止犯罪"之间存在诱导与被诱导的关系。假如行为人及时中止犯罪，且符合刑法中关于中止犯的具体规定，那么便成立犯罪中止，产生减免刑罚的法律效果。

第一，在犯罪学和刑事政策学的意义上，刑罚与行为之间存在因果互动的情况，即对中止犯减免处罚会诱导行为人中止犯罪，而行为人因中止犯罪而获得刑罚减免又会进一步强化对中止犯的诱导作用，从而促使更多的行为人及时中止犯罪，并最终在总体上使刑罚的适用量降低，强化刑法的减免处罚效果。简言之，对中止犯的刑罚减免诱导了行为人的中止犯罪，而行为人的中止犯罪又对刑法中的减免处罚具有反向促进作用。可见，两者并非对立的关系，而是并存互动的关系。

第二，在刑法学的意义上，对中止犯减免处罚是中止犯成立的法律效果，两者之间是法律效果与行为模式之间的关系，而非"诱导与被诱导"或"引发与被引发"的关系。行为人自动中止犯罪时，如果满足了中止犯的成立要件便成立中止犯，并产生减免刑罚的法律效果；反之，在行为人中止犯罪的场合，如果刑法最终减免了行为人所应承受的处罚，那么必然要求行为人成立中止犯。

需要注意的是，上述两种维度的分析结论不能混为一谈。中止犯的成立是一种法律上的客观评价，法官不可能像行为人那样受"中止犯减免刑罚"这一因素的诱导而积极认定中止犯的成立。实际上，法官需要解决的恰恰正是中止犯是否成立的问题。在未认定中止犯之前，行为人应不应该获得刑罚减免还未可知，又怎能以此为诱导因素来影响对中止犯的认定呢？

本书认为，司法者直接以中止犯减免处罚为根据而认定中止犯的成立显然犯了"倒果为因"的错误，完全看不出法官为了减免处罚而认定中止犯的意义和根据在哪里。由法律常识可知，对中止犯的认定当然只能以法律规范而不是"减免处罚"为根据，至于如何理解法律规范则是一个刑法解释的问题。在解释中止犯的相关规定时，解释者必须考虑对中止犯减免处罚的法律效果。但是，"对中止犯减免处罚的法律效果"并不是解释过程的诱导性因素，即解释者不可能为了让行为人获得刑罚减免而随意解释中止犯的成立要件（包括自动性要件）或最大限度地扩张中止犯的适用范围。应该说，"对中止犯减免处罚的法律效果"只是在解释中止犯所必须

满足的限定性要素或规定性要求，即不论解释者如何解释中止犯之诸要件，都必须能够说明（或者至少不能够忤逆）中止犯减免刑罚的法律效果。因此，无论如何也不能说"对中止犯的减免处罚"与"中止犯的成立"之间存在"诱导与被诱导"或"引发与被引发"的关系。

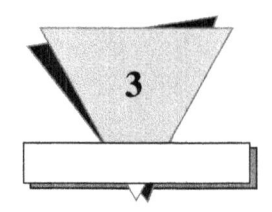

自动性理论的基本脉络

3.1 德、日两国的刑法自动性理论概述

3.1.1 德国的自动性理论

德国刑法理论界对自动性的讨论在 20 世纪七八十年代达到高峰，并产生了一系列直到今天仍然具有重要影响的研究成果。这些理论大致可以分为两种建构模式：一种是从心理学的角度来研究自动性，另一种是从规范角度来研究自动性。

（1）心理的自动性理论。

在德国，中止未遂具有免除刑罚的法律效果，因此对自动性的认定较为严格。以《德国刑法典》第二十四条为例，对此有以下两点规定。其一，行为人自愿放弃行为之继续进行或者阻止其完成的，不因为力图而受处罚。如果行为之没有完成与后撤者的行为无关，只要其自愿并认真努力地阻止该行为之完成，那么其就不应受到处罚。其二，如果是多人参与的行为，那么自愿地阻止其完成者不因力图而受处罚。

据此，当行为人放弃犯罪时，必须考虑自动性的问题。所谓自动性，德国刑法明确地将其表述为"自愿地"。这样一来，学者们从心理学角度理解和认定自动性成为理所当然的理论方向。德国联邦法院在判决中也率先采用了心理考量的立场，明确提出应该根据"行为人是不是自己行为意思的主宰"以及"其是否认为实施犯罪计划仍然可能"来判断自动性[1]。如果行为人在中止其犯罪行为时仍然认为实现犯罪既遂是可能的，同时其仍然是自己行为意思的主宰，这种情况下行为人最终选择中止犯罪的才具有中止自动性。在此德国联邦法院特别指出，运用该标准认定自动性时应排除伦理因素的干扰。也就是说，应当在不考虑中止动机伦理性的前提下，来确定中止动机是否造成了行为人不再能够"自由"地选择。可见，

---

[1] 参见德国法院案例：BGHSt. 7 296, 299; 20 279, 280; 35 184, 186。

如果行为人在心理压力驱使下,因其意志陷入不自由状态而中止犯罪的,不具有自动性。与之相反,当行为人"既没有被外在因素强迫压制,也没有因内心因素产生的压力而不能将行为实施完毕",这种情况下行为人仍然中止犯罪的,则被视为具有自动性。

心理学的自动性理论为自动性概念引入了心理学内涵,它主张以心理考量的方式确定自动性的内容。这一思路的最简约表达方式便是弗兰克(Frank)公式。德国刑法学者弗兰克尝试使用该公式将心理的视角纳入自动性的确定过程:如果行为人说"虽然我能够实现结果,但我不愿意",则中止是自动的;相反,如果行为人认为"我想要实现结果,但我不能够",则中止不是自动的。更为符合中国文化的表达方式是:能达而不欲为自动中止;欲达而不能为障碍未遂。虽然弗兰克公式具有广泛影响,但许多德国学者却并不赞同这一公式。他们认为,弗兰克公式与其说是一种帮助判断自动性的公式,不如说是为了区分适格的中止与不适格的中止而提出来的。因为,该公式对于适格的中止行为之自动性的判断没有提供任何能够操作的标准,它只是从结局角度强调了适格的中止应该是自动的而已。

除了批评弗兰克公式过于空洞之外,德国学者针对纯粹的心理学的自动性理论还提出了其他批判。例如,有学者认为,"自由的意志"不是一个心理学的概念,而是建立在道德概念之基础上的[①]。这种观点主要是从意志自由作为道德的一种先验假设出发而进行论证的,认为人的意志自由并不是一个可以进行实证研究的对象,其存在当然不能通过心理学这种实证科学来确定,而只有完全从道德伦理的角度才能加以说明。还有学者认为,如果彻底贯彻纯粹心理学意义上的自动性,会过度限缩自动性成立的范围,导致法感情无法接受的结果。此外,当根据心理学标准来判断自动性时,即便人们能在判决中进行貌似自圆其说的推理,但就其结论而言,

---

① Schünemann: Die Garantenstellung des Betriebsinhabers zur Verhinderung strafbarer Handlungen seiner Angestellten, in Goltdammer's Archiv für Strafrecht (GA), 1986.

往往具有随意性。同样的或者类似的案件事实，如果由不同法官进行判断，有可能得出完全相反的结论。总之，那些主张心理考量立场的人原本设想通过引入心理内涵使自动性更为具体，以满足法律概念所应该具有的明确性与稳定性，但实际上这种尝试并不比法条的抽象规定更明晰。

（2）规范的自动性理论。

鉴于心理的自动性理论存在不足，德国刑法理论界又提出以规范要素为基础来重新思考自动性问题。这一流派的理论出发点是，中止自动性属于纯粹的评价问题，因此对中止者的主观态度的判断是最重要的，至于如何认定中止者的主观态度则是一个见仁见智的问题。博克尔曼及其追随者沃尔克（Volk）希望通过"行为动机的道德性"这一规范性标准来判断中止行为的自动性[①]。显然，该观点将伦理观点引入自动性之内，从而赋予自动性以某种道德性。与之相反，罗克辛提出的犯罪人理性说通过中止行为是否违背犯罪人理性来理解和判断自动性[②]。罗克辛认为，如果当行为人实施中止行为时表现出回归合法性的意志，那么其行为便具有自动性；反之，如果行为人停止犯罪只是根据犯罪人所属领域的"行规"所实施的辅助其目的实现的某种手段，那么其行为仍然符合犯罪人理性，不具有中止自动性。

这里所谓的犯罪人理性不同于一般人理性，而是从一个"冷酷、周密计算过具体行为计划之风险、机会的犯罪人"的角度来确定的。如果行为人放弃继续犯罪或者阻止犯罪结果的发生，则从犯罪人的视角可以评价其为"不理性"，即中止行为不能被犯罪人所理解，那么中止便是自动的。相反，如果行为人是在犯罪人理性的作用之下"理性"地中止其犯罪行为的，那么即便其行为在客观上不存在外在强制性，此种中止也不具有自动性。

如果说博克尔曼和沃尔克要求中止犯必须是有道德的人，即只有这样

---

① Bockelmann: Die Rechtsstellung der militärischen Sondergerichte im NS-Strafrecht, in Deutsches Richterblatt (DR), 1942.

② 张明楷：《外国刑法纲要》（第3版），北京：清华大学出版社2020，第248-252页。

的人才能获得免刑的优待,那么罗克辛的观点则大大降低了对中止犯的规范性要求,即只要其不再实践犯罪人理性,表现出向合法性的回归,即便其道德上不够高尚,也有权获得免刑的优待。

与罗克辛所言"向合法性回归"观点相似的还有许逎曼(Schünemann),他认为中止动机必须体现为对法律忠诚之信念的表达①。对自动性的理解必然要追溯到中止犯的免刑根据之上,也就是说,要根据中止犯的免刑根据来确定规范性标准。从《德国刑法典》第二十四条的表述来看,在判断自动性时,行为人的中止决定必须出于其自己的意志,或者说,行为人的中止决定对行为人而言是可能的,同时行为人面临的心理压力也没有实质性地影响这一决定。除此以外,对自动性判断至关重要的是,行为人通过中止行为重新确立了公众被未遂行为所"撼动的法秩序安全感"。这意味着,从中止的免刑根据出发而确定的规范性标准会大大限缩早先理论与德国法院判决所确立的自动性成立范围。特别是,当行为人因在犯罪过程中遇到"意料之外的情势变更"而中止时,公众被未遂行为所"撼动的法秩序安全感"往往会继续遭受侵害,因而通常这种情况下不成立自动中止。例如,行为人在实施强奸过程中,突然发现被害人正处于生理期,于是因失去了继续犯罪的兴趣而停止犯罪。在这种情形下,行为人之未遂的强奸行为撼动了公众的法秩序安全感,其之后的中止行为也并未使公众的这一安全感得到修复。因为对于没有处于生理期的女性而言,行为人的这种中止行为并没有使她们对法秩序的安全感得到恢复。

瓦尔特借鉴德国刑法理论所谓"法的确证原则",将中止未遂理解为行为人自行实现"法的确证"的一种形式②。据此,中止自动性被理解为在法的确证之具体情形中"充分遵从法的意志"。也就是说,只有当行为人的中止行为"确定无疑地遵从相关行为规范"时才是自动的。对此

---

① 许玉秀、陈志辉:《不疑不惑献身法与正义——许逎曼教授刑事法论文选辑》,台北:台北春风煦日出版社2006年版,第378-384页。

② Walter: Die Rechtsstellung der militärischen Sondergerichte im NS-Strafrecht, in Goltdammer's Archiv für Strafrecht (GA), 1942.

瓦尔特举了这样一个例子,当抢劫者因为在抢劫过程中遇见了一个更富有、更值得抢劫的人而貌似"自愿地"放弃继续攻击先前的被害人时,因为其并没有遵从不得抢劫的行为规范,因此该放弃行为不具有自动性。同理,即便行为人在中止之时内心存在不可克服的心理压力,也不能一概排除其自动性,因为该行为人仍然可能具有遵从某种行为规范的意志。

赫兹伯格（Herzberg）则试图寻找另一个具有规范色彩的自动性标准。他指出,所有的个人归责问题,不论是罪责问题还是自动性问题,其实都需要通过规范性标准加以解决。心理的自动性标准存在不合理之处,因为它只是一种中性的事实描述,并不能反映行为人内心是否真的发生了具有积极意义的变化。同时,根据刑罚目的论发展出的规范性标准也不敷使用,因为"当行为人内心有了积极的变化而不能实施该行为时,本应成立自动性,但是传统的、立基于刑罚目的的、规范的思考方式在解决问题上存在困难"[1]。可以说,在"犯罪动机消失"或者"强烈的良心压力"之下的中止行为可能是自动的,而一个出于所谓"高尚动机"的中止行为则可能不是自动的。根据心理的自动性标准,前一种情况不具有自动性,因为动机消失与强烈良心谴责导致的心理压力足以使行为人丧失自我决定能力;后一种情况则因为行为人具有高尚的道德动机,是其道德人格的自我实现,从而在心理上具有自动性。根据传统的、立基于刑罚目的的规范的思考方式,针对前一种情况,仍然需要预防行为人在动机没有消失或者良心压力不够大时所可能实施的犯罪,因而其中止不具有自动性;而在后一种情形中,由于行为人具有高尚的行为动机,预防其再次犯罪的必要性降低,因而这种中止具有自动性。面对这些问题,赫兹伯格根据其义务履行理论,主张根据"适格履行义务（即出于己意的义务履行）的可归责性"来判断自动性[2]。他认为,只有借助归责可能性标准,人们才能在自动性

---

[1] Herzberg: Strafrecht zwischen System und Telos: Festschrift für Rolf Dietrich Herzberg, in Mohr Siebeck, 2008.

[2] 程红:《中止犯基本问题研究》,北京:中国人民公安大学出版社2007年版,第174页。

要素中既考虑中止的免刑根据，又能很好地解决具体认定的难题。在上述前一种情况中，行为人基于履行义务的中止行为完全可能归因于其自己，因此该中止行为具有自动性；在第二种情况中，行为人基于高尚道德动机所实施的中止行为有可能不能归因于其自己，或者说，由于动机并不能影响中止行为的归因可能性，因此该行为不具有中止自动性。

综上所述，规范的自动性理论的优点在于避免了因纯粹从心理角度来决定自动性而产生的困难。然而，将自动性视为评价问题的观点也不是完美的，同样可能存在缺陷。对此，德国联邦法院曾指出，对自动性纯粹的、规范的判断违背了"出于己意"这一概念，因此超出了《德国刑法典》第二十四条可能具有的语义射程。规范性理论的支持者虽然也声称充分考虑了该法典第24条的基本含义，但是他们却不得不承认，自动性在日常语言中意味着"自愿""根据自己的意志主动选择"等。可见，一个纯粹的规范性自动性理论，亦即仅仅求助于"中止优待的目的或者中止免刑根据"进行纯粹评价式思考的方式是不可取的。

此外，规范的自动性理论往往习惯于将免除刑罚这一法律效果作为自动性思考的当然前提，即因为要免除刑罚，所以可以据此推导出实现这一效果的自动性所需要达到的要求。但他们可能忽略了这样一个问题，免除刑罚是具有自动性的中止未遂所产生的法律后果，对此能否进行反向推导是存在疑问的。毕竟，对中止犯免除刑罚的做法并不能单单从自动性上去寻找根据。从这个意义上而言，中止免刑根据的多元性在此可能并未得到充分考虑。与此同时，上述规范论者所概括的自动性概念通常并不明确，在内容上也不够具体。不仅如此，对许迺曼的法忠诚标准，有学者也提出了批评，认为他的论证中并没有成功地将自动性前后一致地与失败未遂区分开来，而这明显违背了法的不明确性与不稳定性。对于赫兹伯格的义务履行理论，有学者批评指出，其归责可能性之说过于"暧昧"，就五花八门的中止案件而言，该说对于这些案件的相关归责可能性标准究竟在哪些法规中可以找到这一点并不明确。

面对心理论者的批判，规范论者也予以了反驳。迈瓦尔德（Maiwald）

认为，规范的自动性理论虽然存在问题，但并不意味着它没有实用价值①。他以德国联邦法院的判决为例指出，德国联邦法院尽管自认为秉持心理的自动性理论，实际上却是持规范论的。这一结论由如下理由得出："中止不要求出于道德上值得赞同的动机，只能从《德国刑法典》第二十四条的免刑根据中得出。"换言之，判决将"自由的但不要求出于伦理动机的中止决定"视为"《德国刑法典》第二十四条免除刑罚的目的所在"。同样，其判决在法律推理中所使用的那些虚构出来的、便于同行为人进行比较的"基准人物"，实际上就是人们对中止自动性施以某种规范期待后的化身。

对此，心理论者辩解道，上述判决并未明确说明自动性与免刑根据之间的关系，况且也有判决明确指出中止未遂免除刑罚的目的不在于"对并非出于伦理动机而做出与犯罪保持距离的'自由决定'给予奖励……"②。此外，心理论者与规范论者也并不是在每个案件上都会得出不同的结论，因此规范论者仅从规范角度解读判决是不公平的，这些判决原本通过心理的自动性理论也可以得到解读。此外，德国联邦法院也承认其自己的解释并不能获得"总是令人满意的结论"，因此关于中止的判决也需要不断发展③。

（3）综合理论。

鉴于纯粹的规范自动性理论与纯粹的心理自动性理论都受到批判这一点，越来越多的学者开始尝试将心理要素与规范要素结合起来解决自动性难题。

斯特恩吉（Streng）认为，当中止决定是基于外在不利因素而做出的时候，行为人虽然貌似自愿中止，但我们无论如何还是应当立足日常的语言意义来理解自动性与缺乏自动性。在上述情形中，中止行为虽然具备"表面的自动性"，即行为人没有受到物理上或心理上的强制，但不具备"实质的自动性"，而后者才是最关键的④。中止行为必须建立在"实质的

---

① Maiwald: Zipf-Gedachtnisschrift. Festschrift für Heinz Zipf, in C. F. Müller Verlag, 1999.

② Maiwald: Zipf-Gedachtnisschrift. Festschrift für Heinz Zipf, in C. F. Müller Verlag, 1999.

③ 参见德国法院案例：BGHSt. 35 184, 187。

④ Streng: Zur strafrechtlichen Verantwortlichkeit von Jugendlichen im Bereich der Umweltkriminalität, in Neue Zeitschrift für Strafrecht（NStZ），1993.

自动性"之上，这一点必须依据刑罚目的论才能得到解释。如果行为人仅仅是出于随机应变的考虑，对变化了的情势做出反应而中止，并没有表明其远离了着手实行犯罪时所表现出来的与法秩序为敌的情形，那么其行为就不具有中止自动性。

克劳斯（Krauss）则区分了与外部环境相关的中止和由外部环境决定的中止[①]。前者的动机内容与外部环境有关，但动机的产生却是自愿的，即行为人自主做出了中止决定。相反，由外部环境决定的中止才需要考虑自动性有无的问题。然而，这并不意味着"当中止的推动力是从变化的犯罪环境中产生时，行为人就不可能自动地行为"。如果犯罪现场存在促成中止动机的外在因素，但行为人确实没有考虑这些外在因素，或者干脆就没进行任何内心权衡便径自停止犯罪的，应当也具有自动性。为了说明这种自动性，该理论将刑罚目的理论作为论据，认为当行为人通过某种行为"事后消除了其通过着手犯罪而形成的个人危险性印象"，那么这个行为就是自动的。

此外，耶格尔提出了一种"以正犯自主性的思想为基础的'规范-事实'性的解决方法"[②]。他认为，《德国刑法典》第二十四条将自动性规定为主观要素，因此只有当行为人得以自由地做出中止决意时，一个未遂犯罪的中止行为才能获得免除刑罚的优待。在障碍未遂中，行为人是"被决定"而放弃犯罪既遂的，这与间接正犯中"排除自主性的情状"具有可比性。间接正犯因为排除了行为的自主性，因此根据负责原则，行为人不对犯罪承担责任；与之相应，只有满足"中止的动机并非……总是由第三人决定，而是也可以在犯罪人本人中产生"这一要求时，中止才具有自动性，中止行为才可以作为行为人的贡献而使其获得免刑的优待。根据这一理论，因"出于被迫（出自《德国刑法典》第三十五条）""出于在中止发生时行为人失去犯罪能力""出于错误""出于行为意识丧失"等而做

[①] Krauss K H: Zur strafrechtlichen Dogmatik, in Juristische Schulung, 1981.

[②] Jäger G: Zum Verhältnis von Täterschaft und Teilnahme, in Zeitschrift für die gesamte Strafrechtswissenschaft, 2000.

出的中止行为，不具有自动性。

综合理论结合了心理理论和规范理论，似乎颇具说服力。但是，如果将综合理论所提出的自动性认定标准运用到个案中，便会发现其效果并不尽如人意。本书认为，其中的原因在于综合理论主要是在抽象层面具有理论上的建构功能，但在解决具体问题时，仍然需要借鉴心理理论或规范理论的认定标准。这种兼收并蓄式的借鉴方案难以保证其既能吸收两种理论的优点，同时又能避免它们的缺点。

当两种理论得出相同的结论时，综合理论不论选择哪个标准都不存在问题。可是，当这两者得出矛盾的结论时，综合理论只能从中择其一。因此，不论选择哪一个理论，都没有办法只取其长而避其短。唯一可能完美的解决方案，是采取个案选择的方法，即根据不同案件的具体要求灵活地选择认定标准，而不是在一开始便采取一元化的标准。

应该说，这是一种以"问题性"思考为中心的理论模式。问题性思考常常体现出很强的实用价值，但是讲究体系性思考的人会讥讽这种思考模式其实称不上什么理论，因为理论建构的意义原本就是要为复杂问题的解决贡献一以贯之的系统性方案，而不是见招拆招式的随机应变。理论之所以被称为理论，就在于它能够以简约的方式帮助人们解决复杂的问题，讲求具体情况具体应对的理论实际上属于一种策略性思维，它甚至与问题本身一样复杂。由此，发展"以问题性为中心"的理论在方法论上并不可取。

尽管如此，我们还是需要承认一个现实，即任何理论必须以具备一定的实用性为前提，否则"无用的理论"一定是"死亡的理论"。论及此处，其实已经进入了哲学方法论的领域了，而这并非刑法学的任务所在。当然，本书在此想说明的是，综合理论未必能够一以贯之地解决具体案件中的自动性认定问题，尽管在抽象意义上它可以较好地解释自动性本身。

在上述三种综合理论中，斯特恩吉试图通过联系刑罚目的来解决自动性问题，但是他将所有的刑罚目的问题都带入了对自动性的研究之中，其理论与规范的自动性理论已经十分接近。

克劳斯通过区分与外部环境相关的中止与由外部环境决定的中止将自动性问题转移至另一层面，但要准确判断究竟是哪些外部因素才真正影响了中止决定这一点其实很困难。尤其是，实践中对多元的以及不同性质行为动机的区分很难令人信服。在这里，根本性的问题还在于克劳斯可能片面高估了自动性，而忽略了中止免除刑罚的其他条件，如犯罪未得逞等。

耶格尔则将自动性问题与间接正犯联系起来思考，但是当他讨论中止未遂的特点时，仍然特别强调中止动机不是"由第三方引起，而是……由行为人自身引起的"①，由此他与克劳斯一样必然陷入难以具体认定的难题之中。此外，中止未遂与间接正犯之间也存在结构性或者方向性的不同，《德国刑法典》第二十四条排除了刑罚事由，而间接正犯的原理则是确立刑罚的根据；排除刑罚事由中的自动性不涉及对公民施以刑罚时必须论证的理由，而间接正犯理论是为了填补处罚漏洞才产生的，两者缺乏可比性。

（4）小结。

德国刑法理论认为，对自动性概念进行准确定义是很困难的。在实践中，没人能够有绝对把握准确解释造成中止决定之动机的产生过程。阿美隆（Amelung）曾指出，规范性标准对自动性发挥的补充功能是必需的②。德国联邦法院在论及被害人承诺时曾这样解释，"在判断做出决定的自主性时，必须始终考虑到对自主性产生影响的那些外部条件的依赖性""每种行为决断都是以某些起作用的外在因素为依据的，并且在多数情况下都以达到某种目标为目的"③。外在因素对中止决定产生何种影响是由心理要素来确认的，对行为目标则需要通过规范要素来确认。因此，自动性问题恐怕只有在个案中通过权衡心理要素与规范要素之间的关系才能予以回

---

① Jäger G: Zum Verhältnis von Täterschaft und Teilnahme, in Zeitschrift für die gesamte Strafrechtswissenschaft, 2000.

② Amelung, K.: Über die Einwilligungsfähigkeit (Teil Ⅱ), in Zeitschrift für die gesamte Strafrechtswissenschaft (ZStW), 1992.

③ 参见德国法院案例：BGHSt. 19 201, 206。

答，而这或许才是解决自动性问题之道。

本书认为，自动性概念中天然具有的心理要素还需要来自规范性要素的补充，如此方能缓解认定自动性时的困难。在这个意义上，需要先区分自律性动机与他律性动机，并在此基础上进一步辅之以规范性判断。如此一来，自动性才符合其本来的文义——"出于自身意愿""出于自己的动力""出于自发行为""依据自身意愿""无强迫""无要求""无压力""自愿"等。总体来看，在下列情况下中止才可能具有自动性。

第一，中止决定没有受到外部环境或者自身心理压力的影响，行为人基于其真实意愿而自主放弃犯罪既遂的。

第二，中止决定虽然受到外部环境或者自身心理压力的影响，但行为人并没有屈从于这些因素的制约，仍然是自我意志的主宰，并最终放弃犯罪既遂。

由此可知，中止自动性最先考虑的是心理意义上的自动性。当具有心理意义的自动性时，在绝大多数场合便可直接据此认定中止具有自动性。如果心理意义的自动性难以认定，那么就需要借助规范要素进一步判断行为人是否仍然是其自我意志的主宰，这一规范性要素实际上是叠加在心理要素之上的。

相反，如果中止犯罪的行为不是行为人自愿决定产生的，而是受制于外在于行为人的因素而产生的，则构成障碍未遂，不具有自动性。这里的关键是要判断是否存在"外在因素"，且该因素是否产生了某种"心理压力"，使行为人丧失了自主决定能力而被迫放弃犯罪。如果某种外在因素出乎行为人意料，并且对其产生了巨大心理压力，则不论该心理压力的具体原因或内容为何，行为人自动中止的条件都会消失，也因此不存在自动中止的可能性。例如，行为人最初实施犯罪的动机是因为客观上存在某些特定的事实。当其着手犯罪后，这些事实消失了，这使行为人原先的犯罪动机也随之消灭。在这种情况下，行为人放弃犯罪的，不具有自动性，因为犯罪动机消灭会形成意料之外的巨大心理压力，这种压力使行为人不再是其自我意志的主宰，所以不可能成立中止未遂。

需要注意的是，犯罪中止的免刑效果与对中止动机内容的评价无关。换言之，对自动性的判断不需要考察动机内容是否具有道德性，"这（指自动性——笔者注）关乎合法性，而与道德无关"①。同样，自动性"对法秩序的积极认知"也是不必要的②。总之，对自动性的理解与判断，除了借助心理要素，还必须考虑规范性要素，而心理要素、规范性要素需要结合个案才能得到合理的确定和运用。

3.1.2　日本的自动性理论

在日本，关于如何判断自动性的问题主要存在以下六种学说。

（1）主观说。

最早在日本出现的有关中止自动性判断的理论是主观说，小野清一郎、团藤重光、平野龙一、大塚仁、曾根威彦、浅田和茂等学者持这一理论。该理论认为，如果行为人放弃犯罪的动机是基于对外部障碍的认识而产生的，就成立障碍未遂；相反，如果行为人放弃犯罪的动机是基于外部障碍以外的事由而产生的，那么就成立"基于自己的意思"的中止未遂。

该说最初以是否存在外部障碍作为判断"自动性"的标准，认为如果客观上存在外部障碍，则该障碍会成为行为人放弃犯罪的契机，因而基于该障碍的行为不具有自动性；只有当客观上不存在外部障碍时，才能认定行为人之中止犯罪具有自动性③。但这显然属于所谓的"客观"标准，与主观说的所指不相符，并且会过度限缩中止未遂成立的范围。

反观主观说，则根据外部障碍是否通过行为人之认知影响行为动机的自律性来判断自动性的成立与否。详言之，主观说主张以行为人自身认识到的事实作为判断对象，以行为人本人作为判断基准，从而具体判断行为

---

① 参见德国法律评注：Zaczyk: in Nomos Kommentar zum Strafgesetzbuch (NK-StGB), 22-68 (Jg. 2023, 3. Lieferung)。

② Jerouschek K: Zum Problem der Unternehmenshaftung im Strafrecht, in Zeitschrift für die gesamte Strafrechtswissenschaft, 1990.

③ 小野清一郎：《新订刑法讲义总论》（增补版），东京：有斐阁1950年版，第186页。

人主观认识的障碍是否对其决定中止犯罪发挥了决定性的影响。如果得出的是肯定的结论，那么就可以认定其行为不具有自动性，反之则具有自动性。简言之，主观说之所以称之为主观说，是因为它将自动性的判断对象与基准都建立在行为人的主观认识之上。

如前所述，从学说源流来看，在中止犯减免刑罚根据问题上不论采取违法减少说，还是采取责任减少说，都可能在判断理论中采取主观说。论者对中止犯减免根据的理解不同，其主观说展开的理论细节也会有所不同。尽管如此，在主观说内部仍然保持一定程度的一致性，如几乎都将弗兰克公式作为判断自动性的重要方法之一，具体如下。

第一，团藤重光在人格责任论的基础上提出主观说，认为中止成立的关键取决于行为人本人是否具有由自动性所彰显的积极的人格态度。只有"基于自己的意志"停止犯罪，才能彰显行为人积极的人格态度。当由于外部障碍而在客观上妨碍了行为人的犯罪既遂，以及由于对外部障碍的认识抑制了行为人继续犯罪的意思而造成其停止犯罪时，则不能体现行为人积极的人格态度，应认定为障碍未遂。这里所谓积极的人格态度，必须根据行为人自己内心的认识进行认定。也就是说，要根据行为人自己对犯罪能否既遂以及外部障碍的认识来确定其行为是否具有自动性，而不能完全从外部的现象出发来确定是否存在外部障碍（即使该外部障碍只是行为人想象的结果，也是此处所需要考虑的）。接下来，还应继续考察这一外部障碍对行为人停止犯罪的动机有何影响。如果这一外部障碍没有压制行为人心理，即行为人是主动停止犯罪的，便可认定行为人体现了积极的人格态度。

此外，积极的人格态度不同于道德伦理上的悔悟。团藤重光认为，中止的动机未必出于道德上的悔悟，只要是积极、主动地中止，就应当认为其人格态度已使得责任减少，从而成立中止未遂[①]。例如，当行为人在实行犯罪过程中被巡警发现并逮捕时，由于其犯罪实际上已不可能完成，因

---

① 团藤重光：《刑法纲要总论》，东京：创文社1990年版，第270-271页。

此不符合自动性条件；当行为人误以为巡警已经逼近自己而不得不停止犯罪时，即便客观上没有巡警出现，也不符合自动性的条件；与之相反，即便客观上存在外部障碍，但是行为人并没有认识到这一障碍而径自停止犯罪的，则可认定其行为具有中止自动性，并可成立中止犯。

第二，平野龙一明确地采用弗兰克公式来判断自动性，认为"欲达目的而不能者"为障碍未遂，"能达目的而不欲者"为中止未遂。平野龙一还特别补充了对外部障碍的看法，认为采取主观说时没有必要将障碍局限于外部，而是还应该包括内部障碍。也就是说，当行为人认识到外部障碍或内部障碍而不得不停止犯罪时，都不具有中止的自动性。例如，当由于存在被逮捕的现实可能性，行为人出于恐惧而认定自己不能继续犯罪时，即便客观上不存在阻止其犯罪的外部障碍，即因为其内部心理障碍而停止犯罪的，同样不具有中止的自动性。又如，行为人正在实行伤害行为，当其见到被害人血流不止时产生了生理上的厌恶感，从而停止了犯罪，这也属于内部障碍，并阻却了自动性的成立。应该说，平野龙一关于外部障碍的观点更为严格地限缩了中止犯的成立范围。

大塚仁也主张采用弗兰克公式来认定自动性，他认为"由于外部之客观实际障碍而妨碍犯罪完成的当然难以说是自发的中止，虽然没有外部障碍但行为人误认为存在外部障碍而停止犯罪的，也难以说是自发的中止。例如，盗窃犯因没有发现目的物而放弃盗窃、恐吓犯由于罪行被警察发现而不能实现其目的等，都不能被认定为中止犯。又如，当行为人以强奸为目的对被害人实施暴力时，被害人情急之下灵机一动，说自己'身体状况不好'而倒在现场，被告人误以为被害人确有急症而放弃奸淫的，也不能被认定为中止犯。与之相反，即使有外部障碍的存在，但行为人并没有意识到，还是自发中止犯行的，则仍然可以说是基于其自己的意志"。

本书认为，主观说存在以下三方面问题。

第一，弗兰克公式中的"能"与"不能"缺乏明确性。"这种'能够'，一般可以区分为两种意义：一是指'伦理的可能性'，二是指'心理的、物理的可能性'。那么，弗兰克公式中的'能够成功'或者'不能

成功'中的'能够'指的是上述哪种含义呢？例如，子女向父母亲开枪，这在子女的心理上、物理上是可能的，而在伦理上则是不可能的。因此，如果不能将弗兰克公式中对'能够'的理解限制在一定含义之内的话，那么就难以将其视为解决问题的标准。如果仅从这一点看，弗兰克公式并不一定能够发挥作用。"[1] 不过，这一批判意见可能是建立在了对主观说曲解的基础上，因为采用弗兰克公式认定自动性的学者通常也不要求中止动机具有伦理性，所以如果坚持前后一致的理论立场，主观说所谓的"能够"应当是指心理的、物理的可能性而不是伦理的可能性。

第二，即便将弗兰克公式中的"能"与"不能"限定为心理的、物理的可能性，仍然不可能达到明确性要求。"……就物理上不可能的场合而言，它又有必要区分为：①对谁而言都不可能的情况；②对行为人本人的身体、精神的能力而言不可能的情况；③受具体情况、特定目的或行为计划的限制而不可能的情况。于是，如果考虑到受特定目的或行为计划的限制情况，那么是否会增加不可能的情况就成了问题。例如，打算窃取钻石指环的行为人由于发现金库中只有蓝宝石指环而未加以盗窃，如果从窃取钻石的计划来看，其窃取行为就是不可能的，因而属于不能盗窃的情况。如果将心理上不可能的情况也包括在内的话，那么行为人的怜悯性越强就越不具有自动性，在行为人认为对方可怜而'不能'继续实施行为的场合，就不具有自动性。因此，考虑心理的不可能性，是不妥当的。"[2] 又如，有学者举例，甲将乙误认为丙，在对丙实施杀害行为后才发现对象错误，于是放弃犯罪。对于这种情况，按照弗兰克公式将认定为自动中止，但是这种情况原本应当根据行为人的中止动机来决定是否成立中止，而不能一概得出具有自动性的结论。因此，即便限定为心理、物理上的不能，弗兰克公式也存在不合理之处。

第三，该说将因目的物障碍而停止犯罪的情况也认定为具有自动性，

---

[1] 木村龟二：《中止未遂的概念》，载《刑法的基本概念》，东京：有斐阁1949年版，第254页。
[2] 山中敬一：《刑法总论》（第2版），东京：成文堂2008年版，第770页。

这便过于扩大了自动性的成立范围。举例言之，行为人原打算盗窃价值500万元的宝石，但发现现场只有价值50万元的宝石，因而没有实施窃取行为。根据主观说，由于行为人仍然在心理、物理上能够盗窃价值50万的宝石，因此其行为属于任意的中止。但山中敬一明确指出，这种情况应该成立障碍未遂，主观说的结论并不合理①。

(2) 限定的主观说。

限定的主观说是在主观说的基础之上进一步添加规范的评价要素而得来的。之所以添加规范性要素，主要是因为主观说有可能扩大自动性的成立范围。宫本英修、佐伯千仞、中山研一、中义胜、内田文昭、松宫孝明等学者采取该说。该说的支持者大都赞成责任减少说，从责任减少的角度看，只有基于某种规范的感情，即悔悟、惭愧、不安、恐怖等广义的否定自己行为价值的意思而放弃犯罪的，才具有中止的自动性。该说在日本属于得到广为接受的传统学说，在审判实践中主要被大审院和最高裁判所之外的下级裁判所采用，但法院一般不明确主张该说代表法院的立场。

由于限定的主观说以主观说为基础，因此对主观说的部分批判也同样适用于该说。除此以外，该说遭人诟病之处，主要是它容易混淆自动性与伦理性。如果说因为德国刑法中规定了中止犯免除刑罚的事由，所以德国刑法理论通过添加规范性要素来从严认定自动性之举具有合理性的话，那么日本刑法中仅规定了中止犯为减免刑罚事由，对自动性所做的这种限定性的解释则没有充分的理由。况且，根据日本刑法规定的文字表述，上述规范性要素也缺乏文理上的根据。此外，还有学者基于障碍未遂与中止未遂的对立关系提出，过分限缩中止犯的成立，实际上就是扩张了障碍未遂的成立范围，这违反了刑法的谦抑主义。不仅如此，如果将中止犯的本质理解为行为人否定自己行为价值的内心意思，那么即使既遂结果发生之后，行为人仍然可以基于同样的内心意思而实施挽回犯罪影响的行为，照说也应当同样给予其以刑罚的减免。但是，日本的现行刑法中只是将中止

---

① 山中敬一：《刑法总论》（第2版），东京：成文堂2008年版，第772页。

作为未遂犯的一种而未推广至既遂犯领域，因此一旦出现既遂结果便无法类推适用这一减免刑罚的规定①。

除了上述传统意义上的限定主观说之外，近来还有学者提出了"新的限定主观说"②。该说在中止犯减免刑罚根据的问题上采取违法减少、责任减少以及刑事政策综合说，并以此为理论前提，主张仅具有自发的意思还不足以认定自动性，行为人还必须具有或"回避法益侵害"或"放弃法敌对的意思"或"尊重法益的动机"等"规范意识的动机"③。

首先，这种观点肯定了主观说的合理性，认为：①日本刑法明确规定了"出于自己的意思"，因此必须承认自动性属于主观要素，同时必须考察外部障碍对行为人心理所产生的影响；②刑法规定中止犯的最终目的是避免既遂结果的发生，因此如果行为人出于自己的意思而中止了犯罪，则应当给予其减免刑罚的奖励；③在一般人能够中止而行为人没有中止自由的场合，黄金桥理论所具有的刑事政策意义就不存在了；④毕竟，由于违法性、责任的判断是对行为人本人的评价，因此无视行为人本人而以一般人作为基准来判断违法性和责任是否减少并不妥当；⑤在行为人出于伦理动机而中止的场合，人们通常都会肯定自动性的成立，但是这仍然以行为人能够继续犯罪为前提，换言之，伦理动机同样需要出于行为人自己的意思；⑥由于个体之间存在差异，不同个体对同样的外部事由会产生不同的心理反应，因此如果无视行为人自身的特别事由可能会导致不恰当的结论。

其次，在肯定主观说的合理性之后，新限定主观说提出必须通过全盘考虑中止犯减免刑罚根据来对主观说加以限定。该说认为，单纯出于自发的意思未必具有自动性，行为人必须出于特定动机才能肯定其自动性的成

---

① 山中敬一：《刑法总论》（第2版），东京：成文堂2008年版，第772页。

② 王昭武. 中止未遂的任意性についての一考察（二）[J]. 同志社法学，60卷8号：335-342.

③ 松原芳博：《刑法总论重要问题》，王昭武 译，北京：中国政法大学出版社2014年12月版，第272页。

立。对此，限定主观说从责任减少角度提出了广义悔悟作为限定要素，但是更为全面的做法是全盘考虑违法减少、责任减少和刑事政策目的，将"回避法益侵害""放弃法敌对的意思"等作为限定性要素。这是因为：①从刑事政策的角度考虑，行为人只要响应法的召唤，放弃法敌对的意思而中止犯罪，那么便实现了特殊预防乃至一般预防的刑事政策目的；②如果将违法性理解为违反社会伦理规范之法益侵害及危险的话，那么"回避法益侵害""放弃法敌对的意思"所体现的规范意识回复应该能够使违法性减少；③"回避法益侵害""放弃法敌对的意思"表明行为人回应了法的期待，因此其责任便减轻了；④客观说主张以一般人为基准判断自动性的理念容易被一般国民所接受，但是全然不考虑行为人本人的内心意思而给予其减免刑罚的恩惠，这恰恰又难以被一般公众接受；⑤在现行刑法中，中止未遂并非绝对不罚，而是酌情给予必要减免，其成立要件除了任意性之外，还需要考虑中止行为。就此而论，单纯根据责任减少而引申出广义悔悟并将其作为主观说的限定要素是不全面的，所以应站在综合说立场将"回避法益侵害""放弃法敌对的意思"等作为限定要素。

新限定主观说的特点在于：①就方法论而言，该说不仅着眼于行为人心理来认定自动性，而且同时根据刑事政策目的和违法性减少所推导出的某些客观性因素，提倡从一般人基准进行自动性判断，这种方法论不同于主观说和折中说；②就判断基准和判断方法而言，该说主张对自动性的认定不能违反社会一般人的常识，因此应当以行为人所属群体的一般人为基准来判断中止是否具有自动性。需要指出的是，该说所主张的一般人基准不同于客观说主张的那种不考虑行为人特别事由的一般人基准，因此该说也不同于客观说。

在本书看来，新限定主观说主张从中止犯减免刑罚根据的角度推导出主观说的限定要素，这一做法值得肯定。但是，该说仍然存在以下一些问题。

第一，该说在中止犯减免刑罚根据的问题上主张违法减少、责任减少和刑事政策目的之综合说。这种综合说是以行为无价为理论前提的，即认

为违法性是对社会伦理规范的违反，因此规范意识的恢复能够降低违法性，也能减轻责任。可是，这一理论前提涉及刑法的根基，在理论上存在极大的争议。例如，如果我们站在结果无价的立场上，那么上述论断就存在很大的问题。

第二，该说承认主观说的合理性，并在此基础上进一步设定限定要素，这样一来有可能过于限缩自动性的成立范围。例如，如果行为人具有高度的规范意识，那么当其意识到自己正在违反规范时便会产生超乎常人的心理压力。假如行为人在犯罪过程中因为规范意识所产生的极大心理压力而被迫放弃犯罪，那么根据新限定主观说应该否定其行为自动性的成立。但是，这种否定实际上是在惩罚行为人高度的规范意识，而这显然是不合理的。

第三，该说提出的"放弃法敌对的意思"是一个模糊的概念，有时可能会面临缺乏可操作性的问题。例如，行为人原本意图实施盗窃行为，但当其发现被害人是女性后，转而实施强奸行为。就放弃盗窃罪而言，行为人究竟是否存在规范意识的恢复或者放弃了法敌对的意思，其实并不明确。

第四，该说认为，伦理动机的产生必须以行为人仍然具有自我决定能力为前提。这一论断在通常情形下是成立的，但是在因为伦理不能而中止的场合中却未必适用。例如，行为人在夜间对路人实施故意杀害行为，在造成对方伤害后才发现被害人却是自己的孩子，于是悔恨不已将其送医救治。在这种场合中，不论采取主观说还是客观说，都会认为行为人失去了自我决定的能力，但是行为人的中止动机却无疑具有伦理性。由此可见，新限定主观说在这方面的主张中难以自圆其说。

第五，该说完全不考虑行为人本人的内心意思而认定自动性的做法难以被一般公众接受。该说的主张固然有其道理，但是仅此还不能证明它比别的学说更为合理。换言之，该说指出了客观说存在的不完善之处，不等于同时证明了其自身的妥当性。换言之，只有证明该说比客观说更容易为广大公众接受，才能充分显示它的合理性，但是新限定主观说对此并没有

做进一步论证。

第六，该说的立论背景是日本刑法规定中所使用的"任意性"这一术语，但在我国使用的是"自动性"一词，它比任意性具有更宽泛的含义。在是否出于行为人自己的意思不甚明显或难以判断的场合，我们难以肯定任意性的成立，但完全有可能根据规范的自动性理论来肯定自动性成立。在此意义上，该说在我国语境下是否合理是存疑的。

（3）客观说。

客观说的特点与主观说相反，主观说将自动性的判断基准归因于行为人，但客观说则以一般人为判断基准。该理论认为，自动性应该以行为人所认知的外部事态是否使之丧失选择自由为判断标准，而是否达到这一标准应根据一般人观念或一般社会经验进行评价。根据一般社会经验，如果认为外部事态对行为人的意志选择施加了强制性影响，那么行为人的行为就不具有自动性，反之则具有自动性。目前，客观说在日本理论界占据了支配地位，牧野英一、木村龟二、植松正、西原春夫、前田雅英、川端博等学者均持客观说。

客观说提供的自动性认定标准相对明确，因而易于操作，自然受到实务界的推崇。但该理论存在方法论上的缺陷，即原本自动性属于行为人主观领域，但是该说却根据客观外部事态和一般人标准来进行判断，这便混淆了客观与主观的区别。简言之，客观说在判断"自己的意思"这一主观要件时将行为人的意思排除在外，这在方法论上是不妥当的①。

德国学者也对客观说的一般人标准提出了批判。

首先，将外部事态作为判断对象并不妥当。"我们所有人的行为都是由某种外部的事实所产生并通过各种各样的感知而引起的。这种感知对人会施加什么样的影响，因人而异……然而，对于基于这些动机所产生的精神强制，并不存在测定其自由的决定会在哪一阶段转变为被强制的意思的测量器。只能在对实行所意图的行为没有选择可能性时，即实行变得不可

---

① 山中敬一：《刑法总论》（第2版），东京：成文堂2008年版，第771页。

能时，才能划分界限。"① 可是这样一来，当行为人在伦理产生的心理压力支配下停止犯罪时，便不具有自动性，这一结论显然不妥。

其次，一般人标准模糊而抽象，该标准是否存在还是个问题②。即便这一标准确实存在，在采用该标准来判断自动性时也往往会得出不合理的结论。例如，母亲打算在掐死孩子后自杀，孩子因感到自己要被杀死而恐惧地哭喊起来，此时母亲因心疼自己的孩子便停止了杀子行为。根据一般人标准，母亲听到孩子哭都会停止杀子行为，因此应否定其自动性，但这一结论显然不妥。

(4) 折中说。

福田平、大谷实、香川达夫等学者针对客观说和主观说存在的缺陷，提出了立足折中立场的客观的主观说。该说以主观说为基础，认为自动性判断的对象是行为人本人所认知的事实。"对外部事实感知的结果，即对行为人感到能够实施还是不能实施这一现实意识的过程做客观的判断。如果行为人感到能够继续实施而停止的话，就是基于其自己的意思的中止。"③ 但在自动性判断的基准上，该说不同于主观说，采取了客观说立场，即从客观上进行能与不能的判断。

福田平认为，"基于行为人的意志"是行为人主观意志方面的问题，因此必须讨论有关对外部事实的认知对行为人的意志产生了什么影响。由此，将行为人的意志作为关键问题之所在的主观说，其在这一点上是正确的。但是，主观说主张通过行为人的主观判断来决定其是否基于自己的意志，这一观点是存疑的。既然将"基于行为人的意志"这一主观要素作为使违法性减少的要素来理解，那么，其判断就必须是客观的，即客观判断行为人在现实中的认识过程及其对外部事实的认知结果。也就是说，行为

---

① Dohna: Die Freiwilligkeit des buchtritts vom Versuch im Lichte der Judikatur des Reichsgericht, in ZStW, 1940 (59): p544.

② Ulsenheimer: Grundfragen des Rücktritts vom Versuch in Theorie und Praxis, Berlin: Walter de Gruyter & Co., 1976: p300.

③ 香川达夫：《刑法讲义总论》（第3版），东京：成文堂1995年版，第310页。

人是感到能够既遂还是感到不能既遂,当其感到能够既遂却放弃时,就可被理解为是基于自己意志的放弃。福田平还认为,由于"基于自己的意志"属于行为人的主观意志问题,故当外部事实与行为人的认知不一致时,应以行为人的认知为基础。例如,实际上存在外部障碍,但行为人并没有认识到这一点,当其基于与自己无关的意志而放弃犯罪时,则成立中止①。

客观的主观说由于兼取了原本不相容的两种学说,因此必然会产生一些内在矛盾,并面临来自主观说与客观说两方面的批判。例如,山中敬一指出,"对自己的意思这一本来主观的范畴,为何有必要以客观的一般人的标准进行判断?这一点不明确。并且,该说与主观说一样,都无法克服由于采用心理的自动性概念所带来的问题。也就是说,即使对行为人的动机过程进行了客观的判断,也不存在将下述场合,即行为人对客体价值失望而中止的场合、因认错人而中止的场合、中止对行为人而言更为有利的场合等,作为中止犯减免刑罚的根据"②。

(5)不合理决断说。

不合理决断说是日本学者山中敬一在对罗克辛的犯罪人理性说加以修正的基础上提出的。该说认为,"以实行犯罪时基于目的理性而行动的人类冷静的理性为基础,当(行为人)不合理地决定中止犯罪的实行时,就可以说这是基于其自己意思的中止"③。详言之,当行为人通过着手实行犯罪而逐步实现犯罪目的时,在这个过程中,行为人根据实现犯罪目的的需要,合乎理性地权衡放弃犯罪的利益与继续犯罪的利益。当放弃犯罪的利益超过继续犯罪的利益时,行为人根据人类的理性能力就会做出放弃之前为了追求犯罪目的实现而实施的行为。但是,假如行为人违反这种理性,不合理地放弃犯罪,那么其就脱离了这种价值,做出了自由决断。因此,"基于自己意思的中止"就是指脱离了这种价值,做出了不合理的决断。

---

① 福田平:《全订刑法总论》(第4版),东京:有斐阁2004年版,第234页。
② 山中敬一:《刑法总论》(第2版),东京:成文堂2008年版,第772页。
③ 山中敬一:《中止未遂研究》,东京:成文堂2001年版,第94页。

在此，山中敬一还特别指出需要注意以下两点①。

第一，判断对象因犯罪情况不同而有差异。①行为人对与犯罪的实现有着客观联系的事实进行理性权衡。此时，根据对犯罪行为状况的认识，行为人在冷静判断继续实施犯罪对自己有利还是不利之后加以中止，这是合理的判断，因而应否定其行为的中止具有自动性。例如，由于犯罪行为被发现，行为人认为"中止犯罪更有利"的场合是合理的决断。②行为人因为状况有变而需要在实现犯罪的价值与实现其他价值之间进行理性权衡。例如，行为人意图杀害对母亲施加暴行的父亲时，母亲得了疾病，其为了将母亲送到医院而停止了侵害父亲的行为；又如，行为人为了强奸而对被害人施加暴行时，其非常喜欢的小狗掉入河中，行为人为了救助小狗而停止犯罪；等等。这时，伦理的义务感的价值衡量就变得必要。其中，前一个案例中行为人母亲急病的场合与后一个案例中的不同，应当说前者是价值衡量中合理决断的结果，因而应否定行为人之行为的自动性。因为，选择对本人来说属于高层次价值的行动不属于不合理的决断。

第二，应以具有目的理性的、与法规范敌对的人作为判断基准。在实行行为过程中的行为人，应以理性的、冷静的、具有实行力的人作为判断基准。为何要以这种人为标准呢？这是因为，刑法以目的合理的敌对规范的人作为标准，根据行为人偏离这种模式的程度来决定是否减轻对其的刑罚以及减轻的程度。刑法以此种思维作为基础，将理性的、合目的的行动作为标准模式，也为市民秩序的存在根据奠定了基础②。

综上，实际上山中敬一对罗克辛犯罪人理性说的修正包括以下两点③。①罗克辛在说明犯罪人理性时使用了"犯罪者同伙的规则"这种拟制概念，因而遭到了批评。山中敬一则从实定法引申出作为刑法减刑基础的模式，从而回避了上述批评。②将作为判断标准的人物模型也明确规定为"具有理性的、冷静的实行能力"的人，从而避免了学界对"犯罪人理

---

① 陈家林：《外国刑法通论》，北京：中国人民公安大学出版社2009年版，第256页。
② 山中敬一：《刑法总论》（第2版），东京：成文堂2008年版，第772页。
③ 山中敬一：《中止未遂研究》，东京：成文堂2001年版，第41页。

性"内涵过于"暧昧"的批评。

(6) 山口说。

日本学者山口厚认为,根据危险消灭说,当行为人出于消灭危险的意思而实施中止行为,从而有效阻止了既遂发生时,原则上便成立中止犯,因此任意性的认定应较为宽泛,即只要中止行为没有受到外在强制,那么便具有任意性[①]。该说认为任意性要件的意义非常有限,并且将不作为中止的任意性问题转化为了中止行为可能性的问题。

在本书看来,该说的理论前提是承认危险消灭说。如前所述,该观点存在诸多不足,难以作为自动性理论的依据。此外,该说主张将不作为中止的任意性问题转化为中止行为可能性的问题。学界对这一点也存在疑问,因为对所谓中止行为可否的问题的研究貌似是从客观角度入手而展开的,但在归纳"中止行为可能性"这一事实时必须先考察行为人在主观上是否认为能够继续犯罪的问题,而这实际上就是心理意义上之自动性的判断问题。

3.2 我国的自动性理论

3.2.1 我国自动性理论的传统观点

关于如何理解中止犯的自动性这一问题,我国早期刑法理论中有以下三种观点[②]。其一,非物质障碍说。自动性意指行为人是在客观上没有受到任何物质障碍影响的情况下放弃犯罪的。其二,衷心悔悟说。自动性是指行为人出于真诚悔悟而放弃犯罪。其三,任意中止说。自动性是指行为人并非因为外部障碍而被迫放弃犯罪。对此有国内学者认为,"非物质障碍说没有从行为人的主观心理上对犯罪中止的自动性加以说明,因而犯罪

[①] 山口厚:《刑法总论》(第2版),东京:有斐阁2007年版,第269-273页。
[②] 高铭暄:《刑法学原理》(第2卷),北京:中国人民大学出版社1993年版,第334页。

中止的范围失之过宽；衷心悔悟说则以行为人真诚悔悟为犯罪中止的成立条件，又失之过严"①。

我国的刑法通说采取了第三种立场，认为犯罪中止的自动性应当具有两层含义：一是行为人自认为可以继续实施和完成犯罪，这是成立自动性的前提；二是行为人出于其本人意愿而停止犯罪，这是成立中止自动性的关键条件。"行为人不论受到什么因素的影响，基于什么考虑，最终都是在自认为可以继续实施和完成犯罪的情况下，在可以继续犯罪也可以停止与放弃犯罪这两条道路之间，出于其本人的主观意志，放弃了继续犯罪的意图，选择了停止与放弃犯罪的道路，并进而在此主观意志的支配下，在客观上停止和放弃了犯罪的继续实施与完成。"② 此外，我国刑法通说还特别强调，"对行为人自动中止犯罪的动机（即起因）应做广义的、辩证的理解，而不能只限于真诚、彻底悔罪，也不宜一概排斥存有客观不利因素的情况……这些不利因素只是反映了行为人中止犯罪的不同悔悟程度，而不是悔悟与不悔悟的差别，不是是否具有中止自动性的差别"③。

至于如何对犯罪中止的动机或起因进行辩证理解，我国刑法理论有以下一些不同观点④。

第一，绝对自动论。这种观点与前述非物质障碍说彼此呼应，具有相同的理论内核，即认为一旦出现外界因素的干扰，行为人的决定就难以称为其自我决定的产物。因此，自动放弃犯罪必须是在没有任何外界因素的影响下，行为人主动放弃犯罪。诸如行为人在被害人哀求、警告或者别人规劝等因素干扰下不再继续实施或完成犯罪的，都不成立犯罪中止。

该说的缺陷甚为明显，正如有学者所言，"绝对自动论"实际上是

---

① 陈兴良：《刑法适用总论》（上卷），北京：法律出版社1999年版，第447页。
② 高铭暄、马克昌：《刑法学》（第3版），北京：北京大学出版社；高等教育出版社2007年版，第172页。
③ 高铭暄、马克昌：《刑法学》（第3版），北京：北京大学出版社；高等教育出版社2007年版，第173页。
④ 马克昌：《犯罪通论》，武汉：武汉大学出版社1999年版，第468页。

单纯从"自我决定"这一表面意义上来理解自动性的。这显然不符合社会生活经验和司法实践的实际。当犯罪分子遇到外界因素时，既可能不知悔改继续犯罪，也可能幡然悔悟及时放弃。如果片面否认行为人的主观能动性，单纯强调外界因素的影响，必然会扩大犯罪未遂的成立范围，同时不合理地缩小犯罪中止的成立范围。因为，在毫无外界因素干扰的理想条件下的犯罪中止，在现实中几乎不可能存在。尤其是在行为人与被害人产生直接接触的犯罪中，无论如何也难以排除"被害人之反应"这一因素的干扰。

在本书看来，该说之所以采取这种观点，可能与我国刑法中关于犯罪中止与犯罪未遂、犯罪中止与犯罪预备的区分通常定位于"意志以外原因"有关，即行为人出于意志以外的原因而未得逞的，成立犯罪未遂或犯罪预备；出于意志以内原因而未得逞的，成立犯罪中止。因此，对"意志以内"与自动性便可以做等同理解。在这里，绝对自动论实际上将"意志以内"理解为行为人的主观世界；与之相应，意志以外便被理解为行为人所处的客观世界。任何已经发生或存在的外界现象当然不属于行为人的主观世界，因此行为人只能构成犯罪未遂或犯罪预备。这种观点表面上具有逻辑上的优势，也符合哲学上的一般原理，但实际上完全没有考虑刑法的特殊性，更无法满足设立中止犯的现实需要。一方面，刑法上的概念不可能照搬哲学概念，因为两者的目的十分不同，不能等同视之。哲学原理虽然能够指导刑法研究，但主要是宏观上的指导，对具体问题的解决缺乏直接效力。这里有一个问题层次与解决方式相适应的问题，哲学解决的是抽象层面的问题，具体问题未必都能上升到抽象的层次。过分强调用哲学思维解决刑法问题，实则属于"无限上纲"式的思维。这不仅不利于问题的解决，而且越发容易使问题抽象化和复杂化，越发难以给出现实的解答。另一方面，正如前文所言，采取这一理论会过分限缩中止犯的成立范围，而这与我们设立中止犯的现实需要不相符合。

第二，内因决定论。该说实际上是运用哲学上的内因、外因关系解决外界因素与自动性的问题。内因是变化的根据，外因是变化的条件，外因

通过内因起作用。根据这一哲学原理，在犯罪过程中出现的外界因素虽然在一定程度上干扰了行为人的自我决定，但这些外界因素只是条件因素，最终起作用的仍然是行为人本人，因此外界因素不影响自动性的成立。对此有学者提出批评，认为内因决定论一般而言是正确的，但是也应该看到犯罪现象是多种多样的，伴随犯罪现象而出现的各种有利因素或不利因素也是形形色色的。有的不利因素未必能够直接影响行为人的犯罪意志，但有的不利因素确实能够左右行为人的行为选择，具有不以行为人意志为转移的性质。此时，不论行为人愿不愿意，都必须停下来。

在这种情况下，外界因素的强烈反作用会取消行为人选择行为的自由意志。例如，公安人员在现场将犯罪人抓捕，或者因被害人反抗造成犯罪人重伤或死亡等情况，无论如何也不能说停止犯罪是行为人自己的选择。因此，不区分具体情形而片面强调内因的决定作用是不够全面的。如果机械理解"内因是变化的根据，外因是变化的条件"，并将其强行运用到对中止犯的认定中，那么外界因素的作用永远只是条件作用，而行为人自己的决定永远是决定作用，因此那些即便是因为外界因素干扰而被迫放弃犯罪的情形也具有自动性，但这显然扩大了自动性的成立范围，同时限缩了犯罪未遂的成立范围，实际上混淆了犯罪中止与犯罪未遂之间应该具有的界限。

第三，主要作用论。该说认为，在犯罪过程中出现的外界因素究竟起到何种作用不能一概而论，而应该具体问题具体分析。有的外界因素足以迫使犯罪人停止犯罪，有的却不能改变其犯罪意图。因此，需要查明外界因素在行为人主观意志中所占的比重大小，起主要作用的，自动性不成立，反之则具有自动性。对此，也有学者提出批评，认为这种观点实际上并没有提出可操作的客观判断标准。因为预备犯、未遂犯和中止犯三者不可能同时存在于一个案件中。我国的犯罪形态概念指的是犯罪的某一种结局状态，这一点不同于德国。换言之，一个案件只有一个结局，因此也就只能有一个犯罪形态。在犯罪出现中止形态或未遂形态之后，再反过来衡量外界因素对行为人形成停止犯罪决定的作用大小，实际上很难得出科学的结论①。对此本书也认为，事后再去区分主要作用与次要作用存在极强的不确定性，往往因主体的个人感受而异，这会导致判断的恣意性，因而该说的观点并不足取。

关于外界因素与犯罪中止的认定问题，我国学者提出的较为可取的做法是区分情形认定，具体包括以下几个方面。

第一，如果不存在任何外界物质障碍，行为人也没有因外界因素而受到精神强制并因此放弃犯罪的，应当认定为犯罪中止。

第二，如果存在外界因素，但这些外界因素并不能直接迫使犯罪人放弃犯罪意图，而行为人放弃犯罪的，应当以犯罪中止论。

第三，外界因素虽然客观上不足以阻止犯罪进行，但由于行为人认识错误或者受到精神上的威胁而停止犯罪的，不应以犯罪中止论。

第四，外界因素虽然在客观上足以阻止犯罪的进行，但行为人当时并没有意识到这些因素的存在，而是出于害怕、悔悟等动机而放弃犯罪的，应以中止犯论处。

第五，外界因素不仅在客观上足以阻止犯罪继续发展，而且行为人也在主观上认识到这一因素的存在的，那么只能成立犯罪未遂②。

3.2.2 我国自动性理论的新近观点

我国现在的刑法理论基本认同综合理论，认为自动性指行为人认识到客观上可能继续实施犯罪或者可能既遂，但其仍自愿放弃原来的犯罪意图。根据这一理解，自动性具有两层含义，"首先，行为人认识到客观上可能继续实施犯罪或者可能既遂。这就表明，行为人面临两种可能性：或者继续实施犯罪、使犯罪既遂，或者不继续实施犯罪、不使犯罪既遂的。在存在选择余地的情况下，行为人不继续实施犯罪、不使犯罪既遂的，就表明其中止犯罪具有自动性。其次，行为人自愿放弃原来的犯罪意图，不

---

① 陈兴良：《刑法适用总论》（上卷），北京：法律出版社1999年版，第470页。
② 陈兴良：《刑法适用总论》（上卷），北京：法律出版社1999年版，第471页。

再希望、放任犯罪结果的发生,而是希望不发生犯罪结果"[1]。在这一理论框架下,近年来,我国学者在自动性问题上分别提出了具有独立特点的学说[2]。

第一,周光权教授在接受主观说的基础上提出了修正意见[3]。该说认为,一方面,中止自动性的原初含义必须被坚持,否则在方法论上便可能混淆了主客观之间的界限,因此主观说是妥当的;另一方面,虽然采取主观说,但不必与其他大陆法系国家保持一致,因为考虑到这些国家的立法体例,即使将中止未遂认定为障碍未遂,仍然属于未遂犯这一大范畴之内,不会有根本性错误[4]。但在我国将中止犯与未遂犯分立的立法体例中,两者的法律效果则有着天壤之别,不能将未遂犯与中止犯容易混淆的场合视为微不足道的瑕疵;中止在刑法上具有独立地位,只要停止犯罪是基于行为人的意思,即使该行为性质处于中止与未遂之间的灰色地带,也要尽量考虑将其认定为中止。

此外,周光权教授也同意日本学者平野龙一关于主观说采取的标准在一定程度上具有客观性的观点。也就是说,在继续实施犯罪的问题上,即使有一些障碍,但在行为人看来障碍很小,但其仍自行决定停止犯罪的,也可以从主观说出发肯定自动性的成立。在本书看来,周光权教授的观点基本上沿袭了日本刑法学的主观说,同时考虑了我国刑法规定的特殊性,意图采取较为缓和的自动性认定标准。不过,对于如何缓和主观说的自动性认定标准,该学说并未详细展开。

第二,黎宏教授采纳了具体化说,即认为在没有外部事实影响时应采用主观说;反之,如果外部障碍和中止行为同时存在,则应该以行为人本

---

[1] 张明楷:《刑法学》(第5版),北京:法律出版社2016年版,第366页。
[2] 前面已介绍了王昭武教授以日本刑法为背景而提出的新限定主观说,此处不再赘述。
[3] 周光权:《刑法总论》,北京:中国人民大学出版社2007年版,第281-282页。
[4] 此处,周光权教授可能误解了这种立法体例,因为即便将中止未遂规定在广义未遂之中,两者在法律效果上仍然存在天壤之别,此外也没有哪一位国外学者认为混淆中止未遂与障碍未遂是一个微不足道的瑕疵。

人的情况为基础，以一般人的立场为标准，从而判断外部障碍是否造成了行为人之放弃犯罪①。在本书看来，所谓没有外部事实影响的场合实际上比较少见，即便存在这种情况，也要考虑"内在诱因"或者"内在障碍"等问题，因此黎宏教授预设的仅需根据外部障碍来区分案件类型进而认定自动性的做法并不全面。此外，该理论实际上综合了主观说与客观说，即以行为人主观认识为基础，以一般人为基准判断自动性。可是这一立场的立论根据并不明确，并且其中的"一般人"标准也相当模糊，缺乏明确的内涵，容易成为法官恣意判断的借口。

第三，在中止自动性的认定方面，现在的有力说是颇具特色的逐步判断说。该说认为，自动性的判断应该以犯罪中止减免处罚的根据为指导，采取逐步判断的方法。

首先，如果能够通过限定主观说来肯定自动性，那么就可以直接认定具有自动性。这一环节的重点是考察行为人有没有基于悔悟、同情等心理而对自己的行为持否定评价的规范意识、情感或动机。

其次，当根据限定主观说无法肯定自动性时，可再根据主观说的弗兰克公式进行判断。只要行为人认为可能既遂而不愿既遂，即使客观上不可能既遂，也是中止（不能犯除外）；反之，如果行为人认为客观上不可能既遂而放弃的，即便客观上可以既遂，也是未遂。

最后，如果根据主观说无法得出合理的结论，或者得出的结论不符合中止犯减免刑罚的根据，那么就应该以客观说为标准来判断自动性。这种需要变更为客观说的场合，应只限于因心理过于复杂而难以由此认定和评价自动性的场合。

本书认为，逐步判断说使用了以问题性为中心的理论建构方式，因而在司法实践中具有明显的优势。该说实际上认为主观说与客观说都有可取之处，究竟采取何种学说则需要结合个案情况进行个别化处理，或者说应

---

① 黎宏教授在阐述具体化说时，不仅说明了基本认定原理，而且具体区分了若干问题类型，其理论内涵较为丰富。参见：黎宏，《刑法学》，北京：法律出版社2012年版，第254-255页。

以最终结论的合理性来引导对认定理论的选择。这种灵活的个别化认定方法固然有助于具体问题的解决，但也无可避免地缺少体系性思考。也就是说，对于究竟何时采取主观说、何时采取客观说等问题，该说并没有事先给出明确的说法，而是具有明显的"结论导向性"，缺乏理论上系统的梳理与前后一贯的思考。不过，这里涉及刑法理论究竟应该以体系性思考为中心，还是应该以问题性思考为中心的争议，从而很难以此认为逐步判断说是一种不可接受的理论。

尽管如此，本书仍然认为该说以问题性为中心的理论建构方式在某种意义上背离了理论的特性。理论之所以被称为理论，是因为它能够在得出结论之前便给出明确的认定标准，并进行逻辑自洽的自我论证。如果理论需要结合个案情况进行"见招拆招式"的标准选择，便不能前后一贯地做出简洁明确的指引，那么案件处理的一致性与稳定性（或者说刑法的安定性）就会受到威胁。假如理论仅仅以问题为中心，而不适当考虑理论建构的体系性要求，那么相同问题能否得到相同处理就会存在疑问，甚至不可避免会带有一定的随意性。就此而论，不能不说逐步判断说是存在某种不足的。如果能在满足理论之体系性的同时兼顾对具体问题的解决，那将是最为理想的理论形式，而这也是本书提倡的新折中说所努力的方向和试图达到的目标。

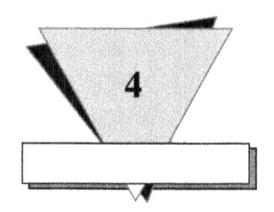

本书立场：新折中说之提倡

4 本书立场：新折中说之提倡

根据本书主张的量刑责任减少与刑事政策并重说，量刑责任减少是中止犯减免刑罚的法律根据，刑事政策目的则是中止犯减免刑罚的目的论根据。由此出发，在自动性的认定中应当以行为人的主观认识为判断对象，以一般人（指具有行为人特质的平均理性人）为判断基准，具体分析诱因对行为人心理是否产生了强制性影响。其中，作为基准人物的一般人应当在"量刑责任减轻""政策诱导必要性"这两个观念的指导下进行论证和确定，既要避免导致矛盾的法律评价，又要考虑社会生活经验的允许程度以及理性本身的规定性。本说虽然以一般人即平均理性人为基准人物，但自动性的成立不以行为人违反某种理性为必要条件。由于本说一方面沿袭了传统折中说的基本框架，另一方面又在基准人物确认这个环节中将规范的自动性理论导入折中说的框架之中，因而可以称之为新折中说。以下，本书拟从自动性理论的基本框架入手，逐步拓展至对具体内容的论证。

4.1 自动性理论的基本框架

根据之前章节中对德、日两国自动性理论的梳理，我们可以归纳出自动性理论所实际涉及的三个基本问题，即自动性理论的建构方式、自动性判断的对象、自动性判断的基准。

4.1.1 自动性理论的建构方式

究竟应该从心理学角度研究自动性，还是应该从规范意义上研究自动性，或是兼而采之，是建构自动性理论时需要先回答的问题。如前所述，心理学的自动性理论局限于心理层面的考察，即主张通过观察行为人在心理上是否出于自由决定来认定自动性；规范的自动性理论，则主张通过考察行为人在做出中止决定时是否符合中止犯的减免处罚根据来认定自动性。在这一问题上，当前学界存在心理学的自动性理论和规范的自动性理

论之争①。

(1) 心理学自动性理论的特点。

根据心理学的自动性理论,"所谓主动性,意味着犯罪的不遂由行为人自主的动机促成,行为人仍然是中止犯罪决定的支配者,而非在难以克服的压力下放弃犯罪计划"②。也就是说,自动性的核心是行为人自我决定的能力。换言之,行为人在中止犯罪的那一刻,是否认为自己是"在可以继续犯罪"的情况下自愿放弃犯罪的。至于动机内容的伦理性以及是否符合中止犯减免处罚的根据,则不在所问之列。显然,纯粹的心理学自动性理论仅指主观说,其他诸如折中说或客观说等还多少考虑了行为人心理之外的因素,因此已经涉及自动性的规范性内涵问题③。

根据心理学的自动性理论或者主观说,即便行为人是出于伦理性动机而中止犯罪的,但假如因该伦理动机而产生的心理压力大到足以使其失去自我决定的能力,那么也只能否定自动性的成立。可是,这显然缩小了自动性成立的范围,因为基于伦理动机的中止被公认为具有自动性。这时,人们不得不求助于规范的自动性理论之规范评价来肯定自动性。与此同时,心理学的自动性理论或者主观说还认为,即便行为人出于反伦理的动机,或者其动机内容不符合中止犯之减免刑罚根据,但只要该动机还未产生足以压制行为人自我决定能力的心理压力,那么仍然可以肯定自动性的成立。应该说,这一点既是心理学的自动性理论的优势,又是心理学的自动性理论的劣势。就前者而言,不要求中止犯一定具有伦理性,而只要其在法律上满足自动性要求即可,这一观念在世界范围内已获得普遍认可。就此而论,心理学的自动性理论有助于防止以缺乏伦理性为由而否定自动性的成立,无疑具有合理性。但是,在动机内容不符合中止犯减免处罚根

---

① 施特拉腾韦特、库伦:《刑法总论Ⅰ——犯罪论》,杨萌 译,北京:法律出版社2006年版,第279页。

② 耶塞克、魏根特:《德国刑法教科书》,徐久生 译,北京:中国法制出版社2001年版,第651页。

③ 德国之心理的自动性理论与日本的主观说可以做等同理解。如无特别说明,本书对心理的自动性理论同样适用于主观说。

4 本书立场：新折中说之提倡

据的场合，单纯根据心理学的自动性理论也有可能得出不妥当的结论。例如，"如果行为人为了杀害其他被害人而停止对先前被害人的攻击，同样应当认定其属于不处罚的中止"[①]。在这种情况下，有必要适当援引规范的自动性理论理论来否定自动性。

此外，心理学的自动性理论在实际操作中存在难点，这一点也是规范的自动性理论质疑其的重要理由。实际上，心理学的自动性理论对"自主动机""自愿性""出于己意"等心理事实进行了论断式认定，即只要确认了"行为人认识到能够继续犯罪"和"行为人选择了中止"这两个事实，就可以认定行为人是自愿放弃犯罪，其行为便具有自动性。对此，规范理论会认为这实际上是为排除证明困难而炮制的理论。显然，我们不能因为证明困难就通过建立某种假定的理论来绕过这一难题。妥当的做法是，如果证明确有困难，无法查明行为人究竟是否希望犯罪既遂不发生，那么就应当适用罪疑惟轻原则，做出肯定自动性的认定。

但在本书看来，这一质疑未必妥当。因为心理学的自动性理论之论断式认定是从肯定自动性的角度来做出的，并不会就此推导出否定自动性的结论，所以它不是单纯为了排除证明上的困难便修改或重新定义自动性的概念，而是使用了符合正义的方法恰当认定了自动性，同时也能排除证明上的困难。与之相反，规范的自动性理论将自动性描述成符合某种规范性的评价标准，以体现对法的回归态度，但这种内心态度或内心事实才是真正存在证明之困难的。例如，犯罪人理性说所提出的犯罪人同伙规则究竟内容为何？怎样的情况下行为人中止犯罪才符合犯罪人理性？等等。诸如此类问题都是难以得到清楚回答的。又如，某案例中行为人在天桥上抢劫被害人的手机，两人争斗过程中被害人将行为人名贵的手表丢到了人流较多的天桥下。行为人赶紧放弃了抢劫，飞奔到桥下去找自己的手表。无疑，行为人能够认识到自己去捡回手表的行为会给被害人逃脱的机会，从

---

① 耶塞克、魏根特：《德国刑法教科书》，徐久生 译，北京：中国法制出版社 2001 年版，第 652 页。

而使其抢劫失败，但为了保护贵重的手表，行为人还是放弃了继续抢劫。在这里，究竟是行为人放弃抢劫、捡回手表符合犯罪人理性，还是其继续犯罪、不受丢失手表之干扰才符合犯罪人理性呢？这是一个见仁见智的问题。到头来，很可能是根据判断者选择何种结论，然后反推该行为人是否符合犯罪人理性。但这样一来，犯罪人理性这一标准也就成了空洞的套词。

（2）规范的自动性理论的特点。

规范的自动性理论认为，自动性并非心理学意义上的动机自主性，而是基于中止犯的法律意义而对动机内容进行的规范考察，凡是符合中止犯减免根据的情形便具有自动性。规范的自动性理论一般将责任减轻、刑事政策目的等作为中止犯减免处罚的根据，因此，凡是有助于判断广义责任减轻与符合刑事政策目的的规范性评价标准都可以作为规范的自动性理论者的判断标尺。在这个范围之内，不同评价标准之间也存在宽严的差别。极端的规范的自动性理论者往往采取限定主观说，将行为人的"诚挚悔悟"作为中止犯的核心要素[1]，这样的标准自然会极大限缩自动性成立的范围。缓和的规范的自动性理论者则将"是否向合法回归"作为"诚挚悔悟"的替代形式，而这是一个相对宽松的认定标准。回归合法性意指行为人真正放弃与法秩序敌对的意思，从内心上向合法性世界复归。至于如何评价向合法性回归这一点，有人采取的是犯罪人理性标准，有人采取的是合理决断标准，还有人认为"行为人在为把握有利机会的意图下暂且中止犯行时，也能够被视为对敌对法的意思的放弃"[2]，等等。

在规范的自动性理论者看来，行为人的自我决定能力并不是自动性成立的关键，即便行为人具有心理上的自动性，但如果不符合规范性评价标准，仍然应该否定其行为的自动性。例如，在上述为了杀害其他被害人而停止对先前被害人攻击的行为中，由于行为人没有体现诚挚悔悟或向合法

---

[1] 林东茂：《一个知识论上的刑法学思考》，北京：中国人民大学出版社2009年版，第64页。

[2] 金日秀、徐辅鹤：《韩国刑法总论》，郑军男 译，武汉：武汉大学出版社2008年版，第521页。

性回归的意思,因而应否定其行为自动性的成立。相反,即便行为人是基于无法抗拒的心理压力而放弃犯罪的,但假如制造其心理压力的动机符合规范性评价标准,那么仍然可以肯定其行为自动性的成立。如前所述,规范的自动性理论并不是完美的理论,"其一,以规范的标准判断主观要件是不合理的,并且规范标准本身也并不明确;其二,(这种判断标准)将造成要求自愿性具有合法性或伦理性的后果"①。应该说,在规范的自动性理论不能得出明确结论时,只能通过心理学的自动性理论来加以补充。

(3) 本书观点。

如前所述,本书认为对自动性的理解与认定应当以量刑责任减少与刑事政策并重说为指导。量刑责任之减少必然要求从心理学角度来考察行为人的心理事实,同时需要从量刑责任减少的角度对该心理事实进行规范上的评价;刑事政策上的诱导必要性同样需要考量行为人的心理事实,并从政策必要性与可行性等角度对该心理事实进行价值的取舍。

就此而言,心理学的自动性理论与规范的自动性理论都是必要的。应该说,这两个理论的分析视角不同,并不存在绝对的对立关系;同时,两者在确定自动性的成立范围时都有其不可替代的优势,也存在难以避免的劣势。在此意义上,将两者结合起来的综合理论是比较妥当的。真正成为问题的是我们应该如何处理自动性心理要素与规范要素之间的关系,或者说我们应该如何安排心理学建构方式与规范建构方式的位阶顺序与适用范围。

任何规范性理论建构都不能罔顾事实的允许范围而走向极端。"在法律上加以把握的事实固然与目的和价值相关联,但它们首先是充满意义的事实世界。故法学研究必须以现实和自然的事实为出发点,而不能赋予某一事物以不符合事实的'意义',从而对该事实进行扭曲。"② 由此,规范的理论建构方式必须坚持最低限度的心理要素。例如,当行为人认识到缺

---

① 李在祥:《韩国刑法总论》,韩相敦 译,北京:中国人民大学出版社2005年版,第334页。

② Günter Spendel: Zur Unterscheidung von Tun und Unterlassen, in Festschrift für Eberhard Schmidt, Tübingen: J. C. B. Mohr (Paul Siebeck), 1961: p192.

乏客观上继续犯罪的可能性时，其内心不可能存在自动性的心理要素，因此即便此时行为人具有悔悟之意，也不能认为其行为自动性的成立。可见，规范的自动性理论必须受到心理学的制约，所以应当先从心理学意义上去理解和认识自动性。

此外，心理的自动性理论由于缺乏目的性思考，而是仅仅专注于对心理事实层面的考察，也不能单独支撑起自动性理论的建构。法学研究中的自动性问题并非自然科学意义上的心理研究，而是担负着在司法实践中区分中止犯与未遂犯、为中止犯减免刑罚提供事实依据的功能。正所谓"没有任何一个以本体论为基础的概念可以承载起能够解决实际问题的体系"①，自动性理论的建构必然需要超越对单纯心理事实的考察而进入规范性评价的领域。在此意义上，心理的自动性理论必须坚持最低限度的规范性要素。例如，当行为人主观上没有中止意思而偶然阻止了犯罪既遂时，即便其在心理上完全不受强制，也不能肯定自动性的成立。就此而言，心理学的建构方式和规范的建构方式都是自动性理论的必要组成部分，前者探求的是自动性在范畴论上的本体结构，后者则承载着自动性的目的论价值，在位阶顺序上前者优先于后者。

此外，心理学的建构方式和规范的建构方式之间还有着相互补充的关系。当心理的自动性理论难以解决问题时，规范的自动性理论可以发挥补充作用。例如，行为人虽然认为犯罪可以既遂，但其却因极度惊吓而心理不能，不再是"自己意志的主宰"；或是行为人因情绪极其消极而不能将犯罪实施完毕；等等。诸如此类心理压力到底是肯定自动性成立的条件还是否定自动性成立的条件，是一个很难回答的问题。除非行为人确信自己是被迫放弃犯罪的，否则根据心理的自动性理论难以认定其行为自动性的成立。此时，如果行为人的这种情绪压力或心理压力源自道德意识，或者说其放弃犯罪具有动机的伦理性，那么根据规范的自动性理论仍然可以肯定其行为自动性的成立。

---

① Claus Roxin. Zur Kritik der finalen Handlungslehre, in ZStW, 1962 (74): p530.

4 本书立场：新折中说之提倡

同样，当规范的自动性理论难以解决问题时，心理的自动性理论也可以发挥一定的补充作用。例如，当行为人基于将来受刑罚处罚的抽象可能性而放弃犯罪时，这种抽象恐惧究竟是否在规范上满足"向合法性回归"这一规范性要求？其实并不是十分明确的。但根据心理的自动性理论，由于抽象恐惧并没有使行为人丧失自我决定的地位，所以自动性仍然成立。就此而言，心理的自动性建构方式和规范的自动性建构方式不仅缺一不可，而且具有相互补充的关系。在分析具体案件时，明确这种关系有助于我们确定自动性成立的范围。

在自动性理论建构方式问题上，我国有学者认为，"心理主义的观察方式是我国中止自动性的判断过程中不可动摇的立场，而规范主义的观察方式应当予以放弃"[①]，其理由有以下几点。

第一，受我国法律用语的语义限制。根据中止犯与未遂犯的关系，既然对未遂犯的要求是"意志以外原因"，那么中止犯的自动性就应当是指其意志以内的原因，因此只能采取心理主义的立场。但本书认为这一理由并不成立，这里的"意志以内"不能仅从心理学意义上理解为"中止动机产生的心理压力还不足以压制行为人自我决定的能力"。因为，即便存在足以压制行为人自我决定能力的心理压力，但假如该压力最终是由行为人自己的内在力量（内驱力）控制的，那么也应当认定为来自其意志以内。例如，在伦理性动机足以压制行为人自我决定能力的场合，不能认为行为人践行伦理的行为处于行为人意志以外。在这里，"放弃规范主义"的提出者实际上把"伦理"与"外在障碍"加以等同看待，而没有考虑到伦理属于人类主观能动的实践理性形式。

第二，规范主义缺乏明确标准。这一批判虽然中肯，但并不意味着心理主义就必然更为可取，因为就心理事实的问题而言，心理主义同样存在判断困难。可见究竟哪种理论更为有效，实际上取决于个案的特点，而不

---

① 王海涛：《论犯罪中止自动性判断中的三大基本问题》，载《中国刑事法杂志》2011年第4期。

能一概否定或肯定。

其三,规范主义会在个案中导出不合理的结论。其实,心理主义也存在同样的问题。应该说,规范主义和心理主义本身并没有绝对的优劣之分,能否推导出合理的结论取决于如何恰当地使用这些理论。

4.1.2 自动性的判断对象

(1) 外部客观事实、行为人认识的外部事实或行为人的主观认识。

如前所述,我国早期的非外在障碍说曾将自动性判断的对象定位于客观存在的外部事实。根据这一观点,自动性的判断完全与行为人的主观心理无关。这显然与自动性本来属于主观心理的属性相冲突。实际上,不论是心理的自动性理论,还是规范的自动性理论,都将行为人的主观心理作为判断的对象。现实中,非外在障碍说如今已经无人采用。

在判断对象的问题上,目前的自动性理论仅存在"行为人认识的外部事实"与"行为人主观认知"之争。但是,也有极少数观点将自动性的判断对象理解为客观存在的事实。韩国刑法理论中就有客观说的主张,其认为当行为人内心动机缺少外部因素的刺激,单纯因行为人自己的内在因素而中止时,也不一定都能认定为中止未遂,如行为人由于过分紧张而发生幻听,误以为有警车驶近犯罪现场而逃离的情况。按照客观说的逻辑,行为人没有受到外部因素刺激,因而成立中止未遂[1]。显然,此种客观说将客观存在的事实作为判断的对象。但是,这种客观说实际上是在判断某种客观要素,从而完全脱离了行为人的心理。

概括而言,主观说和客观的主观说通常将行为人的主观认识作为判断对象,而客观说则将行为人主观认识的外部事实作为判断对象。值得注意的是,主观说虽然将行为人的主观认识作为判断对象,但是这并不意味着外部事实在主观说那里便失去了意义。由于行为人的主观认识通常是将外部事实作为认知或想象的客体,因此外部事实为分析行为人的主观认识提

---

[1] 李在祥:《韩国刑法总论》,韩相敦 译,北京:中国人民大学出版社2005年版,第332页。

供了素材，在此意义上外部事实可以称之为进行自动性判断的材料。

有时，经由行为人主观认识的外部事实与行为人的主观认识可能是完全一致的。例如，行为人在犯罪过程中因遭到被害人的激烈反抗而不得不放弃犯罪，客观存在的外部事实是被害人的激烈反抗，行为人主观认识的外部事实也是被害人的激烈反抗，行为人的主观认识内容依然是被害人的激烈反抗，这时三者不存在区别。但是，在有的场合三者却可能发生严重背离。例如，被害人其实已经识破了行为人的骗局，而行为人对此并不知情，但其由于感到被害人很可怜而放弃了继续诈骗。在这里，客观存在的外部事实是行为人的骗局已被识破，犯罪不可能得逞；但这一外部事实并没有被行为人认识到，因此其所认识到的外部事实仅限于自己正在实施诈骗；行为人的主观认识则是其自己正在实施诈骗，且骗局未被识破。此处需要注意的是，客观说中所谓的行为人认识的外部事实仍然属于外部事实的范畴，它只是附加了"行为人认识到的"这一限定要素。如果行为人对外部事实发生误认或者根据自己的想象描绘了外部事实，那么这种外部事实已经不再是存在于行为人主观世界之外的客观事实，而是进入了行为人的主观世界。又如，行为人在盗窃过程中看到一只黑猫走过，迷信的行为人便认为这是凶兆，如果自己不停止犯罪便会遭受报应。在这种场合，客观存在的外部事实是一只黑猫经过，行为人认识的外部事实也是一只黑猫经过，但行为人的主观认识则是黑猫代表凶兆，继续犯罪会遭受报应。通过上述比较不难发现，外部事实或者行为人认识的外部事实具有外在性，与行为人本人的心理无关，行为人的主观认识才属于其心理世界。

本书认为，在判断对象的问题上，主观说更为合理。这是因为，自动性为中止犯减免刑罚提供了事实依据，而中止犯之所以得以减免刑罚在于其量刑责任的减少与刑事政策目的。在此意义上，自动性当然属于责任领域的问题，需要从行为人的心理角度去展开思考。这样一来，自动性的判断对象不可能是外在客观事实，也不是行为人所认识的外部事实，而是行为人的主观认识。

严格说来，这里的"主观认识"是一种含混的术语，容易引起误解。

因为认识通常是指行为人对某种客观外部事实的认知活动,假如外部事实并不存在,那么行为人的主观认识也就无从谈起。还是举此前的那个例子,行为人在盗窃过程中发生了幻听,误以为警车正向自己接近,于是产生了"如果不迅速离开现场,自己便会被当场抓获"的想象。由于客观上不存在"警车正在接近"这一外部事实,因此与其说是行为人对该事实有认识,倒不如说是行为人在其主观世界里发生了过度联想式的想象,这种想象当然不等于认识。尽管如此,由于大家已经习惯使用"主观认识"这一术语,本书也就姑且采用这一表达方式,但是仍需要在此强调:对主观认识应从广义上加以理解,即应涵盖行为人的主观想象这一情形。

(2) 动机(或行为意思)。

德国的刑法理论一般将动机作为自动性判断的对象。行为的直接原因是动机,自动性需要以动机为基础进行理解和认定。法官在审理案件时,需要先查明中止行为的动机,即行为人做出中止决定的理由和原因是什么,然后再联系案件中存在的外界因素,来判断这样的动机是如何形成的。如果动机的形成主要归因于外界因素的刺激,那么行为人的中止行为便是出于意志以外原因而做出的,不具有自动性;反之,如果动机的形成主要归因于行为人自我决定的能力,那么中止行为便是出于其自己的意思而做出的,具有自动性。

除上述心理学方法之外,德国的刑法理论中又引入了规范评价的方法,即通过研究动机的内容是否体现了行为人"向合法性回归"这一点来处理自动性问题。至于如何理解向合法性回归,则随学者们对中止犯免除刑罚之立法理由的不同诠释而各自展开。总体而言,只要行为人的动机内容符合中止犯免除刑罚的根据,那么其中止行为就具有自动性,反之则不具有自动性。

概言之,德国刑法理论基本上是通过运用心理学方法以研究动机的形成过程和运用规范评价方法以研究动机内容这种相互补充的方式来处理自动性问题的。

日本刑法理论的传统观点主要从心理学的意义上来理解自动性,其提

出的主观说、客观说、客观的主观说等理论几乎都是从心理学的角度来理解和认定自动性的。限定主观说虽然对动机内容进行了一定程度的规范评价，但它仍然将自动性先理解为一种心理事实，而不是直接从规范的角度展开思考。

直到山中敬一提出不合理决断说后，日本才出现了完全从规范角度来理解和认定自动性的理论。总体而言，除了山口厚的新政策说所提出的自动性理论之外，日本的自动性理论大多沿着德国相关理论的变迁而有所变动。虽然日本在这方面的理论多少与德国有着师承关系，但有的日本自动性理论不像德国的理论那样围绕动机来讨论自动性，而是围绕行为意思展开讨论。有的日本相关理论也会围绕动机来进行讨论，但其所指的动机与德国的自动性理论中作为行为直接原因的动机不同，而有可能成为行为更为间接的原因，甚至可能是行为更为遥远的诱因。例如，有些日本的自动性理论会将同情心作为动机来看待，德国的相关理论中则较少这样使用动机概念。

对于这一现象，我国有学者认为"作为任意性的判断对象，只能是行为人的中止意思而不是动机"[①]，其理由有以下两点。

第一，德国的刑法理论将中止犯的立法理由视为责任问题。由于动机属于责任，因此德国的做法并没有什么问题。但是，仅仅将判断对象理解为动机，则有可能得出不妥当的结论。例如，C 对 D 进行抢劫，正当其对 D 实施恐吓时，见到旁边的河里有孩子落水，C 因觉得孩子很可怜，于是为了帮助孩子脱险而放弃了继续抢劫。在这里，如果将自动性判断的对象理解为动机，那么 C 的动机是基于同情、怜悯，因此应得出其行为具有自动性的结论。但事实上该结论并不合理，因为"C 停止自己的行为并不是因为对自己抢劫这种反规范行为的否定，而是同情河里快被淹死的小孩，是为了帮助小孩而停止了其先前的行为。换言之，C 做出否定评价的对象，是不救助小孩的不作为，并不是对反规范的抢劫行为，而由抢劫行为产生的

---

① 程红：《中止犯基本问题研究》，北京：中国人民公安大学出版社 2007 年版，第 205-206 页。

反规范的意思并未转换为适法的意思。因此，不能承认其任意性"[①]。

第二，适法之中止的意思是自动性的基础，而动机只能成为判断自动性的一个资料，而非根据。成为自动性判断的对象，始终只能是行为人的意思而不是动机。上述观点曲解了动机的含义，简单地用"基于同情、怜悯"这样的描述来确定动机并不合适。行为人当时只能在救孩子或继续犯罪之间做出一种选择，如果其肯定了救孩子的价值高，那么势必否定了具体情况下继续犯罪的价值。应该说，行为人中止犯罪的动机是"继续抢劫妨碍了救孩子，因此应当立即停止抢劫"，这一动机无疑是对继续本案具体抢劫行为的否定。

上述观点实际上将"对抢劫行为的否定"理解为"对抽象意义上的抢劫行为的否定"，而不是"对具体案件中的抢劫行为的否定"。前一种理解的实质就是要求放弃犯意必须具有彻底性，但这显然是过分的要求，因为"这里的最终放弃犯意，应是指完全放弃该次特定犯罪的犯意，而不是完全放弃一切犯罪的犯意"[②]。

在本书看来，上述案件中的行为人在法律上并没有救助孩子的义务，行为人完全可以选择是救孩子还是继续抢劫。孩子落水这一诱因并不足以压制一般人自我决定的能力，因此行为人为救孩子而放弃继续抢劫的行为，当然应该具有自动性。上述观点实际上是认为行为人没有表现出放弃将来再次抢劫的意思而否认其行为的自动性，即认为行为人仍然具有再次抢劫的可能性。但是，这种建立在假设基础上的推理显然违背了刑事诉讼法的全面、真实原则，从而将刑罚建立在未查证属实的事实之上，因此为本书所不取。

4.1.3 自动性的判断基准

在心理的自动性理论内部，在究竟应当以行为人还是以一般人为基准判断行为人自动中止的问题上，存在主观说与客观说之间的对立。主观说

[①] 程红：《中止犯基本问题研究》，北京：中国人民公安大学出版社2007年版，第206页。
[②] 张明楷：《刑法学》（第5版），北京：法律出版社2016年版，第368页。

采取的是行为人标准，客观说采取的是一般人标准。根据行为人标准，当面临外在障碍或风险时，如果行为人认为仍然可以继续犯罪，那么其行为便具有自动性；相反，如果行为人认为自己已经无法完成犯罪，那么就应否定其行为的自动性①。

该观点曾是我国的通说②。根据一般人标准，中止自动性应考察行为人在犯罪过程中所认识到的外在事由，即在一般经验上该事由是否会对行为人的中止意思产生强制性影响。根据一般经验，外在事由产生强制性影响的，否定自动性，反之则肯定自动性。在判断步骤上，需要先将一般人放在行为人所处的位置上，然后再判断一般人是否会因为外在事由而中止。如果一般人会中止，那么说明行为人的行为不具有自动性，反之则具有自动性。

在我国，既有明确采取客观说的观点③，也有将其作为补充性理论的观点④。如前所述，客观说在日本处于理论上的通说地位，并且"日本判例在中止自动性的理解上，既有基于客观说的见解，也有基于主观说的见解，但基本上倾向于客观说"⑤。此外，日本的刑法教科书中，通常还会将上述争论上升到客观主义犯罪论（旧派）所主张的道义责任论与主观主义犯罪论（新派）所主张的社会责任论的层面加以思考和取舍，并认为新派与一般人标准相对应，而旧派与行为人标准相对应⑥。

在本书看来，自动性的判断基准应采取客观说。之所以如此，主要基于以下几方面理由。

第一，客观说与本书对自动性的理解相协调。如前所述，自动性为中止犯减免刑罚提供了根据，它一方面可以减轻量刑责任，另一方面也符合刑事政策的要求。由于量刑责任减轻中的责任就是指规范的非难可能性，

---

① 大谷实：《刑法讲义总论》，黎宏 译，北京：中国人民大学出版社 2008 年版，第 352 页。
② 香川达夫：《刑法讲义总论》（第 3 版），东京：成文堂 1995 年版，第 334 页。
③ 李立众：《中止犯减免处罚根据及其意义》，载《法学研究》2008 年第 4 期。
④ 张明楷：《刑法学》（第 5 版），北京：法律出版社 2016 年版，第 367 页。
⑤ 黎宏：《日本刑法精义》（第 2 版），北京：法律出版社 2008 年版，第 247 页。
⑥ 前田雅英：《刑法总论讲义》（第 4 版），东京：东京大学出版会 2006 年版，第 161 页。

因此完全可以借鉴规范责任论的基本原理,将量刑责任减轻理解为一种以一般人为基准进行比较的概念。也就是说,当一般人在行为当时未必会中止犯罪而行为人却中止了犯罪时,我们才能判断行为人具有更低的量刑责任。如果不事先设定一般人基准,则量刑责任的降低无从谈起。同样,在刑事政策之诱导必要性的判断上,也需要将一般人作为参考系进行权衡,即如果一般人在行为当时通常都会中止犯罪,那么便不具有诱导必要性;反之,如果一般人在行为当时仍然有可能继续犯罪,那么才具有刑事政策上的诱导必要性。可见,不论是量刑责任减少还是刑事政策上的要求,都需要将一般人作为衡量的重要指标加以运用。就此而论,在自动性判断基准上采取客观说较为妥当。

第二,客观说是司法实践中的必然选择。其实,从心理的自动性理论的原初意义来看,主观说才更为妥当。根据心理的自动性理论,自动性属于行为人本人的心理,因此应当以行为人本人作为基准,主观说也正是为了与自动性的主观属性相呼应而产生的学说。但从实际认定过程来看,行为人的心理很难直接得到实证,最终只能通过与一般人比较的方法进行认定。因此,人们在认定自动性的实际操作过程采取的往往是客观说。

这一点在心理学研究中也得到了佐证。最初,大家认为人的内心事件的发生与发展可以通过对行为人"内省"(introspection)式的口述进行直接地、第一手地"内窥"(looking within)和观察,这样就可以了解行为人的心路历程。但心理学研究表明,即便在理想的实验室条件下,这种"内省"也未必能够还原行为人当时的心理,甚至更多的时候还恰恰歪曲了其当时的心理。"那些所谓'内省'的口述内容,已经表明是在特定实验室中人为制造出来的产物"[1]。最终,"'心理过程'(mental processes)是按照它们所引起的各种行为来辨认和界定的"[2]。在司法实践中,法官实际上也只能通过被告人口供与行为之间的相互佐证来认定行为人的心理。

---

[1] 托尔曼:《动物和人的目的性行为》,李维 译,北京:北京大学出版社2010年版,第150页。
[2] 托尔曼:《动物和人的目的性行为》,李维 译,北京:北京大学出版社2010年版,第2页。

其实，这种根据外在证据推定行为人内心的过程，正是按照一般人标准来揣摩行为人是否受到外在事由影响的过程。在此意义上而言，客观说自然成为法官们在司法实践中所乐于使用的学说。

第三，一般人标准与行为人标准其实是相互融通的概念，主张客观说并不等于完全排斥主观说的合理之处。毕竟，我们不可能凭空捏造某种抽象的一般人概念，并将其作为判断基准；我们也不可能完全客观地了解一个行为人，从而免去所有的定性分析。客观说中所谓的一般人在实际操作中都会落实为具有行为人特性的"平均理性人"，即"行为人所属之特定社会群体中的具体一般人"①；主观说中所谓的行为人其实也不可能做到绝对、彻底的具体化，而总是不可避免地带有某种抽象性。因此，一般人并非像行为人那样属于一种具象的存在，而只是一种抽象的观念性标准。应该说，一般人是具体行为人抽象化的产物，两者之间不存在绝对的界限。在实际认定自动性的过程中，我们的思维其实是不断往返于一般人与行为人之间的，一方面将行为人的特性抽象化，另一方面又将一般人具体到行为人的情境之中，直至得出妥当的结论，这一过程才宣告结束。在这个过程中，客观说实际上并不排斥行为人所具有的职业、文化、身体素质等特征，而只是对其加以抽象化和进行合理甄别而已。

例如，行为人准备在夜里摸黑进入仓库盗窃，到达现场后才发现仓库里灯火通明，其一方面觉得即使亮灯也能够实施盗窃，但增加了被发现的风险，另一方面又觉得其实有灯的话自己盗窃反倒更容易。犹豫再三后，行为人还是决定放弃。在这里，如果一个理智的一般人处在行为人的情境中，其究竟会放弃犯罪还是会继续犯罪并不容易判断。应该说，不论是放弃或者是继续，都能找到符合一般人理智的理由。这说明，客观说的一般人标准可能存在模糊不清的边缘地带。既然我们有时难以判断一般人处于行为人的情境时会做出怎样的行为选择，那么一般人标准说的可操作性就

---

① Wolfgang Frisch: Straftat und Straftatsystem, in Wolter/Freund (Hrsg.), Straftat, Strafzumessung und Strafprozess im gesamten Strafrechtssysem, München: C. H. Beck, 1996: p56.

会大打折扣。

那么，这是否就说明行为人标准更为合理呢？答案应该也是否定的。因为客观说之所以存在上述困难，从根本上而言是因为我们不了解行为人的特征。倘若行为人属于犯罪经验丰富和能力较高的犯罪分子，那么具有该特征的平均理性人当然会自信地认为其完全能够继续犯罪，那么此时行为人放弃犯罪的，就应该说其行为具有自动性。反之，如果行为人是既胆小又无经验的初犯，其认为自己已经不可能继续犯罪，那么其中止犯罪的行为应该是基于意志以外的原因而非自动中止。我们之所以一开始不能根据客观说来认定自动性，是因为没有认识到行为人所属群体的平均理性人标准，而只是抽象地进行了假设。由此可见，采取客观说并不能回避对行为人的具体考察，平均理性人标准必须建立在对行为人特征充分了解的基础上才能合理地来制定。

又如，在行为人的心理承受能力弱于一般人的场合，一般人在行为时通常不会中止犯罪，但行为人却因胆小怕事而被迫放弃了犯罪。举例言之，2006年1月13日晚10时许，当张某从朋友处得知某市立新科技发展有限公司员工宿舍412号房只有刘某一人时，便起奸淫之意，于是其乘车来到该单位，从楼外的漏水铁管爬到该单位宿舍四楼，推开窗户借着月光见到刘某正在床上睡觉。当张某潜入室内悄悄地摸向床边时，不慎将床前的脸盆踢响，于是张某破门而逃，后被值班保安抓获。对于这种情况，本书认为认定张某的行为成立自动性较为妥当。之所以如此，需要从中止犯的减免处罚根据来进行理解。如前所述，刑事政策是中止犯的目的根据，量刑责任减少是中止犯的法律根据。因此，心理承受力较弱的人实施犯罪的概率原本就比较低，其人身危险性也较小；同时，在这种场合加以政策性诱导，对强化这类行为人的中止意思具有积极意义。根据主观说应当否定张某行为自动性的成立，这显然不合理。客观说则能肯定行为人成立自动中止，这说明客观说具有合理性。

此外，在行为人的心理承受能力高于一般人的场合，即一般人认为不可能继续犯罪但行为人认为可以继续犯罪时，同样应该肯定自动性的成

立。这是因为从量刑责任的角度来看，当行为人的心理承受能力或者犯罪能力高于一般人时依然能够自动中止，足以证明其人身危险性的降低。从刑事政策的角度来看，诱导犯罪能力高的人及时中止，对保护被害人利益无疑具有积极意义。因此，应当肯定其中止具有自动性。或许有人认为，根据客观说可知，在这种场合中，一般人都会采取中止行为，因此对心理承受能力高于一般人的行为人来说不应成立自动中止。这实际上是认定行为人具有更高的心理承受能力从而否定了其行为的自动性。根据法律的公平原则，我们显然剥夺了这类人中止犯罪的机会。此时，似乎采取主观说更为妥当。但是，这里存在对客观说的误解。如前所述，一般人标准是一个平均理性人标准。在心理承受能力高于一般人的场合，应将行为人的心理承受能力作为类型特征予以接纳。也就是说，需要以具有行为人心理承受能力的特定社会群体作为基准来判断其是否能够继续犯罪。这样一来，根据客观说同样可以得出肯定中止自动性的结论。总之，客观说的一般人标准并非绝对抽象的理性人标准，而是一种相对具体的平均理性人标准，它可以对行为人的特征进行适度接纳和概括，从而有利于吸收行为人标准中的合理成分。

第四，主观说与客观说都存在一些难以自圆其说的地方，但相比而言客观说更符合我国的法治现状。从某种意义上而言，主观说与客观说其实并没有绝对的优劣之分，主观说的优点可能恰好是客观说的缺点，反之亦然。例如，客观说在保持法律评价的客观性上具有优势。法律为一般人而设，自动性认定的事实基础虽然是行为人认识的事实，但判断基准却应当依据一般理性的标准。如果采取行为人标准，势必造成法律评价因人而异的后果，这就破坏法律评价的客观性。可是反过来说，自动性事关个人的责任，假如根据一般人标准来评价责任而不是依据具体行为人自身的标准，则又显失公平。行为人也有权要求以其对重要事实的看法作为判断的基础，尤其是当其看法被强烈的情绪、非理性的思维方式等因素所影响时，更是如此。因此，行为人的性格、行为人对诱因和犯罪的一般态度、其在中止犯罪之后的表现等，也都必须在判决时一并加以斟酌。唯有如此，才能达成一个合于个案与行为人人格的判断结论。

应该说，主观说与客观说之间最根本的分歧在于如何理解正义。个案正义与普遍正义之间如何权衡？法律应在怎样的程度上要求公民服从一般的理性标准？法律应在多大程度上接受行为人自身的标准？等等。主观说追求个案正义，认为能够全面考虑行为人本人的心理情况，而这也正是主观说的优势所在。该说相信法官能够公正取舍个案中的因素，并且能够恰当分配各种因素的权重。对于客观说来讲，法律上的正义主要就是刑法面前人人平等的原则、法的安定性以及无恣意性等。该说之所以在审判实践中取得优越地位，就是因为所谓的一般人概念中所含有的要素一定少于行为人概念中的要素，并且这些要素在每个案件中大体可以被同等适用。坚持客观说实际上是对个案正义持怀疑立场，并且对法官能否正确司法抱有怀疑态度。如果从我国审判队伍的素质现状考虑，客观说应该更适合我国国情。当然，客观说虽然有利于防止法官恣意裁判，但这种预防效果不是绝对的。因为在一般人这一基准人物的论证与确认过程中，法官的自由裁量余地仍然很大。但是尽管如此，相对于主观说而言，客观说所提倡的一般人概念毕竟含有更少的要素，并且这些要素在个案中大体可以被同等适用，因而更具客观性。

第五，客观说能够与中止犯减免刑罚的根据相互契合。

首先，如前所述，中止犯的减免刑罚根据在于量刑责任减轻和刑事政策目的。这里的量刑责任减轻，是指行为人之法规范上的非难可能性降低；这里的刑事政策目的，是指及时诱导行为人中止犯罪，从而最大限度地保护法益。如下所述（详见本书"4.2.3 自动性的规范内涵"），判断量刑责任减轻、人身危险性降低的基准人物不是行为人本人，而是具有行为人特质的平均理性人。这种平均理性人正是客观说所谓一般人的具体化。由此可见，采取客观说主张的一般人基准有利于判断量刑责任减轻。

其次，刑事政策所要求的诱导必要性是以一般人通常不会中止犯罪为前提的，否则便没有必要通过中止犯制度来诱导行为人中止犯罪。这里所谓的诱导必要性是以一般人为基准进行判断的，因此采取客观说与刑事政策目的这二者之间也是相互呼应的。需要注意的是，在政策诱导必要性之外，刑事政策还有政策诱导可行性的问题。应该说，政策诱导可行性是以

行为人本人具有选择自由为前提的。也就是说，只有行为人认为能够继续犯罪，才可能在政策引导下选择放弃犯罪。就此而言，如果我们采取客观说时完全忽略行为人本人的特质与心理状况，似乎与政策诱导的可行性不协调。但是，这种不协调并不是客观说本身固有的缺陷，而是对客观说提倡的一般人概念做了过于抽象的理解所致。换言之，如果在本书对一般人的理解基础上，以具有行为人特质的平均理性人作为判断基准，那么上述忽略行为人特质的缺陷便可以得到弥补。此外，本书在判断对象上采取了主观说，因此即便我们在判断基准上采取的是客观说，也并不妨碍对行为人实际心理状况的考察。总之，本书在判断基准上采取客观说的做法能够与刑事政策的要求相协调、相呼应。

第六，采取客观说认定自动性容易被社会大众接受。常识往往扮演理论"元定理"的角色。理论能否被理解、被接受，很大程度上取决于该理论是否符合常识。自动性理论也是如此，如果对某种自动性理论的认定方法和结论违背一般人的常识，那它就必然会面临质疑和挑战；反之则容易被接受和传播，进而切实影响法律实践。从是否符合常识看，客观说应该更具优势。主观说与客观说的最根本区别，在于是否允许法官为了保全个别正义而考虑行为人的特殊事由。主观说将个别正义置于优越地位，而客观说更看重一般正义。对于社会大众来说，他们不可能超越自己的一般性而深入行为人的特有处境之，因此一般正义永远更容易为大众所理解和认同。正因为如此，客观说比主观说更能满足大众对刑法正义的想象和诉求，因而具有不可替代的优势。

不过，如前所述，采取主观说的学者可能会这样反驳，完全不考虑行为人个人特质与心理状态而进行自动性认定才是难以为社会大众所接受的。这一说法貌似合理，但实际上十分空洞。因为社会大众不可能超越"一般性"这一界限而深入了解行为人的特质与内心世界，他们只可能从一般正义的角度来理解和推测行为人本应享有的个别正义。因此，上述说法恐怕最终只能作为口号来"捍卫"行为人的尊严，而缺乏实践中的意义。

第七，采取客观说有助于疑难案件的解决。例如，在基于高度道德责

任感产生的巨大心理压力而中止的场合，如果以行为人为基准，那么就会得出否定自动性的结论。但是，这样的结论实际上是在处罚行为人的道德责任感，因而难言妥当。根据客观说可知，通过对社会经验的对照观察，我们可以确定一般人很难达到"高度的道德责任感"，即一般人不会因产生巨大心理压力而被迫放弃犯罪。在上述场合中，行为人选择中止犯罪，恰好表明其主要通过自身意志做出了中止决定，故应当肯定自动性成立。

又如，行为人基于高度规范意识产生的心理压力而被迫放弃犯罪。根据主观说，这种情况应当否定其自动性的成立，但是这样的结论实际上是在惩罚行为人的规范意识。采取客观说则可能肯定自动性的成立，因为一般人的规范意识通常不会产生足以压制行为意志的心理压力。

再如，行为人抢劫路人，不想却抢劫了自己的家人。根据主观说应当肯定自动性成立，但是该结论实际上是在奖励行为人遵守了作为人类底线的法益保护义务，因而违背了一般人的正义感。但采取客观说则可以否定自动性成立，因为根据社会经验的对照观察，处在行为人位置的一般人在意外抢劫自己家人的场合都会停止犯罪，所以行为人放弃犯罪并不能表明其具有自发意思，因此应当否定其自动性。假如本例中行为人原本就是要抢劫自己的家人，那么根据本书提倡的相对具体的平均理性人标准，则应将行为人的犯罪计划作为行为人的特征予以归纳，判断原本就要抢劫自己家人的平均理性人处在行为人的位置时是否会继续犯罪（关于平均理性人的确定详见本书"4.2.3 自动性的规范内涵"）。显然，一个人既然已经着手抢劫自己家人，根据平均理性就不会因为发现对方是自己家人而停止犯罪，可见具有行为人特质的平均理性人在这一场合是不会被迫放弃犯罪的，因此行为人如果停止犯罪，应当肯定其自动性的成立。

第八，社会责任论的荒谬不是否定一般人标准的理由。关于能否将一般人标准与行为人标准之争上升到道义责任论与社会责任论的层面，进而再上升到新派与旧派对立、主观犯罪论与客观犯罪论对立的层面进行讨论和取舍这一点，目前尚存在疑问。按照日本刑法教科书的说法，主观主义犯罪论（新派）站在社会责任论的立场，因而主张采用一般人标准；客观

主义犯罪论（旧派）站在道义责任论立场，因而主张采用行为人标准。

但在本书看来，上述观点似是而非。因为道义责任论与社会责任论的区别仅在于视域的不同，即道义责任论是从规范学的角度研究责任论，而社会责任论是从事实学或者犯罪学的角度研究责任论的。前者以肯定意志自由为前提，认为刑法之所以能够通过施以刑罚而对行为人加以非难，是因为行为人在能够选择遵守道义时却违反了道义，因而在道义上值得谴责。后者则以意思决定论为前提，认为刑法之所以对行为人施以刑罚，是因为行为人具有人身危险性或危险性格，因而与道义谴责无关，而仅与行为人自身所固有的人身危险性有关。在社会责任论看来，刑罚是针对行为人人身危险性或反社会性所采取的一种"治疗"措施，犯罪与刑罚是疾病与药物的关系。因此，责任与道义上的否定评价无关。

由此不难发现，道义责任论与社会责任论在是否承认道义评价的问题上存在对立。这里的道义指涉广义的社会规范，既包括伦理道德规范，也包括法规范，属于应然的世界。因此，道义上的否定评价就是指人们在应然世界中根据某种规范性标准对评价对象加以非难。在此意义上，道义上的谴责与规范上的非难可能性是接近的概念。如果将道义限缩为法规范，那么道义责任论便与规范责任论具有类似的内容。社会责任论的哲学基础是自然科学意义上的实证主义，它通过不断追问行为人犯罪的原因而获得行为人犯罪的某种必然性。或者说，它将责任作为一种社会现象，从事实学而非规范学的角度对其加以研究。显然，社会责任论属于实然的世界，价值中立是其应有之义，当然不会将规范性评价引入研究之中①。就此而

---

① 在社会责任论内部，除了绝对排斥道义谴责的旧的社会责任论之外，还有将道义价值导入"犯罪人重返社会"以及"社会预防"之中的新的社会责任论。该新的理论认为，行为人具有相对意志自由，即便行为人没有责任能力，也必须有责任心，负有改过向善的道德义务。若行为人违反这一义务，便负有道义上的责任。但是，新的社会责任论实际上只是根据行为人人身危险性而推导出某种道德义务，这种义务是否能够上升为刑法上的义务是存疑的。如果该义务仅仅是一种道德义务，那么该理论明显使刑法伦理化，因而其也与道义责任论失去差别；如果该义务是一种刑法上的义务，那么该理论就与规范责任论没有实质区别。可见，该理论只不过为道义来源提供了一种事实上的理据，与其说是一种社会责任论，不如说是一种限定义务来源的道义责任论。

论，社会责任论并非严格意义上的法学理论，而是将犯罪学研究成果直接引入刑法学后所产生的学说。尽管事实学研究对拓展规范学研究具有积极意义，但是事实学不可能也不应该以解决应然世界的规范问题为目的。

在自动性的判断基准问题上，当前面临的主要问题是应该基于怎样的理由、提出何种判断基准，从而在司法实践中正确认定自动性，而不是在司法实践中应究竟出于怎样的原因最终选择某种判断基准来判断自动性。显然，对自动性的判断问题是一个法学领域的规范问题，从社会责任论对事实的观察和研究中无论如何也推不出任何应然性的结论或理据。在此意义上，认为一般人标准与社会责任论有某种联系的观点实际上是误将事实认为规范，并将刑法学与犯罪学混为一谈。既然如此，我们当然不能在社会责任论与一般人标准之间臆想某种联系，并且通过否定社会责任论来否定一般人标准。事实上，日本学者即便采取客观主义犯罪论（旧派）或道义责任论，但由于其将责任理解为法规范上的非难可能性，多数人仍然将一般人作为责任判断基准。这也说明一般人标准并非社会责任论特有的内容，两者并无内在关联[1]。

如前所述，降低量刑责任是自动性在刑法规范上的实质作用，且此处的量刑责任与归责中的责任含义相同。由此可见，自动性的判断基准与责任的判断基准是相似的问题。自动性要判断的是行为人规范的非难可能性是否降低，而责任要判断的是行为人规范的非难可能性是否提高，两者方向相反，但结构和方法相同。因此，自动性判断基准之争是规范责任论的内部之争，与社会责任论无关。即便站在道义责任论的立场，我们仍然可以主张一般人标准。因此，不能以一般人标准属于社会责任论、新派观点或者主观主义犯罪论等为理由来否定客观说的妥当性。

---

[1] 前田雅英：《刑法总论讲义》（第4版），东京：东京大学出版会2006年版，第161页。

4.2 自动性理论的具体内容

4.2.1 自动性的实定法含义

自动性作为法定的中止犯构成要件,可以运用体系解释的方法明确其含义。我国刑法对自动性的规定具有自己的特色,这些规定为我们运用法律解释方法确定自动性的内涵与外延提供了依据。

(1) 自动性的含义可以联系刑法关于未遂犯的规定进行解释。

我国刑法在规定中止犯时使用了"自动性"这一术语。如前所述(详见本书"1.3 研究难点"),在语言学上,"自动性"比"任意性"具有更为宽泛的外延。我们不仅可以遵循通常做法,将自动性与行为人意志联系起来进行解释,而且可以淡化自动性与行为人意志的关联性,从规范性评价的角度来理解自动性。

第一,可以联系我国刑法关于未遂犯的规定,将自动性理解为"出于意志以内原因而中止"。我国刑法不仅规定了自动性要素,而且在未遂犯中规定了"意志以外原因",通过体系解释的方法即可明确自动性的基本含义。我国刑法第二十四条第一款规定:"在犯罪过程中,自动放弃犯罪或者自动有效地防止犯罪结果发生的,是犯罪中止。"据此可知,自动性是刑法针对中止行为明文规定的要素。此外,我国刑法第二十三条第一款规定:"已经着手实行犯罪,由于犯罪分子意志以外的原因而未得逞的,是犯罪未遂。"犯罪未遂规定中的"意志以外原因"与犯罪中止规定中的"自动"存在对应关系。也就是说,意志以外原因与自动性是对立描述的构成要件要素,如果明了了意志以外原因,那么便可以通过反对解释的方法来理解自动性的含义。根据我国刑法通说,意志以外原因是指能够使犯罪不可能着手或既遂的客观外在的原因,或是行为人主观上认为客观存在的原因。与之相应,自动性便是指行为人认识到客观上可能继续实施犯罪或者可能既遂,但其自愿放弃原来的犯罪意图。

第二，可以联系中止犯的法律性质对自动性进行规范性理解。如前所述，中止犯与未遂犯之间唯一具有规范意义的区别就是自动性。在此意义上，自动性与量刑责任减轻和政策诱导必要性之间具有内在关联。换言之，凡是在能够肯定行为人量刑责任减轻，同时客观上具有政策诱导必要性的场合，就没有必要仅仅因为行为人的自愿心理不甚明显便轻易否定其行为自动性的成立。在满足中止犯减免刑罚根据的情况下，只要行为人不是完全缺乏自愿心理，哪怕只是较弱的自愿心理，也不妨承认其行为自动性的成立。可以说，借助自动性边缘含义极宽的特点，以缓和的标准从宽认定自动性，正是本书创作时的基本想法。

（2）我国刑法根据是否造成损害将中止犯区分为两类并分别进行处罚，这为正确把握自动性的涵摄范围提供了依据。

各国对中止犯的规定不尽相同，概括而言分为这样三种类型。①有国家（如德国），将中止未遂作为排除刑罚事由，行为人只要符合中止犯的要求便可获得必然免除处罚的优待。②有国家（如日本），将中止犯的法律效果规定为应当减轻或免除处罚。③中国的规定较为特殊。我国刑法第二十四条规定，中止犯在未造成损害的情况下，应当免除处罚；在造成损害的情况下，则可以减轻或免除处罚。应该说，我国的规定不同于其他国家，而这种规定上的差异也会造成具体实施中的不同。

例如，对中止自动性的认定是否应该区分情形的问题。我国刑法规定，在未造成损害时，中止犯的法律效果为应当免除处罚。从中止犯可以获得免刑优待的角度来看，这种情况下的自动性认定面临着与德国类似的问题，即一方面根据刑法文义，自动性应具有心理的内涵；另一方面，其法律效果为免除刑罚，因此应考虑该法律效果对自动性认定范围的影响。只有在此基础上，再结合未造成损害的情形，我们才可以在自动性问题上借鉴德国的相关理论。

当造成损害时，中止犯的法律效果为可以减轻或免除处罚。这意味着造成损害时的自动性认定标准应有别于未造成损害时的情形。之所以这样说，主要是考虑了法律效果上的不同。既然是可以减轻或免除处罚，而不

4 本书立场：新折中说之提倡

是应当免除处罚，那么即便采取较为宽松的自动性认定标准也是可以的。在我国刑法理论中，犯罪形态认定的意义主要在于量刑，如果法律效果是一个较为宽泛的刑度，那么就应该可以采取较为宽松的认定标准。

上述观点主要是从法律效果不同这一角度进行论证的，究竟是否妥当还应该联系刑法规定进行体系解释，尤其应当避免体系内的不协调和评价不当等问题。一般而言，在刑法体系内对同一个概念应当尽量坚持同一种理解，否则容易造成体系内的不协调，缺乏形式上的协调性。但这一要求也不是绝对的，法律概念在体系内仍然具有相对性。中止自动性便是如此，因为未造成损害和已造成损害具有不同的法律效果，所以有理由、有必要将两者加以区分。这样表面上看似乎造成了体系内的不协调，但其具有实质的理由，不失为合理的概念定位。

由此带来的又一个问题是，如果将造成损害与未造成损害加以区分，是否会导致评价上的不当。因为，假如我们对没有造成损害的情况采取较为严格的自动性认定标准，而对造成损害的情况采取较为宽松的认定标准，则有可能出现这样一种问题：就相同的中止情节而言，因为对未造成损害的情形采取了较为严格的认定标准，所以不容易成立犯罪中止；相反，因为对造成损害的情况采取了较为宽松的认定标准，所以反而容易构成犯罪中止。这在表面上看来似乎是不合理的，但是如果我们抛开表面现象，思考两者之实际适用的结果，就会发现这种局面并不存在不妥当之处。这是因为，未造成损害的情形虽然构成犯罪未遂，但是属于未造成损害的犯罪未遂，应当比照既遂犯减轻处罚；造成损害的中止虽然构成犯罪中止，但却是属于造成损害的犯罪中止，应当比照未遂犯减轻或免除处罚。也就是说，前者量刑的最终刑罚应该低于后者的最终刑罚，只有这样才能保持量刑的均衡。

（3）在我国刑法中，犯罪预备、犯罪未遂与犯罪中止的法律效果衔接紧密，这为准确把握"自动性"与"意志以外的原因"之间的量变关系提供了依据。

根据我国刑法，预备犯可以比照既遂犯从轻、减轻或者免除刑罚处罚，未遂犯可以比照既遂犯从轻或减轻处罚，而中止犯恰好属于"应当减轻或免除处罚"的范畴，这三种法律效果衔接紧密，中间没有出现断层。相比而言，在德国刑法中，中止犯的法律效果为应当免除刑罚，这样一来，中止未遂与障碍未遂之间便存在刑罚设置上的断层。这种现象使得解释者必须在性质上将自动性与非自动性加以区分，两者之间不存在量上的过渡。这就是德国刑法的自动性理论通常倾向于从严认定自动性的重要原因。由于我国刑法不存在这一情况，因此未必一定要将"自动性"与"意志以外原因"解释为在性质上截然对立的因素，而是可允许其存在一定的过渡阶段。也就是说，"自动性"与"意志以外的原因"之间存在一定的量变关系。在此意义上，我们没有必要效仿德国过于严苛的自动性认定，而是可以通过规范评价的方式适当放宽，尤其是在那些属于在两者之间过渡的案件中，更应向肯定自动性的方向进行解释。

综上所述，自动性的实定法含义是指行为人认识到客观上可能继续实施犯罪或者可能既遂，但自愿放弃原来的犯罪意图，希望犯罪既遂不发生。在具体理解这一定义时，应注意把握两点：①在未造成损害的场合中，对自动性的解释应较为严格；在造成损害的情况下，对自动性的解释可以相对宽松；②在"自动性"与"意志以外原因"之间存在一定过渡的案件中，可以借助自动性边缘含义极宽的特点，通过规范性评价的方法，向肯定自动性的方向进行解释。

4.2.2 自动性的心理内涵

如前所述，自动性要求"行为人认识到客观上可能继续实施犯罪或者可能既遂，但自愿放弃犯罪"，这显然是从心理学意义上对自动性进行的描述。由此可见，我国刑法中的自动性定义吸取了心理的自动性理论的内容。所谓"自愿放弃犯罪"与"基于自我决定的能力而放弃"或"出于自主性动机而放弃"实际上是含义相同的说法，它们都强调了自动性所具有心理学上的内涵。但必须注意的是，如何理解和认定行为人具备自动性的心理学内涵是一个难题。对此，心理的自动性理论实际上采取了一种论

断式的认定方式,即只要行为人认为能够继续犯罪却最终选择放弃犯罪的,便是"自愿"放弃犯罪。也就是说,心理的自动性理论是根据"行为人认为能够继续犯罪"和"行为人最终选择放弃犯罪"这两个事实来论断式地认定行为人放弃犯罪是否属于"自愿"。应该说,"行为人最终放弃犯罪"具有明显的外部特征,容易进行客观认定,比较棘手的是如何理解和认定"能够继续犯罪"。

(1) 判断"能够继续犯罪"需要考虑的因素。

"能够继续犯罪"可以在多种意义上理解,不同的理解方式对应着不同的判断因素。

首先,如果把"能够继续犯罪"理解为客观上能够继续犯罪,那么除了存在现实的物理障碍之外,其他任何场合几乎都可以被认为是能够继续犯罪的。例如,行为人欲夜入他人住宅行窃,但翻墙进入时惊动了看门犬,于是主人醒来开灯查看,行为人见状只能离开。在这种出现了现实物理障碍的场合中,由于继续犯罪缺乏客观上的可能性,只能认定行为人被迫放弃犯罪。有时候,这种现实的物理障碍可能来自行为人自身的因素,如行为人准备盗窃家电商场的仓库,到了之后才发现里面全部是冰箱,而行为人因身体瘦弱根本搬不动。应该说,现实的物理障碍是最容易判断的一种情况。但倘若出现的不是现实的物理障碍,而是可能的风险,那么是否仍然肯定行为人能够继续犯罪就存在疑问。例如,盗窃犯原计划从围墙翻入被害人家里盗窃,但他想到如果能够给看门犬吃有毒的香肠,那么可以直接从大门翻入,并且在盗窃时也不容易引起狗叫。但是看门犬并没有吃行为人投过去的香肠,这时行为人虽然认为仍可以继续盗窃,但需要冒更大的风险,便最终放弃了。在这里,行为人因看门犬没吃带毒的香肠而放弃盗窃,并不是由于客观上存在难以逾越的物理上的现实障碍,而是其基于犯罪风险评估而放弃的。当然,这里的风险评估也与行为人的自身因素有关,如其犯罪经验和能力有限,因此面对同样的外在风险时可能缺乏必要的风险控制能力,相应的犯罪风险便会超过其自己的承受范围。假如我们坚持不能继续犯罪指的是物理意义上的不能继续犯罪,那么上述场合

就应该被认定为犯罪中止。可是，这显然是一个难以让人接受的结论。

其次，如果我们把"能够继续犯罪"理解为在心理上能够继续犯罪，那么便可以说在上述案件中，行为人虽然在客观上仍然能够继续犯罪，但由于犯罪风险提高产生的心理压力使其认为已经不能够继续犯罪，所以可以认定为犯罪未遂。但提出这样的观点后接踵而来的问题是：风险需要达到怎样的程度才可以说行为人认为不能继续犯罪？是只要行为人本人相信不能继续犯罪就可以了，还是至少需要在客观上确定一个可以参考的标准？显然，对此如果缺乏一个客观的认定标准，恐怕只能根据行为人本人的感觉来确定。这样一来，司法上的认定难免会存在因人而异、因时而异的问题，最终难免流于恣意。并且，在这里最为根本的难题在于所谓风险提高是指未遂可能性变大的意思，行为人是基于可能性而放弃犯罪的，这明显不同于行为人基于某种确定性而放弃犯罪的情况。换言之，行为人对是否能够继续犯罪并没有十足的确信。那么，在没有确信之证据的情况下，我们又凭什么断定行为人自认为能够继续犯罪或者不能继续呢？在此意义上，当行为人因犯罪风险提高而放弃犯罪时，我们既不能说其能够继续犯罪，也不能说其不能够继续犯罪，否则便不严谨和不准确。

除了考虑障碍和风险外，心理意义上之能够继续犯罪有时候也不全然是行为本身完成可能性的问题，而是与行为完成后所可能产生或附带产生的后果有关。也就是说，"能够继续犯罪"有时需要结合后果考察才能做出判断。例如，甲在抢银行前事先观察了逃跑通道，但在实施抢劫后，突然发现那个通道被堵住了，虽然其仍然可以继续抢劫，但是获得赃物的代价很可能是无法逃跑而被逮捕。那么，当行为人意识到逃跑通道被堵住后，在其看来究竟是能够继续抢劫还是不能继续抢劫呢？在这种情况中，其实并不存在对行为完成本身产生影响的障碍或风险，而是存在行为完成后的不利后果。如果单纯从行为本身来说，行为人可以继续犯罪，因而可以将其行为认定为自动中止。但这样的观点明显有悖于生活事实，试问现实中又有几个人甘愿冒着犯罪既遂后便立即被刑事追诉的风险而犯罪呢？况且，在一般人会基于现实抓捕而放弃犯罪的场合，也没有必要适用中止

犯来诱导行为人放弃犯罪。应该说，当完成犯罪对行为人来说毫无意义甚至恰恰违背了行为人犯罪初衷的时候，当然应解释为不能够继续犯罪。

最后，"能够继续犯罪"还与犯罪类型有关。相同的外界因素出现在不同类型的犯罪中，会对行为人的犯罪意志产生不同的影响。

第一，在诸如诈骗、盗窃等需要被害人未察觉才能既遂的犯罪中，被害人如果发觉自己被骗或被盗，行为人便不可能继续实施犯罪。行为人一旦认识到自己的犯行被发觉，那么一般会认为不能继续犯罪。但在抢劫、敲诈勒索等犯罪中，被害人必须了解被害真相才能使犯罪既遂，此时被害人之发觉犯罪与否对行为人的犯罪意志没有影响。

第二，在普通犯罪的场合，行为人根据一般人趋利避害的理性实施犯行。此时，理性的支配地位足以使行为人对行为的现实障碍、可能风险、预期后果等因素进行冷静分析与判断。但在行为人的非理性情绪占据支配地位的犯罪中，如激情犯、冲动犯等基于强烈内在情绪的场合，或者行为人虽然没有受到强烈的情绪影响，但存在迷信等非理性思维方式的场合，一般人的理性实际上对行为人行为过程的影响有限。也就是说，行为人在非理性作用下未必能够认识到行为的现实障碍、可能风险和预期结果，即便行为人认识到了这些因素也未必能够冷静分析它们对其继续犯罪的实际影响。如此一来，行为人基于非理性的情绪，有可能对自己"不能够继续犯罪"这一点产生盲目的确信，并因此停止犯罪，也有可能基于非理性情感模式所产生的情绪性障碍而停止犯罪，以下举例加以说明。

例如，行为人在进入住宅盗窃时，发现被害人住宅内供奉着神像，由于其本人非常迷信，觉得自己在神面前继续盗窃会招来报应，于是放弃犯罪。这种因为迷信而中止犯罪的情形，是完全不会影响一般人继续犯罪的，但如果以行为人本人作为基准，那么足以使其产生不能够继续犯罪的确信。

又如，行为人是进城打工的农民工，由于其所在的建筑公司拖欠工资，行为人无法凑够回家过春节的钱，于是便在车站盗窃他人行李。其趁旅客候车睡着之际，打开一个被害人的背包，发现内有两千多元，还有一

些装修工具。行为人确信这个被害人也是打工人员，便产生了同情，觉得继续盗窃自己在情感上无法承受，就放弃了。在这里，行为人如果按照理性行事，完全能够继续犯罪，但在非理性的情感因素作用下，行为人对自己的犯罪行为产生了厌恶感，最终放弃了继续犯罪。就此而论，按照行为人标准或者从非理性行事的角度来看，行为人已经不能够继续犯罪。

通过上述两个案例可知，我们实际上需要为"能够继续犯罪"确定一个判断基准，即是以一般人作为基准，从理性角度评价行为人是否能够继续犯罪，还是以行为人作为基准，从非理性角度评价其是否能够继续犯罪。假如以一般人作为基准，那么必然忽略那些只属于行为人个体的非理性因素；反之，如果以行为人作为基准，那么势必弱化一般人理性对行为人心理的影响。对此，本书在"4.1.3 自动性的判断基准"部分已经给出了较为详尽的说明，此处不再赘述。

综上所述，当我们在理解和认定"能够继续犯罪"时，至少需要考虑以下因素：其一，继续行为面临的现实障碍；其二，继续行为面临的可能风险；其三，行为完成后所产生的或附带产生的不利后果；其四，行为人的犯罪类型。这些因素从不同侧面影响到了行为人决定是否继续犯罪的心理过程，有的涉及行为的必要性，有的涉及行为的可行性，有的则兼而有之。在充分考虑这些要素的情况下不难发现，虽然我们从形式逻辑上可以明确区分能够继续犯罪或者不能够继续犯罪的情况，但在实际生活中发生的犯罪中止类型却是千差万别的。

心理意义上的自动性不仅有有无的区分，而且有程度的差异，即存在明显的自动心理与不明显的自动心理。在此意义上，心理的自动性实际上是一个阶段性、连续性的概念。只选择非此即彼的一种类型，并据此决定减免刑罚效果是否适用，这种做法至少在类型预设上便有存在主观恣意之嫌。由此我们不禁会反思，既有的自动性学说将疑难案件分别该当于自律性动机或他律性动机、任意的中止或被迫的中止等非此即彼的类型，然后据此不加区分地适用障碍未遂或中止未遂等法律效果，可能会忽略本应关注的具体中止类型之间的区别。

应该说，自律性动机、任意性等概念只是截取了众多中止类型的某些方面而形成的理念典型，而不能准确涵盖所有中止类型。因此，当我们在认定心理的自动性时，应就系争案件究竟与何种理念类型较为接近进行个别量化的判断，这样更为妥当。在心理的自动性不甚明显的情况下，不能强行评价行为人为能够继续犯罪或者相反，而应该容忍不典型或不明显心理自动性类型的存在。在这一前提下，我们可转而再从规范自动性理论中寻求论据加以补强，并最终得到自动性成立与否的结论。

(2) "能够继续犯罪"的心理学认定方法。

研究中止行为的自动性需要遵循心理学的一般原理。现代心理学认为，"一个完整的行为过程是由行为选择过程和行为执行过程两个部分组成的，因此有两个决定因素：动机是行为选择过程的决定因素，决定了行为发生的必要性。能力是行为执行过程的决定因素，决定了行为发生的可能性。某种行为是否发生，是由决定其必要性的动机和决定其可能性的能力共同决定的。它们分别决定了该行为的选择过程和执行过程。对于实际行为的发生来说，动机和能力这两个因素缺一不可"[1]。中止行为也是如此，行为人先要有中止动机，然后根据自身能力选择适当方法来避免犯罪既遂。在讨论中止自动性时，由于行为人自身能力这一因素是客观的，因此中止是否具有自动性主要取决于行为人的中止动机。

在展开中止动机的分析之前，有必要从心理学角度简单说明一下动机的基本内涵。动机被喻为行为的动力之源，它指"一种能激发和维持个体活动，并促使该活动朝向某一目标进行的心理倾向"[2]。就动机的内在结构而言，动机是由作为内在因素的内驱力（drive）与作为外在因素的诱因（incentive）共同作用产生的。

内驱力是一个抽象的概念，是指驱使行为人做出一定行为的内部力量。一般说来，内驱力与内稳态失衡和需要紧密相关。行为人的内稳态一

---

[1] 陈述：《行为心理论》，长沙：湖南师范大学出版社2010年版，第284页。
[2] 黄希庭：《简明心理学辞典》，合肥：安徽人民出版社2004年版，第69页。

旦遭到破坏，就会产生需要，而需要会对行为人形成一种紧张的内驱力。可以说，需要是内驱力的基础，或者说内驱力就是由需要形成的采取行为的内部力量。现实中，内驱力主要是通过人们对自身需要的体验而被感受到的。按照马斯洛（Maslow）的研究，这里的需要大致可以分为生理需要、安全需要、归属和爱的需要、自尊需要、美的需要以及自我实现的需要等[1]。

与内驱力相对的因素是诱因，它是指"引起动机行为的外部刺激"[2]。诱因的外部性只是相对于内驱力而言的，它既可能来自行为人之外，也可能来自行为人自身。不管来自何处，只要能对动机产生诱导或刺激作用，都可以称之为诱因。在自动性研究领域，诱因既可能是来自外界的外在诱因，如现实障碍、可能风险、不利后果等，也可能是来自行为人内在世界的内在诱因，如犯罪计划、心理压力、情绪压力、迷信观念等。需要注意的是，行为人对外在诱因的认识和对内在诱因的感知存在重要区别。正如一位西班牙学者所言，行为人对事实的认识不应与行为人对情绪性或内心观念的感知混同。因为，行为人对自身情绪和观念的感知属于纯粹的主观心理要素，感知对象本身即存在于主观世界之内；而行为人对外在事实的认识则不是纯粹的主观心理要素，作为认识对象的事实存在于行为人的主观世界之外。除了对象是否具有外在性之外，行为人的认识还与能力这一要素有关，行为人的认识能力越强，由此产生的认识也越广泛，而这种认识能力也是客观外在的[3]。正是因为外在诱因与内在诱因存在上述区别，所以相比而言在内在诱因之场合，更难以判断行为人是否属于自动中止犯罪。例如，就心理压力而言究竟是应当肯定自动性的因素还是否定自动性的因素这一点，有时会引起极大的争议。对此，后文将分别进行讨论。

---

[1] 张春兴：《现代心理学——现代人研究自身问题的科学》，上海：上海人民出版社2009年版，第327页。

[2] 黄希庭：《简明心理学辞典》，合肥：安徽人民出版社2004年版，第195页。

[3] Luís Greco: Das Subjektive an der objektiven Zurechnung: zum "roblem" des Sonderwissens, in ZStW, (2005) 117: pp541-542.

4 本书立场：新折中说之提倡

内驱力与诱因是动机产生的必要条件，但"内驱力和诱因所起的作用是不同的，越来越多的研究表明，内驱力并不能直接推动个体的动机行为，而只能使个体处于更易于反应、准备反应的状态，诱因才能使机体真正产生动机，造成行为的出现"[①]。应该说，"内驱力"和"诱因"这两个术语要比法学上习惯使用的"自身意志""外界刺激""外界因素"等术语更为规范，也更便于在司法鉴定中与心理学接轨。需要强调的是，不能认为"内驱力"只是"自身意志"、"诱因"只是"外界刺激"的简单替换形式。实际上，"内驱力"和"诱因"都有特定的实证科学内涵，要比具有哲学色彩的"自身意志""外界刺激"更准确。例如，在伦理性动机产生足以压制行为人自我决定能力的心理压力时，根据内驱力理论可知，这属于典型的基于社会归属需要而发挥内驱力的心理现象，具有自动性。但如果使用"自身意志"这样的术语，就可能产生完全相反的理解。

根据上述原理，中止动机应该是行为人基于内在需要而在诱因的作用下产生的消灭既遂危险的一种心理倾向。中止动机一方面受需要产生的内驱力影响，另一方面又受诱因的左右，两者缺一不可。相比而言，诱因对中止动机的作用通常更为重要。因此，当行为人的中止决定称得上是内驱力的产物时，我们就说行为人中止犯罪的行为具有自动性。如果行为人只是被动地对诱因做出心理反应，那么其中止决定与其说是行为人自己的决定，不如说是诱因使然。反之，只有当行为人在面对诱因刺激，特别是面对继续犯罪的诱因刺激时，其通过发挥内驱力仍然做出了中止的决定，这样我们才认为其中止行为具有自动性。也就是说，自动性是指行为人的中止决定被归因于内驱力作用的情形，"意志以外"则是指诱因压制了行为人内驱力的发挥，从而使其丧失自我决定能力的情形。

由此可见，对自动性的判断过程实际上是中止决定对内驱力或诱因的归因过程。行为人在诱因的作用下，既可能选择中止，又可能选择继续犯罪，而行为人通过发挥内驱力最终选择中止的，成立自动中止。正是因为

[①] 张丽萍、王运彩：《心理学教程》，北京：北京师范大学出版社2011年版，第213页。

行为人原本可以选择继续犯罪而最终选择了中止行为，我们便可据此判断行为人的量刑责任减轻了。也正是因为行为人原本可以选择继续犯罪，因此才具有对其进行政策诱导的必要性。

但是，如何判断行为人主要是通过发挥内驱力而中止犯罪的，并不是一个简单的问题。可以肯定的是，当内驱力发挥主要作用时，必然会否定诱因对中止决定的影响。如果可以排除中止决定归因于诱因的情形，那么对剩余的情形便应肯定其自动性的成立。在本书看来，在判断中止决定是否归因于诱因时，应该考虑以下几点。

第一，诱因与中止决定之间具有条件关系，即如果没有诱因的出现，那么中止决定就不会出现。

第二，诱因与中止决定之间的条件关系只是心理科学意义上的因果关系，仅能说明该诱因对行为人的中止决定具有一定程度的作用，而不能据此认定中止决定必然可归因于诱因。对此我们还需要进一步判断这种诱因的作用是否符合一般人标准，即这种诱因是否足以使一般人做出中止决定。如果得到肯定的回答，那么行为人的中止决定便应归因于诱因；反之，如果得到否定的回答，那么行为人的中止决定仍然可以归因于其内驱力。例如，行为人因为具有迷信观念，其在犯罪过程中发现"凶兆"而放弃了继续犯罪。在这里，"凶兆"的出现与行为人放弃犯罪之间具有条件意义上的因果关系，但是"凶兆"产生的行为抑制作用通常不符合一般人标准。也就是说，一般人在发现"凶兆"后，并不会做出中止决定，因此中止决定不能归因于"凶兆"这一诱因，而应归因于行为人的内驱力。

第三，诱因的作用在中止决定中得到了实际的发挥。有时，诱因虽然完全可能发挥促成中止决定的作用，但在行为人实际心理的发展过程中，也可能出现例外情况。行为人在作案过程中可能会先后出现多种诱因，最先出现的诱因原本足以促成中止决定，但后来出现的诱因则可能妨碍了该诱因作用的发挥，因此中止决定只能归因于后出现的诱因。假如该诱因不足以使一般人中止犯罪，那么行为人中止犯罪便应归因于内驱力，因而最终肯定自动性的成立。例如，行为人甲对被害人乙实施杀害行为，乙的激

烈反抗足以使甲不能继续犯罪。甲见状，对继续犯罪产生了畏难情绪和犹豫心理。乙便趁机哀求甲放过自己，甲见乙可怜，最后决定放弃继续犯罪。

在此需要强调的是，我们进行上述判断时必须通过比较的方法。详言之，我们必须先设定一个一般人标准作为参照系，即当出现某种诱因时，一般人通常不会受其影响而选择继续犯罪，但行为人却选择了中止，这样才能说其在客观上对行为人具有政策诱导的必要性，行为人发挥了内驱力、体现了对法益保护的积极态度，使自己的量刑责任减轻，最终才能够满足自动性的实质要求。例如，行为人在入户盗窃的过程中，听到远处有警笛声，于是心生恐惧。尽管警笛声并没有靠近，但他还是担心被抓就迅速离开现场。应该说，现场出现警笛声会对行为人盗窃产生影响，但这一影响根据一般人标准完全可以被排除，这一诱因不会对中止产生支配性作用。因此，行为人选择中止盗窃应该主要是发挥了"安全需要"所产生的内驱力，即该中止行为具有自动性。又如，行为人意图杀害自己的妻子，于是在其食物中投毒，妻子中毒后昏睡了过去，行为人见后突然感到后悔，于是及时将妻子送往医院救治。在这一案例中，被害人的中毒症状比较平和，根据一般人标准，该诱因不足以对中止行为产生支配性作用，但行为人却选择了中止。据此，我们可以判断行为人应该主要是发挥了内驱力来决定中止的，其行为具有中止自动性。

反之，如果面对出现的诱因，一般人都会决定中止犯罪，而行为人也中止犯罪的，我们便不能说行为人主要是发挥内驱力来决定中止的，因而不能肯定其中止未遂的自动性。但在这种情形下，我们也不能据此简单否定其行为的中止自动性，因为"一般人不会中止"可以作为肯定行为人中止自动性的依据，但"一般人会中止"却不能成为否定行为人中止自动性的依据。这是因为"一般人会中止"只能说明该诱因能够产生足以让一般人决定中止的心理作用，却不能说明行为人一定是在这种作用下决定中止的。换言之，行为人仍然可能通过发挥内驱力做出中止决定。例如，我们将前例换一种情形，妻子中毒后，症状十分悲惨（达到一般人会做出救助

决定的程度),行为人见状悔恨不已,便将妻子送医院救治。根据一般人标准,妻子的中毒症状足以使一般人产生救助的动机,因此即便行为人中止了犯罪,仍然不能肯定其中止行为具有自动性。可是,如果我们能够查明行为人当时确实悔恨不已,那么"中毒症状严重"这一诱因便没有实际妨碍行为人内驱力的发挥。因此,在确定其内驱力积极发挥作用的情况下,我们仍然可以断定行为人的量刑责任减轻了,也符合政策诱导必要性的要求,应当肯定其行为具有自动性。假如行为人当时并不是悔恨不已,而是实在看不下去,勉强将妻子送往医院。那么则说明,行为人并没有通过积极发挥内驱力表现出对法益的积极态度,其量刑责任并未降低,也因此不具有中止自动性。

综上所述,自动性可以通过比较驱动力与诱因作用大小这一心理学方法进行认定。在心理学方法能够得出具有中止自动性的结论时,就可以进一步借助规范性要素来判断自动性是否最终成立。当心理学方法不能肯定中止行为具有自动性时,我们还不能据此直接否定行为人自动中止的可能性,而是需要借助规范性方法来进一步判断。

如前所述,本书在中止犯减免刑罚根据上采取了量刑责任减少与刑事政策并重的学说,因此,本书选择的规范性评价标准是量刑责任减轻和符合刑事政策要求。根据这一标准,如果行为人的中止动机体现了量刑责任减轻,同时也符合刑事政策要求,那么仍然可以肯定其行为的自动性,反之则不具有中止自动性。

简言之,心理学方法是认定自动性的基本方法,但是该方法只能初步肯定中止行为具有自动性,还不足以否定中止自动性。当心理学方法无法肯定中止行为具有自动性时,则需要借助规范方法来进一步判断自动性是否成立。如果规范方法也无法得出肯定自动性的结论,那么就应该否定自动性。

4.2.3 自动性的规范内涵

在我国,有关自动性的实定法含义除了具有心理内涵,还有特定的规

范内涵。例如，我们可以联系中止犯的法律性质对自动性进行规范的理解。

（1）中止意思。

如前所述，本书在中止犯的减免刑罚根据问题上采取了量刑责任减轻及刑事政策并重说，其对自动性的理解及认定具有解释功能和修补功能。由此可见，自动性必然超越单纯的心理事实而具有了规范上而言的规定性。行为人只有表明自身量刑责任的减轻，我们才能够肯定其行为自动性的成立。通过考察自动性的实定法含义可知，自动性除了包括心理的内容之外，还要求具有中止意思，即行为人希望犯罪既遂不发生。在本书看来，中止意思与自动性有着内在联系，中止意思是自动性成立的前提，同时也是与自动性一起说明量刑责任减轻的重要事实根据。

首先，中止意思是自动性成立的前提。这是因为，根据犯罪论先客观后主观的认定顺序，需要先检视行为人是否在中止意思的支配下实施了中止犯罪的行为，从而消灭了既遂危险。在满足这一客观要求之后，才能够开始对自动性这一主观要素的考察。由于中止犯罪的行为需要认定中止意思，因此具备中止意思是进入自动性讨论的前提。就此而论，在缺乏中止意思的场合，便不需要考虑自动性有无的问题。

其次，中止意思是与自动性结合在一起说明量刑责任减轻以及预防必要性降低的重要事实根据。中止意思的内容是希望既遂结果不发生，这里的希望既可能是积极的希望（行为人自动中止），也可能是消极的希望（行为人被动中止）。当行为人积极希望犯罪既遂不发生时，便反映出行为人对保护法益持积极态度。也就是说，当自动性与中止意思结合在一起时，便足以说明行为人对法益保护的积极态度。只要行为人具有这种积极态度，便降低了其在规范上的非难可能性，量刑责任减轻的结果也就随之出现。如果缺乏中止意思，那么单纯根据自动性体现的积极态度还不足以说明行为人之量刑责任减轻。

此外这里需要多加解释的是，为什么本书认为行为人对法益保护的积极态度足以说明行为人量刑责任减轻。详言之，刑法的目的在于保护法

益。换言之，刑法作为一种行为规范，其行为引导功能主要在于引导人们不去侵犯法益。因此，只要行为人表现出对法益的积极保护态度，那么便可以说这表明了其向合法性的回归。刑法的目的不在于保护某种行为规范的有效性，因此不能认为公民只有遵守某种"基准人物"的特定行为规范才能表明其向合法性的回归。反观德国、日本之刑法理论中的犯罪人理性说、不合理决断说、动机伦理性等，多少都与行为人必须遵守的某种具体行为规范相联系，因此有可能超出向合法性回归的基本要求。如果说德国刑法理论中认为需要从严认定中止犯是因为其完全免受处罚的话，那么我国刑法中对中止犯的处理仅为减免处罚，因此可以采取较宽的规范性评价标准。例如，行为人原本以杀害的意思对被害人实施暴力，但在犯罪过程中其突然担心自己可能会因此被判死刑，于是便仅以伤害的意思造成被害人轻伤。在这里，根据犯罪人理性或者不合理的决断说，很难认为行为人向合法性回归。但是，既然行为人在可以继续实施杀人行为的情况下改变犯意，不再希望被害人死亡的结果发生，那么便能表明行为人对生命法益存有积极保护的态度，因此在满足自动性其他要求的情况下仍然可能肯定其行为自动性的成立。

可以说，如果行为人在中止犯罪时缺乏中止意思，那么就难以认定其量刑责任的减轻。可见，中止意思是肯定自动性的必要条件，或者说自动性的成立以行为人具有中止意思为前提。由此可见，自动性的实定法含义所要求的中止意思能够表明行为人的量刑责任减轻，而这也恰好符合本书所主张的中止犯减免刑罚的根据，因此不论从实然角度还是从应然角度看，中止意思都应当成为自动性的应有之义。

(2) 预防必要性降低。

根据量刑责任减轻与刑事政策并重说，量刑责任减轻（或者说行为人在规范上的非难可能性降低）是自动性必须满足的规范性要求。只要行为人在规范上的非难可能性降低，就足以表明其人身危险性的降低，进而可以肯定对其预防必要性的降低。这时的重点是把握人身危险性的降低，因为特殊预防必要性与人身危险性对应，同时一般预防实际上寓于特殊预防

4 本书立场：新折中说之提倡

之中，所以如果肯定了人身危险性的降低，则预防必要性也必然降低。

如前所述，如果肯定了自动性能够降低行为人规范的非难可能性，便足以说明行为人向合法性的回归，因而其人身危险性也会降低。所谓人身危险性降低是指行为人再次犯罪的可能性减少。这里实际上涉及两个问题，其一，"再次犯罪"中的犯罪究竟指何种意义上的犯罪？即预防对象的问题；其二，"降低"究竟以谁作为比照基准而降低了？即比照基准的问题。

就前者而言，如前所述，犯罪预防的对象既不是与本案情况完全相同的犯罪，也不是抽象意义上的一般犯罪，而是与本案具有相同类型化特征的犯罪。这是因为，行为人再次实施与本案情况完全相同的犯罪几乎不可能，如果犯罪预防对象仅仅针对这种情况，那么刑罚的预防效果恐怕会归于偶然。如果将预防对象视为抽象意义上的一般犯罪，那么即便行为人自动中止犯罪，但其在中止之前毕竟曾经实施过犯罪，相比不犯罪的人而言仍然具有实施某种犯罪的人身危险性，因此即便行为人自动中止也难说对其特殊预防的必要性降低。可是，这样一来势必否定所有中止犯成立的可能性。因此，只有将犯罪预防的对象理解为与本案具有相同类型化特征的犯罪才能得出合理的结论。

就后者而言，人身危险性降低是一个比较的概念，我们必须确定一个比较对象，将中止行为人与之比较才能得到降低与否的结论。换言之，这里所说的人身危险性降低是指行为人具有较低的再次犯罪的可能性。由此产生的一个问题是，究竟应当将谁作为"基准人物"与行为人进行比较？本书认为，这里的基准人物既不是罗克辛笔下具有"犯罪人理性"的犯罪人，不是山中敬一所谓"基于目的合理性而冷静行动的人"，也不是客观说所说的完全不考虑行为人特征的抽象一般人，而是具有行为人特征的平均理性人。之所以如此，是因为以下几个原因。

第一，"犯罪人理性"是一个十分"暧昧"的概念。理性原本就具有普遍性和共通性，不应该也不可能根据理性主体不同而将其划分为冷酷的犯罪人理性或者一般人理性。因此，如果通过犯罪人理性这一概念来设定

基准人物，必然会缺少理论的可操作性。

第二，"基于目的合理性而冷静行动的人""完全不考虑行为人特征的抽象的一般人"也不适合作为比较对象，因为这种完全脱离经验世界的抽象一般人实际上只存在于理论世界之中，不可能根据社会生活经验对其进行对照式的观察和检视。因此，如果通过这两个概念设定基准人物，难免会给某些法官的恣意裁判制造机会。

第三，人身危险性实际上是关于行为人是否具有违反法规范倾向的判断，即行为人对法规范究竟是持积极态度还是消极态度，而这一判断与规范的非难可能性的判断十分接近。如果行为人在一般人不违反规范时选择违反了规范，那么应当承担责任，即规范上的非难可能性提高；反之，如果行为人在一般人不会放弃违反规范时选择了放弃违反规范，那么便值得在规范上加以褒奖，即规范上的非难可能性降低。不难体会，对人身危险性的判断与责任判断类似，也应当以"具有行为人特质的平均理性人"作为基准。相比而言，"具有行为人特质的平均理性人"是一个较为可取的基准人物，即指"根据其年龄、性别、职业、身体特征、精神能力以及生活经验，能够与行为人做同样考虑的人"[①]。这种平均理性人能够与社会生活经验结合，因而可以进行对照式观察，具有可操作性，在一定程度上有利于防止法官的恣意裁判。

但是，如何归纳平均理性人具有的行为人特质是一个难题。我们究竟需要在多大程度上考虑行为人的特质，或者说我们究竟需要考虑行为人的哪些特质而同时抽象其他的特质？这是一个见仁见智的问题。或许有人会对"平均理性人"基准能否有效制约法官的恣意判断提出疑问，认为该标准与其他抽象标准大同小异，因而可能只是"法官的学说"。可是，"平均理性人"是规范责任论的核心概念。如果本说因引入这一"抽象"标准而只能被称为"法官的学说"，那么规范责任论也是如此。但事实上，极少

[①] 耶塞克、魏根特：《德国刑法教科书》，徐久生 译，北京：中国法制出版社2001年版，第514页。

4 本书立场：新折中说之提倡

有人以此为由反对规范责任论。

实际上，本书提倡的平均理性人标准以一般正义为旨归，并在实际认定时可以匹配若干切实可行的限定性规则或要素，这应该比行为人标准更为客观，也更容易获得一般人的理解与接受，更容易让公众有机会参与监督法官推理的公正性。简言之，一般人标准优于行为人标准，而一般人标准具体化的最佳方案就是平均理性人标准，该标准比限定主观说所谓"广义悔悟"、犯罪人理性说所谓"犯罪人的理性"、不合理决断说所谓"冷静行为的理性"、客观说所谓"社会通常观念"等判断基准都更具可操作性。

本书认为，在归纳平均理性人具有的行为人特质时，可以匹配以下三个切实可行的限定性规则或要素。

第一，这一问题必须借助规范性方法予以回答，也就是需要从中止犯减免刑罚根据推导出某种规范性标准，然后据此确定平均理性人所应具有的行为人特质。众所周知，平均理性人并不是统计学意义上的平均人，也不是社会生活中的某个具体个体，而是社会的一种规范性期待，即平均理性人实际上承载着某种法律价值。在中止犯领域，当我们归纳平均理性人应具有哪些特质时，必须联系中止犯的立法理由或者中止犯减免刑罚根据进行思考。

在这一理论方向下，行为人特质与量刑责任有何关联成为解决问题的关键所在。应该说，如果行为人所具有的特质与量刑责任减轻具有正相关关系，那么该特质就不应被纳入平均理性人所具有的行为人特质；反之，如果行为人所具有的特质与量刑责任减轻无关或者负相关，则该特质可以被纳入平均理性人所具有的行为人特质。之所以如此，主要是考虑到那些具有正相关关系的行为人特质原本在法律上应被给予积极、正面的评价，如果将其作为一般人所具有的特征，那么必然会推导出否定自动性成立的结论。显然，这一结论会导致自我矛盾的法律评价。

例如，假设行为人具有高度的规范意识，这种特质明显能够表明量刑责任减轻，政策诱导必要性较弱，因而不能作为平均理性人所具有的行为

人特质。因此，在行为人因伦理动机或规范意识所产生的心理压力而中止的场合，不能认为像行为人一样的一般人都会中止，因而否定自动性的成立。又如，在行为人误抢自己家人的场合，行为人与被害人之间的亲属关系与量刑责任或诱导必要性无明显关联，因此应当纳入一般人所具有的特质。既然一般人处在具有亲属关系的位置通常会选择中止，那么行为人中止犯罪的行为便不能被肯定为自动性的成立。相反，如果行为人并非误抢，而是原本就要抢劫自己的家人，那么当着手抢劫之时便已表明其心理已经能够承受被害人为亲属所产生的影响。由于行为人的这一心理特质并不能说明其在法规范上的非难可能性提高或者降低，而仅能说明行为人在家庭伦理道德上更值得谴责，因此应当将其纳入平均理性人所具有的行为人特质。据此，当处在行为人位置的具有行为人特质的一般人不会停止犯罪而行为人选择停止时，应当肯定后者行为自动性的成立。

第二，在归纳平均理性人具有的行为人特质时，应充分考虑社会生活经验和常识。如果根据社会生活经验，一般人很难具有行为人的特质，那么就不能轻易将该特质归入平均理性人所具有的行为人特质。例如，假设行为人具有高度的道德责任感，而这一特质很难为一般人所有，那么我们就不能将一般人设定为具有高度道德责任感的人。又如，假设行为人具有极低的心理承受能力，那么我们就不能将一般人设定为极度脆弱的人。

第三，归纳平均理性人具有的行为人特质，应照顾到"理性"所具有的规定性。既然是平均理性人，那么就必然符合理性的一般规定性，如果行为人的特质是反理性的，那么无论如何也不能将该特质归纳为一般人具有的特质。例如，行为人因为封建迷信而中止，由于封建迷信本身是反理性的，因此不能将一般人设定为迷信的人。这样一来，在行为人出于迷信心理而中止的场合，只要行为人并未因迷信而产生足以压制行为意志的心理压力，那么原则上就应该认为其行为成立自动中止。简言之，在对平均理性人所具有的行为人特质进行归纳时，既要考虑中止犯的法律性质，以避免产生矛盾的法律评价，又要考虑社会事实的允许程度以及理性本身的规定性，只有这样才能合理确定自动性判断的基准人物。

在确定了预防对象和基准人物之后,就能够判断行为人的人身危险性是否降低。如果平均理性人能够继续犯罪,而行为人选择中止犯罪的,就可以说行为人因为犯罪而产生的人身危险性降低;反之,如果平均理性人不能继续犯罪,而行为人也中止犯罪的,则还不能说其人身危险性已经降低。

以上是本书关于人身危险性判断的基本理解,至于如何在实践中具体操作,则需要结合心理学研究成果、证据规则及计算法学的前沿理论另行探讨。这一部分将在本书第 6 章关于"中止犯自动性的裁判立场"的研究中进一步展开。

此外需要注意的是,人身危险性降低虽然以"具有行为人特质的平均理性人"为基准人物,但是并不意味着行为人一定违背了某种理性[①],或者说,不要求行为人一定做出所谓不合理的决断。这是因为,我们每个人都不可能完全超越自己而深入他者的世界之中,做到像他者那样进行行为选择与价值取舍。因此,在我们看来违反理性的行为决定,在他者看来未必如此,而他者据以采取行为的理性从本质上讲与平均理性人的理性是一样的。简言之,正是因为理性具有同质性,所以强行根据基准人物的理性法则来判断行为人违反某种理性规则既不可行,也不公平。在此意义上,犯罪人理性说或者不合理的决断说都存在不足。

(3) 刑事政策的诱导必要性。

根据量刑责任减轻与刑事政策并重说,自动性与刑事政策的要求存在紧密联系。一方面,只有在一般人既可以选择放弃犯罪也可以选择继续犯罪的场合,即在能够肯定中止自动性的场合,刑事政策才有可能进行政策诱导。另一方面,只有在存在政策诱导必要性的场合,才可能肯定自动性的成立。如果诱因足以使一般人放弃犯罪,或者说一般人在行为当时会被

[①] 本书此处所谓理性是指合情理(reasonable),而非工具理性意义上的合理智(rational)。罗克辛所谓犯罪人理性和山中敬一所谓"冷静行动之人"的合理决断能力,都比较接近合理智(rational)。西伯利(Sibley)率先系统讨论了合情理与合理智之间的区分,后经罗尔斯(Rawls)提倡而广为人知。

迫中止犯罪，那么客观上便不需要刑事政策以减免刑罚的方式来诱导行为人，因而没必要承认自动性的成立。只有当一般人在行为当时仍然可能继续犯罪时，才有必要给予行为人以减免刑罚的奖励，也因此才需要肯定自动性的成立。在此意义上，是否具有政策诱导必要性是判断自动性是否成立的一个重要规范性因素。

刑事政策的要求之所以能够成为自动性判断的重要因素，是由它具有行为引导功能这一点而决定的。如前所述，刑事政策为中止犯成立提供了目的依据。从刑事政策角度来看，中止犯减免处罚的目的在于引诱行为人及时放弃犯罪，从而最大限度地保护法益。事实上，中止犯减免处罚的规定在客观上确实能够发挥诱导行为人及时中止犯罪的功能，正因为如此，刑事政策诱导必要性才具有了经验事实的支持，而不至于成为空想臆造的概念。

（4）规范性认定方法及其导入途径。

自动性具有的规范内涵这一点对指导自动性的认定具有重要意义。凡是能够满足量刑责任减少与刑事政策要求的情形，便没有理由否定其自动性的成立。

首先，如果行为人具有能够说明量刑责任减轻的情节，则有利于肯定其中止行为自动性的成立。如前所述，自动性以中止意思为必要，该意思能够体现行为人对法益的肯定态度，因而成为判断量刑责任减轻的重要论据。但除了中止意思之外，如果犯罪人的其他情节同样能说明量刑责任的减轻，那么也可以成为支持自动性成立的重要论据。例如，行为人基于广义的悔悟而中止、行为人因抽象恐惧而中止、行为人因一般的嫌恶之情而中止等。

其次，根据行为当时的情况，如果客观上具有政策诱导的必要性，那么以肯定自动性的成立为有利；如果客观上缺乏政策诱导的必要性，那么以否定自动性的成立为宜。是否具有政策诱导必要性，需要根据一般人标准结合个案的具体情况进行具体分析。以前述天桥抢劫手机案为例，尽管行为人已经认识到自己去捡回手机的行为一定会给被害人逃脱的机会，但

其为了保护更贵重的手表，还是放弃了继续抢劫的行为。应该说，该行为人的这一举动符合一般人"趋利避害"的心理法则。面对这种情况，一般人都会为了保护更大的财产而放弃夺取较小财产，因此客观上没有必要用减免刑罚的奖励去诱导行为人放弃犯罪。就此而论，肯定自动性的成立无法满足刑事政策诱导必要性的要求，不能实现中止犯减免刑罚的目的论根据，因此否定自动性的成立较为妥当。

规范的自动性认定方法应当在心理学认定方法的基础上加以运用。自动性具有心理内涵，不可能完全脱离心理学的考察而直接进行规范性认定。在得到心理学的认定结论后，还需要运用规范的认定方法对其进行甄别。如果心理学认定结论具有合理性，那么没有必要运用规范的认定方法去矫正心理学的认定结论。反之，在运用心理学认定方法不能得到合理结论的场合，则需要运用规范的认定方法加以修正。有时，规范的认定方法可能会突破心理学方法的认定范围。例如，行为人虽然对自己实施杀人行为的流血场景在心里有所准备，但是当其真实面对现场惨状时，仍然惊恐不已，认为自己承受不了这种情形，只能放弃犯罪。在这种场合中，行为人缺乏心理上的自动性。但在规范评价层面，行为人具有中止的意思，在诱因不足以压制一般人继续犯罪的情况下，其仍然选择了放弃犯罪，因而量刑责任较低；同时，根据一般人标准，其在客观上仍然存在继续犯罪的可能性，因而具有政策上的诱导必要性。综合起来看，肯定行为人中止犯罪的行为具有自动性符合中止犯的减免处罚根据，因此应在规范评价上肯定自动性的成立。

有时，规范的认定方法可能会限缩心理学方法的认定范围。例如，行为人原本计划只杀死第一被害人，但在实施杀人行为时，第二被害人出现在现场。由于其更想杀死第二被害人，便放弃了继续杀害第一被害人的行为，转而追杀第二被害人。在这种场合中，心理的自动性理论或者主观说会倾向于肯定行为人放弃杀害第一个被害人具有自动性。但是这一结论并不合理，因为行为人只是更希望杀死第二个被害人，如果借此便给予其减免刑罚的奖励，明显违反了一般人的法感情。这时，运用规范的认定方法

可以否定自动性。显然，行为人的量刑责任并没有减轻。同时，当第二个被害人出现时，客观上也不需要在政策上诱导行为人放弃杀害第一个被害人，因为根据一般人标准，人们当然会选择实施更具优先性的行为。

有时，规范的认定方法能解决心理方法难以认定的案件，起到补充作用。例如，行为人是极富同情心的人，在看到被害人被自己打昏在地时，内心产生了足以抑制继续犯罪的心理压力，从而放弃了犯罪。根据心理学的认定方法，过大的心理压力能否阻却自动性的成立是一个有争议的问题。在这种场合，根据规范的认定方法，行为人的量刑责任显然得以降低，如果不给予其以中止犯的奖励，那么实际上就是在惩罚行为人的同情心。在此意义上，即便行为人基于巨大的心理压力而放弃犯罪，但只要满足量刑责任减轻和刑事政策要求，仍然应该肯定其行为自动性的成立。

总之，规范的自动性认定方法既可能扩大心理学的结论，也可能限缩心理学的结论，其秉持的修正依据便是能否满足量刑责任减少与刑事政策的要求。该依据正是自动性在规范层面的实质所在。

在本书看来，规范的自动性认定方法对心理学结论的修正功能可以通过介入自动性判断的基准人物——"具有行为人特质的平均理性人"——的论证与确认过程得以落实。如前所述，对于"平均理性人"应具有怎样的行为人特质这一点，需要着眼于中止犯减免刑罚的根据进行思考。量刑责任减轻对行为人特质的筛选具有重要指导意义，行为人特质与量刑责任是否具有正相关关系则成为筛选的关键。如果行为人的某种特质与量刑责任减轻具有正相关关系，那么该特质就不应被纳入平均理性人所具有的行为人特质；反之，如果行为人所具有的特质与量刑责任减轻无关或者负相关，则该特质可以被纳入平均理性人所具有的行为人特质。之所以这样论证和归纳平均理性人所应具有的行为人特质，主要是为了避免做出自相矛盾的法律评价。

由此，本书提倡的折中说实际上已经明显区别于心理自动性理论意义上的折中说，而成为一种兼顾自动性规范内涵的折中说。换言之，本书主张根据中止犯减免刑罚根据所推导出的"预防必要性降低""政策诱导必

要性"等具体指导平均理性人这一基准人物的确认过程，使本说成为兼具心理自动性理论与规范自动性理论优势的学说。正因如此，本说具有了以下一些特点。

第一，本说将判断对象确定为行为人的主观认识，这有别于客观说。

第二，本说将判断基准确定为一般人，这有别于主观说。

第三，本说所提倡的一般人基准是指具有行为人特质的平均理性人，这与客观说或折中说提出的不考虑行为人特质的抽象一般人不同，具有其自身鲜明的理论特点。

第四，本说从中止犯减免刑罚根据推导出"量刑责任减轻""政策诱导必要性"等规范性标准，并以此作为自动性认定的指导观念，因此不同于纯粹心理学的自动性理论。

第五，本说主张以行为人主观认识作为自动性判断的对象，因此不同于罔顾行为人心理的、纯粹规范的自动性理论。

第六，本说虽然以平均理性人为基准人物，但自动性的成立不以行为人违反某种理性为必要条件。只要一般人能够继续犯罪而行为人中止了，便足以认定自动性的成立。

第七，本说将量刑责任减轻与刑事政策并重说作为理论前提。

第八，本说以缓和的标准从宽认定自动性，既尊重了自动性可能具有的含义，又尊重了中止犯的法律性质，从而有助于实现中止犯的目的。

综上可知，在我国自动性的含义可以由刑法规定推导而来，它既具有心理内涵，又具有规范内涵。在此意义上，自动性需要从心理事实和规范性评价这种双层结构中进行理解与认定。自动性作为一种心理现象，需要先从心理学角度进行考察，但运用心理学方法得到的判断结论只是事实层面的，其妥当性还需要进一步上升到规范层面加以修正。有鉴于此，对自动性的认定应当以行为人的主观认识为判断对象，以一般人（即具有行为人特质的平均理性人）为判断基准，具体分析诱因对行为人心理是否产生了强制性影响。

其中，作为基准人物的一般人应当在"量刑责任减轻""政策诱导必

要性"这两个观念的指导下进行论证和确定,既要避免产生矛盾的法律评价,又要考虑社会生活经验的允许程度以及理性本身的规定性。在判断量刑责任减轻时,并不要求行为人违反某种理性,只要一般人未必中止而行为人中止了,便足以认定自动性的成立。由于本说一方面沿袭了传统折中说的基本框架,另一方面又在基准人物确认这个环节将规范的自动性理论导入折中说的框架之中,因而可以称之为新折中说。

5

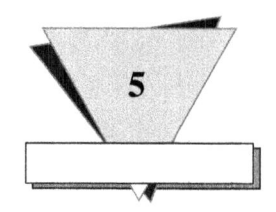

自动性认定中的具体问题

根据本书第4章所述的新折中说，我们可以对自动性认定中的具体问题进行类型化处理。对此，本章先从内在诱因与外在诱因的角度归纳了若干自动性问题类型并加以讨论，之后再运用讨论结果对我国法院的自动性认定情况予以评述，并对实践中的疑难问题给出相应的回答。

5.1 因内在诱因而中止

5.1.1 失败未遂问题

（1）失败未遂的含义。

失败未遂的概念最早由德国学者施密特霍伊泽尔提出，后来获得罗克辛等学者的支持，此概念发展到今天已逐渐被学说和审判实践接受。简单地说，失败未遂是指"已经无法继续，因而也就说不上放弃的未遂……它存在于行为人认识到在具体的行为框架内已经无法达到其目标的场合中，至少行为人主观上是如此认为的"[1]。也有学者对此概念加以进一步细化，将失败未遂区分为客观的失败未遂与主观的失败未遂[2]。主观的失败未遂（Fehlgeschlagener Versuch）是指行为人在主观上认为自己的实行行为不可能既遂或者其犯罪计划的原本意图不可能实现，进而放弃犯行的情况。客观的失败未遂（Misslungener Versuch）是指行为人虽然主观上认为可以既遂或者犯罪计划的原本意图可能实现，但犯行在客观上失败的情况。这一概念细化和区分的意义在于，在主观失败未遂的场合，由于行为人主观上认为无所"放弃"，因此不可能成立中止未遂；相反，在客观失败未遂的场合，由于行为人主观上认为仍然可以有所"放弃"，因此有可能成立中止未遂。

此外，有些日本学者在客观失败未遂的意义上使用了失败未遂概念。

---

[1] Roxin: Der fehlgeschlagene Versuch, in Juristische Schulung, 1981（1）.

[2] 李在祥：《韩国刑法总论》，韩相敦 译，北京：中国人民大学出版社2005年版，第515页。

他们认为，客观失败未遂之犯行已归于失败，由于不存在需要消灭的既遂危险，因此行为人不可能实施中止行为，只能成立障碍未遂。由此可见，客观的失败未遂还有区分中止未遂与障碍未遂的意义。但就失败未遂的原初含义而言，德国学者是在讨论自动性的问题时引入了失败未遂的概念，因此将其理解为主观的失败未遂可能更为妥当。下面出现的失败未遂，如无特别说明，仅指主观的失败未遂。

德国学者之所以提出失败未遂的概念，与德国刑法的规定有关。《德国刑法典》第二十四条规定：当行为人消极地放弃犯行而使结果未发生，或者行为人积极地阻止了结果的发生，或者行为人真挚努力地尝试以防止结果发生时，不依未遂犯处罚。该法条中的"放弃犯行"，照其字面含义是指行为人在犯罪中止之时原本可以不放弃，即有继续犯罪的必要性与可能性。假如行为人主观上认为犯行不可能既遂或者犯罪计划的原本意义不可能实现，那么继续犯罪的必要性与可能性也就不存在了，因此不可能成立中止未遂。

简言之，放弃犯行是以有所放弃为前提的，如果行为人无所放弃，当然无放弃犯行可言。举例言之，行为人使用装满子弹的手枪意图杀死被害人，在扣动扳机之际，其突然后悔而放弃了继续犯罪。此案中，行为人完全有机会扣动扳机，但其放弃了这一机会，此举应成立中止未遂。如果换一种情况，行为人误以为自己使用的手枪里仅装有一枚子弹，其开枪后却打偏了，这时行为人认为自己已经没有机会了，因此放弃了再次扣动扳机的做法。这种情况下，行为人不能事后以自己客观上"放弃了再次扣动扳机"为由而主张成立中止未遂。因为，行为人虽然客观上存在再次扣动扳机的机会，但其主观上没有意识到这一机会，因此谈不上有意放弃了继续犯罪，因此不应成立中止未遂。德国学者之所以引入失败未遂这一概念，就是要在诸如此类的场合排除中止未遂成立的可能性。

（2）失败未遂的论域归属。

这里需要思考的问题是，失败未遂不可能成立中止未遂的理由究竟是因为没有满足自动性要件还是没有满足中止行为要件。这一问题直接关系

到失败未遂的论域归属。如果失败未遂属于中止行为的问题，那么在自动性要件中不应该讨论这一问题。事实上，确实有学者将失败未遂理解为中止行为中"放弃"要件的问题①，或将其定位为中止行为前提中之"行为的续行可能性"的问题②，从而明确认为失败未遂属于中止行为领域。还有一些学者和某些法院判例则认为失败未遂的问题既不属于自动性领域，也不属于中止行为领域，而是与两者并列的独立范畴③。但是，多数学者还是将失败未遂与中止自动性联系起来进行讨论④。

应该说，失败未遂是人们为了否定自动性的成立而归纳的一种案件类型，或者说它是人们对自动性之认定进行类型化后的产物。在失败未遂的场合，行为人主观上认为没有必要继续犯罪，因而缺乏中止的自动性。在此，由于人们并不需要特别创制一些额外的认定规则来处理自动性的问题，因此也有学者主张取消这一概念，以免人们将其误解成自动性认定的一种特殊情形。此外，也有学者将失败未遂理解为中止意思欠缺的问题⑤，并因此认为其不属于自动性领域。这有关自动性与中止意思的关系问题，即行为人主观上认为没有必要继续犯罪时究竟是缺乏中止意思还是缺乏自动性。

本书认为，中止意思是中止行为人对中止行为及消灭既遂危险的内心意思。在失败未遂的场合，如果行为尚未终了，行为人认为没有必要继续实施犯罪的，其应当已经认识到自己的行为会消灭既遂的危险，因此仍然具有中止意思。如果行为已经终了，行为人认为没有必要让既遂结果发生，从而有效阻止既遂结果的，也应该具有中止意思。在失败未遂的场合，由于继续犯罪或达致既遂对行为人已经失去意义，应该说行为人失去

---

① Maurach, Gössel, Zipf: Strafrecht, Allgemeiner Teil, in Teilband, Berlin: Aufl, 1988: pp62-70.
② 山中敬一：《中止犯》，载《现代刑法讲座》（第5卷），东京：成文堂1982年版，第388-389页。
③ Roxin: Der fehlgeschlagene Versuch, in Juristische Schulung, 1981（1）.
④ 盐见淳：《中止行为的构造》，载《中山先生古稀祝贺论集》（第3卷），东京：成文堂1997年版，第255页。
⑤ Baumann, Weber, Mitsh: Strafrecht, Allgemeiner Teil, Berlin: Aufl, 1995: 567.

了延续犯罪的动机，这种情况就需要在自动性的领域中进行讨论。

需要注意的是，日本学者与德国学者对失败未遂的理解差别较大。德国学者之失败未遂中的所谓"失败"，是从行为人的主观角度来讲的，日本学者则有可能是从客观角度来理解的。例如，日本学者町田行男认为，失败未遂并非属于中止行为之前需要独立认定的范畴，而是属于中止行为领域之内。如果将中止行为理解为消灭法益侵害危险性的行为，那么实施中止行为的前提就是存在应被消灭的危险性。但在失败未遂的场合，这一危险性是不存在的。因为，如果在犯罪既遂以前该犯罪行为就已经不能继续下去，那么之前行为人实施的犯罪行为也就不是危险行为。可见，失败未遂是与作为中止行为前提的"危险没有消灭"这一要件相关的问题，因此应当在中止行为中加以研究。

在本书看来，德日学者之所以存在上述分歧，从根本上说是因为采取了不同的未遂犯理论及相应的案件审查框架。德国学者之所以要从行为人的主观角度来定位失败未遂，与其未遂犯的基本审查顺序有关。《德国刑法典》第二十二条规定，凡是依其对犯行之想象而直接实现某个犯罪构成要件之人，为该犯行的未遂犯。行为人是否意图实现某个犯罪构成要件，并不取决于其客观上造成了怎样的事实，而是取决于其主观上相信自己实现了什么。因此，德国刑法对未遂犯的审查框架不是从客观要件开始，而是从主观要件开始的（只有在既遂犯的场合，由于发生了既遂结果，才可以据此确定何种犯罪构成要件可能该当，因而有必要从客观构成要件开始审查）。在失败未遂的场合，审查框架也是如此，需要先确定行为人如何想象自己的犯行，假如行为人认为已没有必要继续实现某个犯罪构成要件，那么这样的想法当然会影响未遂犯的成立。因此，只有在审查主观要件之后（如排除不能未遂、幻觉犯等无罪的情况）方可进入客观要件的审查。日本刑法学者在审查未遂犯时则未必按照这一框架，假如站在客观未遂论的立场，完全可以先从客观要件开始审查。由此，在失败未遂的场合中，如果先从客观要件审查起，就将面临判断法益侵害危险性是否存在的问题。于是，失败未遂的问题就被转化为中止行为之前提要件的问题。

上述关于失败未遂的定位争议，也与对中止行为应该如何理解等问题相关。中止行为究竟应该被理解为中止意思支配下行为人自动实施的消灭既遂危险的行为，还是应该被理解为客观上消灭既遂危险的行为？如果理解为前者，那么失败未遂中是否存在中止行为便值得讨论，因为自动性和中止意思这两个要素在失败未遂中存在疑问。因此在这里，失败未遂属于中止行为领域。如果理解为后者，那么失败未遂中当然也存在中止行为，则接下来需要审查失败未遂中的中止行为是否具有自动性。于是在这里，失败未遂便属于自动性领域。在本书看来，第二种理解较为妥当，其理由如下。

1）行为性质应该由它可能产生的结果而不是行为者的主观意思来进行确定，因此中止行为之所以被称为中止行为，并不是因为行为人具有中止意思，而是该行为能够消灭既遂危险。从结果的角度来理解中止行为，符合结果无价的基本原理。也许有人会这样反驳，在准中止的场合，中止行为与既遂结果未发生之间不存在因果关系，但我们同样承认行为人实施了中止行为。由此可见，只要行为人基于中止的意思而付出真挚努力的行为都可以称之为中止行为。本书认为，这种观点并不妥当，因为中止行为即便没有实际阻止既遂结果的发生，但是其在性质上必须足以消灭既遂危险，否则很难称之为真挚的努力。

2）根据第一种理解方式，中止行为既有客观的成立要素，又有主观的成立要素，这样便增加了认定中止行为的难度，也可能导致侵犯人权。当犯罪未发生既遂结果时，从这一结局出发确定中止行为比较明确易行。但当加入主观要素之后，由于主观要素不易从客观方面来直接认定，而是需要从行为人的内心意思开始审查，这就有可能导致侦查过程中因过于重视口供而侵犯人权。同时，因内心事实往往复杂多变，这又人为增加了认定难度。

3）如果按照第一种理解，在实际认定中止行为时还需要将其进一步细分为客观外在的中止行为、中止意思和中止自动性等要素。这里的客观外在的中止行为，就是第一种理解方式所称的中止行为。就此而言，第二

种理解方式在术语的指代功能上更为精细和明确。

基于上述考虑,既然中止行为是指能够消灭既遂危险的行为,那么失败未遂当然属于中止自动性领域讨论的问题(只有客观的失败未遂才涉及中止行为的问题)。

(3) 失败未遂的类型。

失败未遂尽管得到了相当程度的承认,但对失败未遂的成立范围问题仍然存在争议。根据日本学者的归纳,失败未遂大致可以分为以下三种类型①。

1) 行为人误以为不可能实现基本构成要件的场合,具体包括以下几种情况。

第一,事实上的不可能。例如,行为人绊倒被害人以夺取其怀中特定物品,但是由于行为人没有携带该物品而无法达到目的(对象不能)。又如,行为人向甲开枪之后,才发现手枪未装弹(方法不能)。

第二,法律上的不可能。例如,行为人胁迫被害人,意图对其实施强奸行为,却发现被害人自愿以身相许(与胁迫无关)。

2) 行为人的犯罪计划不可能实现(这里的犯罪计划是指行为人追求构成要件以外之结果的目标),包括以下几种情况。

第一,特定对象不存在。行为人以特定对象作为自己犯罪计划的目标,但是当其着手实行犯罪后才发现该对象并不存在。德国著名的橡胶球案便属于这一类型。甲和乙误以为别人庭院中的一个木球为橡胶球,甲想将它作为礼物送给自己的妹妹,便唆使乙去盗窃。乙进入园中后,发现只是一个木制球,于是将其放回原处,而将本来没想窃取的布娃娃给窃取了。德国帝国法院在论及该案自动性问题时,认为"正如所认定的那样,两名被告人故意的内容只是取得被他们认为是橡胶球的物品并由甲占有。从事实情况上看,乙以实现取得这种特定物品为目的,并且没有被与他意思无关的外部的情况所妨碍。特别是,乙的意思没有受到因为发现了对象

---

① 町田行男:《中止未遂的理论》,东京:现代人文社2005年版,第195-201页。

是与他期待相反的木制球这一事实所妨碍,而是由完全内部的原因而造成的,即是他知道事实真相后仔细思考的结果,于是乙将已拿到手的木制球又放回了原处。因此,尽管乙认为继续实施原来意图的行为并非不可能,但仍然自发地,即任意地加以了放弃"①。

对此有学者认为,既然行为人以橡胶球为目标,那么当目的物不存在时,行为人便不会再继续盗窃这个貌似橡胶球的木制球,而是将木制球放回原处。就此而言,因为继续实施窃取行为失去了必要性,行为人的犯行失去了内心的推动力,因此不得不停下来,所以应当否定该行为具有自动性。

第二,特定对象的部分不存在。德国的300马克案属于这一类型。此案中,行为人为了创业,需要300马克的启动资金。他在饮食店吃饭时想到可以劫取店家的现金。于是他关闭了饮食店的大门,用匕首制服了客人与店主,但他打开抽屉后却发现里面只有二三十便士,便生气地未取任何财物就离开了。德国联邦最高法院认为本案涉及自动性问题,认为"原则上必须从行为人的本来计划,即对他所欲窃取的物的量或价值所抱的感知出发。此时,明确行为人是为了何种目的来使用所盗之物是有益的"②。"刑事部也是从这种考虑出发的,即被告人是为了从店主那里夺取大约300马克的现金,虽然抽屉里并不是没有现金,但却远远少于行为人的期待……抽屉中的现金仅是他所需的十分之一,被告人由于数额太少而愤怒地放弃了夺取行为。对此,刑事部否定行为人构成不处罚的中止未遂是正确的。"③

对此项判决结论,有日本学者持肯定态度,但认为这种情况应该属于中止行为缺乏可能性,而不是自动性的问题。因为行为人的抢劫行为是以取得创业所需资金为目的的,一旦行为人发现只有少量现金,在该目的支配下的抢劫行为便不可能继续,因此不存在中止行为。对此本书认为,上述观点之所以认为该案中不存在中止行为,是因为其理解的中止行为是以

---

① 参见德国法院案例:RGSt. 39;37。
② 参见德国法院案例:BGHSt, 4, S. 56, vgl. 59f。
③ 参见德国法院案例:BGHSt, 4:60。

犯罪行为具有继续的可能性为前提的。犯罪行为是否具有继续的可能性，实际上取决于行为人的犯罪计划及其对实现犯罪计划的态度。这种内心态度的判断已经属于行为的动机或推动力的问题，也就是自动性领域讨论的问题。

如在该例中，日本学者所称的犯罪不可能继续，明确指出是抢劫300马克这个犯罪行为不可能继续，这说明其在对犯罪行为进行归纳时已经考虑了行为人的犯罪计划。事实上，如果不考虑犯罪计划的话，行为人实际上实施的是只能抢到二三十便士的抢劫行为，该行为在行为人调整目的物后仍然在客观上具有继续的可能性。并且，按照日本学者的归纳，由于现场根本没有300马克，那么应该成立不能犯才对，因此就更谈不上犯罪未遂了。可是，这一结论显然不妥当。此外，在判断犯罪不可能继续时，日本学者的观点中又加入了行为人取得创业资金的目的。因为这一目的落空了，其行为缺乏了继续实施的动力，所以不可能继续实施犯罪。实际上，这里所说的"目的落空了，行为缺乏了继续实施的动力"就是对自动性的一种实质判断。

可见，日本学者在归纳"犯罪不可能继续"这一事实之前，实际上事先已经对继续犯罪是否缺少内心动机推动这一心理事实做出了判断，而这种判断恰恰应该属于自动性领域的问题。就此而言，试图通过中止行为来说明失败未遂不成立中止未遂的做法，只不过是事先已经解决了自动性问题，然后将有关结论隐藏在对"继续犯罪可能性"这一中止前提要件的事实归纳中并加以运用而已。这种看似客观的研究进路，实际上仅仅是用"事实归纳"这个环节掩盖或者省略了对自动性难题的讨论。

第三，特定对象的事后质变。这一类型是指行为人着手犯罪后，其目的物发生质变，因而犯罪计划失去意义的情形。德国的纱窗案即属于这一类型。此案中，数个行为人企图共同盗窃纱窗出售，但在盗窃时不慎将纱窗戳了一个洞，考虑到难以出售便放弃了继续盗窃。德国帝国法院将这种情况作为自动性问题讨论，认为"导致被告人放弃犯罪既遂的这一决定的动机，不存在于单纯的内心领域，不是基于他们自由的意思决定，而是由

于发生了妨碍窃取行为的外部情况,这些情况促使行为人决定放弃盗窃。这种情况存在于行为人本人意思之外。只是因为纱窗的损坏不是被告人有意为之。他们所产生的认知是:不再需要这些对自己已经无用、无价值的物品。因为他们实施盗窃的目的落空,所以这成为被告人意思决定的障碍。对于是否具有自动性而言,重要的是行为人放弃犯行的动机"[1]。

3) 手段不能。这是指行为人对行为方式或手段有特定要求,由于着手犯罪后该方式或手段不可能继续,因而其放弃犯罪的情况。对此,德国学者卢斯卡(Hruschka)曾举毒酒案为例加以说明:甲准备使用一种无法被检验出的毒药杀死乙,当他将下了这种毒药的酒端给乙时,不小心把杯子摔了。虽然他还有其他毒药,但却没有了这种无法被检验出来的毒药,因此放弃了继续犯罪。此外,学者乌尔森海姆(Ulsenheimer)将手段不能也纳入失败未遂之中,认为"这是因为实现犯罪的方法,即行为的手段、犯行现场以及犯罪时间,都与特定犯罪对象一样,在各个场合对于行为人的计划而言都是重要的……行为人对'不可能'的这种认识,在前者中是与其所希望的某地点的东西相关联,而在后者中则是与其实行的'方法'相关联的,仅此而已。行为人没有继续实施的动机是同样的,即行为人通过继续实施其犯罪计划来接近其目标的机会已经丧失。由此可知,这种中止行为不能说是'放弃'"[2]。

在前述的三种失败未遂类型中,前两种类型在德国得到了学者的普遍承认,但对第三种类型存在争议[3]。由于部分日本学者从中止行为的可能性出发讨论失败未遂,因此他们在失败未遂的成立范围上有别于德国学者。上述日本学者认为,在特定对象不存在的场合,由于不可能实现侵犯其特定对象的意图,因此犯罪缺乏继续的可能性,中止行为也因此而不可能存在,应成立障碍未遂。但是在手段不能的场合,由于特定对象是存在

---

[1] 参见德国法院案例:RGSt, 45, S.7。

[2] Ulsenheimer: Grundfragen des Rücktritts vom Versuch in Theorie und Praxis, Berlin: Walter de Gruyter GmbH, 1976: pp322-323.

[3] 程红:《中止犯基本问题研究》,北京:中国人民公安大学出版社2007年版,第157页。

的，只是特定的方法不可能被继续采用，如果行为人能够改变当初设定的特定手段，则犯罪既遂仍然是可以实现的，因此客观上仍然具有继续犯罪的可能性，因而此时行为人放弃的，应当成立中止未遂。

可见，日本学者倾向于仅承认特定对象不存在的失败未遂，在其他场合中则仍然具有成立中止未遂的可能性。这一观点也得到我国一些学者的赞同，认为"欠效犯理论可以避免对自动性判断所产生的争议，对判断中止犯的成立具有积极的意义。对于在行为人不能实现中止犯构成要件的场合，或者由于犯罪对象不存在而不可能实现其所意图的犯罪计划的场合，可以不将其作为自动性的问题来进行处理。在这些场合不需要讨论自动性，可以直接以不可能存在中止行为而否定成立中止犯"[1]。

(4) 本书观点。

本书认为，失败未遂应该在自动性问题中进行讨论，它的成立范围需要根据犯罪计划对行为人的重要性来进行确定。如果犯罪计划是行为人决定犯罪的先决条件，那么当这些要素不可能得到满足时，便成立失败未遂。在失败未遂的场合，由于促使行为人犯罪的先决条件消灭，对行为人而言继续犯罪已经失去了其原本追求的意义，这种情况下行为人放弃犯行时不具有自动性，只能成立障碍未遂。这里所谓的犯罪计划应做广义的理解，包括犯罪对象、犯罪方法（含逃跑路线、反侦察手段等）、犯罪时间、犯罪地点等。

例如，甲和乙准备到某超市抢劫，乙事先踩点观察好逃跑通道。在甲实际着手实施抢劫过程中，由于负责望风的乙发现逃跑通道被阻塞了，因而迅速离开现场。这种情况不能构成犯罪中止，而应成立犯罪未遂。这里的逃跑路线对甲、乙实现犯罪计划的本来意义具有重要作用，因此逃跑通道被堵塞后，甲、乙不得不放弃，这种情况缺乏中止自动性。前述"毒酒案"也是如此，行为人使用特定毒药杀人是其反侦察的一个重要手段。行为人将这一条件作为犯罪决定的先决条件，当该条件无法满足时，犯罪虽

---

[1] 程红：《中止犯基本问题研究》，北京：中国人民公安大学出版社2007年版，第157页。

然客观上仍然可能，但就行为人而言已经不可能，因此应该否定其行为的中止自动性。

又如，在前述"橡胶球案"中，如果行为人认为橡胶球在其犯罪计划中具有不可替代性，即现场发现的木制球和布娃娃不可以作为橡胶球的替代品，那么其放弃窃取就缺乏自动性。但实际发生的情况是，行为人认为布娃娃是可以替代橡胶球的，因此最终窃取了布娃娃。由此，橡胶球在行为人的犯罪计划中并不是不可代替的，或者说，该特定目的物并不是犯罪的先决条件，因此行为人将木制球放回原处的行为具有自动性。如果行为人放回木制球后，并没有物色合适的替代品，而是就此离开的话，则其完全可以成立中止未遂。但实际情况是，行为人将木制球放回后并未结束盗窃行为，而是物色了其他盗窃对象。可见，行为人放回橡胶球的行为并不是中止行为，而是行为人物色盗窃对象的一个环节，因而其行为当然不成立中止未遂。

再如，在前述"300马克案"中，行为人为了获取特定数额的创业启动资金而去抢劫饮食店，如果不能抢到300马克，那么其实施犯罪计划的原本意义就丧失了。就此而言，有可能取得300马克是行为人实施抢劫的先决条件，当无法满足这一条件时，行为人就不得不停止犯罪，对此应该成立障碍未遂。不过，这里所谓的"无法满足犯罪的先决条件"也是相对而言的，可能抢到的现金越少，那么就越容易做出肯定的判断。现场完全没有现金，自然最容易认定"无法满足犯罪的先决条件"。假如现场有299马克，则不能机械地认为因不足300马克而成立障碍未遂。也就是说，在差额非常小的情况下，应该认为可以满足犯罪先决条件，这种情况下行为人放弃取得而离开的，应该可以成立中止未遂。此外，假设案件的行为人并不是为了获取特定数额的创业启动资金，而只是一般意义上之想获取金钱，那么行为人仍然有可能构成中止未遂。这种情况下，金钱的数额并不是行为人实施犯罪的先决条件，因此即便抽屉里的现金数额不大，也不会使行为人被迫放弃犯罪。

此外，对特定对象事后变质的情况，也应当否定其中止自动性，而应成立失败未遂。仍以前例加以说明，行为人盗窃纱窗是要去销售，因此纱窗的完好程度就其实现犯罪计划的原本意义而言便具有重要意义。当纱窗破损以后，其犯罪计划原本的意义难以实现，因此这种情况下行为人放弃盗窃的，不能认定为具有自动性。

本书认为，日本学者仅承认特定对象不能成立失败未遂的观点存在不妥之处。

第一，日本学者认为，在特定方法不能的场合，由于犯罪行为仍然可以在变换方法后继续实施，因此客观上存在继续犯罪的可能性，这种情况下行为人不继续犯罪的，就具备"放弃继续犯罪"这一中止行为特点。这里其实存在偷换概念的问题，或者说上述观点的正确性取决于怎样理解放弃继续犯罪中的"犯罪"。对于此处"犯罪"可以有三种理解：一是指行为人主观想象的犯罪，二是指客观上已经发生的犯罪，三是指行为人客观上可能会实施的犯罪。

举例言之，行为人本想杀甲，结果将被害人砍成轻伤后才发现原来是乙，行为人本想杀人灭口，但又觉得乙很无辜，于是自己就逃走了。此案中，当行为人发现被害人其实是乙后，其主观上想象的犯罪便不可能再继续了，行为人放弃这种意义上的犯罪当然是被迫的，因为原本要杀害的对象根本不在现场。但如果把这里的"继续犯罪"理解为客观上已经发生的误杀乙的犯罪，那么当行为人看到自己砍伤的实际上是乙时，先前推动其犯罪的内心动力便瞬间消失了，已经发生的误杀乙的行为也就不可能继续下去。可以说，甲在场是行为人产生杀人动机的诱因，诱因消失了，动机也就被消灭了，因此不能认为是行为人自主地决定了放弃犯罪。此外，如果将这里的"继续犯罪"理解为未来具有实施可能性的犯罪，那么行为人在产生灭口的意图后，客观上仍然可以对乙实施杀害行为，但实际上其却因为可怜乙而放弃了。这时行为人完全是基于自己的意思而放弃了对乙的杀害行为，具有中止的自动性。

日本学者所提"在特定方法不能的场合，由于犯罪仍然可以变换方法后继续实施，因此客观上存在继续犯罪的可能性"观点中的"继续犯罪的可能性"，实际上是就前述犯罪的第三种意义上而言的。因为，行为人主

观想象的犯罪是被迫放弃的，客观上已经发生的要求以特定方法实施的犯罪也是被迫停止下来的。行为人只有变换了方法才能进一步实施犯罪，这种犯罪自然是未来可能的犯罪。然而，中止未遂所放弃的犯罪不是未来的犯罪，而是已经发生的犯罪，也就是第二种意义上的犯罪。之所以这么说，是因为中止未遂是行为人在着手实行犯罪以后又消灭了既遂危险而形成的犯罪形态。这里的犯罪当然是指已经发生的犯罪，因为只有已经发生的犯罪才是需要被消灭既遂危险的；将要发生的犯罪还未发生，因而没有任何危险可以去消灭。此外，这里的犯罪是指客观存在的犯罪，行为人主观想象的犯罪并不会产生真实的外在危险，当然也就谈不上中止未遂。

综上所述，日本学者限缩失败未遂的观点实际上是基于对"继续犯罪"的错误理解而提出的，因而为本书所不采。

第二，失败未遂之所以不成立中止未遂并不是因为没有中止行为，而是因为没有自动性。这一点不论是在特定对象不能的场合，还是在特定方法不能的场合都是如此。日本学者认为在特定对象不能的场合，因为特定对象不存在，所以犯罪无法继续，因而也就没有实施中止行为的余地。如前所述，这种观点实际上还是要根据行为人被迫放弃犯罪的心理才能归纳出"犯罪不可能再继续"这一事实。如果不考虑行为人的内心动机与放弃犯罪之间的关系，则上述事实归纳是毫无根据的。由此可知，这种观点只不过是利用自动性判断的结论归纳事实，然后再利用归纳事实貌似从中止行为的角度推导出障碍未遂的结论罢了。

本书认为，自动性认定应以行为人的主观认识为判断对象，正因如此，失败未遂这一概念才需要得到承认和认真研究。动机的产生，一方面来自行为人的内在需要，另一方面需要外在诱因，两者同时具备才可能产生动机并维持动机。在失败未遂的场合，作为行为人犯罪决定先决条件的诸要素缺失，而这些要素作为一种外在诱因只要消失，行为人继续犯罪的动机就会被强制消灭，因此可以说行为人已经不再具有主观上的自我决定地位，应该全面否定其成立中止未遂的可能性。

还需要注意的是，在失败未遂的场合，如何归纳案件行为人心理事实

对认定结论具有重要影响。例如，行为人原本意图开枪射杀A，结果射中了B，行为人马上将B送到医院进行了及时救治。这种情况应该认定为中止未遂，还是障碍未遂呢？行为人以射杀A的故意实施了实际上射杀B的犯罪，之后又对B实施了有效救助。如果我们将客观事实进行一定程度的抽象，将其这样描述：行为人以杀人故意实施了杀害现场那个人的行为，之后又对现场的那个被害人实施了有效救助。根据这一事实归纳，行为人成立典型的中止未遂。可是，这种归纳完全是站在错误角度，意在解决行为人的主观归责问题而展开的。

相对抽象的事实归纳对解决责任问题是合理的，但是自动性问题并不是主观归责问题，而是研究中止行为人在具备怎样的主观要素时才应被给予减免刑罚的奖赏之问题。在此意义上，将A、B抽象地归纳为"现场的被害人"对分析行为人的心理状态没有任何意义，反而模糊了心理上的差异。正如我们不能这样说：刑法规定故意杀人罪并不专指保护A或B的生命，而是概括地保护一般人。也就是说，在刑法看来，不论是A还是B，他们都是受刑法保护之没有差别的人。因此，该行为人的心理可以被归纳为：其原本意图杀死现场的被害人，但当他看了一下被害人后，又产生了救助被害人的意思，因而具有中止自动性。

但是，现场的被害人究竟是A还是A之外的人，对确定行为人的主观要素具有重要影响。如果将被害人身份抽象的话，判断自动性的基本素材也就失去了。应该说，所有在行为人看来可以被称为"犯罪决定之先决条件"的要素，都对其心理具有支配性的影响。正因为如此，在失败未遂的场合，缺少这些要素的客观情势才决定了行为人中止犯罪，因而这种情况不具有自动性。

5.1.2　因情绪性障碍而中止

普通心理学认为，情绪是指"人对客观事物是否符合自己需要所产生的态度体验"[1]，是以个体的愿望和需要为中介的一种心理活动。情绪包含

---

[1] 俞国良、戴斌荣：《基础心理学》，武汉：武汉大学出版社2007年版，第378页。

5 自动性认定中的具体问题

情绪体验、情绪行为、情绪唤醒和对刺激物的认知等复杂成分。情绪兼具行为和动机两种特征，"情绪状态形成时，不仅产生内在生理与心理两方面的反应，而且同时产生情绪性行为反应……以恐惧情绪为例，如个体因恐惧而逃避，此逃避即属情绪性行为（emotional behavior）"[1]。由此可见，情绪可以被理解为一种内在诱因。情绪的产生往往与抽象的内心观念有关，包括道德伦理观念、宗教信仰观念、审美观念、价值评价标准等，这是情绪有别于其他诱因的地方。

行为人在实施犯罪的过程中，特定情绪有可能迫使其实施中止行为，或者说中止犯罪有时是行为人因特定情绪而产生的反应行为。例如，行为人意欲奸淫被害人，但发现被害人相貌丑陋，从而产生厌恶感，于是放弃继续实施犯罪。此时，行为人的厌恶情绪干扰了其犯罪行为的继续实施，同时由于行为人本人的犯罪意志相对薄弱，因而其最终放弃犯罪。对此，我们不能单纯因为被害人相貌使行为人产生了厌恶情绪，便认为其放弃犯罪是出于意志以外的原因，因为这种放弃实际上也与行为人内在的行为意志有关，或者说与行为人内驱力的发挥有关。

又如，行为人意图杀死被害人而掐住对方的脖子，但由于被害人的小孩在旁边哭泣，行为人觉得"如果掐死被害人，这些孩子太可怜了"，于是放弃了犯罪[2]。在这个案件中，行为人对预想中的后果——孩子失去母亲，产生了同情怜悯之情。这一情绪阻碍了行为人继续犯罪。被害人孩子的哭泣作为外在诱因激发了行为人的同情心，行为人的内驱力得到激发并促使其做出了中止决定。这一情况足以说明行为人对法益的积极态度，其量刑责任因此而降低。行为人的内驱力情况，也反证了其犯罪意志较弱。

在本书看来，因情绪而中止是否具有自动性可以根据新折中说进行恰当认定，如下所示。

第一，如果情绪并未产生足以压制一般人犯罪意志的心理压力，而行

---

[1] 张春兴：《现代心理学——现代人研究自身问题的科学》，上海：上海人民出版社2009年版，第327页。

[2] 参见日本法院案例：福冈地方裁判所1954年5月29日特26·93。

为人选择放弃犯罪的,应当肯定自动性的成立。例如,"着手强奸行为之后见到被害人露出的肌肤由于寒冷而起鸡皮疙瘩,行为人因性欲减退而停止奸淫行为"①。

第二,虽然情绪产生了足以压制一般人犯罪意志的心理压力,但如果该情绪是基于道德伦理观念而产生的,那么仍然应当肯定自动性的成立。

第三,如果情绪产生了足以压制一般人犯罪意志的心理压力,行为人基于伦理道德以外的观念放弃犯罪,那么应当否定自动性的成立。例如,行为人在奸淫被害人过程中,被害人突然大叫"我身体感觉不好"并立刻晕倒,行为人以为对方真的患有疾病便放弃了继续犯罪。在这里,因疾病而晕倒足以压制一般人继续实施奸淫行为的意志,这种情况下行为人出于厌恶情绪而放弃犯罪的,应当否定其自动性的成立。

现实中,在刑法上被作为问题加以讨论的情绪主要是恐惧、嫌恶、痛苦、惊愕、同情等,以下分别进行介绍。

(1) 因同情、怜悯、悔恨而中止。

人们通常将那些基于内心道德伦理观念而产生的情感称之为同情、怜悯、悔恨。可以说,对这些情绪的确认和描述实际上隐含着伦理价值的判断。内心伦理道德观念属于内驱力领域,因此基于道德伦理而中止,便是发挥了内驱力而做出的中止决定。从规范评价角度来看,不论这一内驱力发挥是否在中止决定中起到了主要作用,单就这一内驱力情况就足以说明行为人对法益保护持积极态度,其量刑责任也因此而降低。正因为如此,学说上一般都认为对这种情况下的行为人不需要施以刑罚处罚,即"虽然自动性的成立不以中止动机的伦理性为必要,但如果中止动机具有伦理性,则能肯定自动性"②。

不过,有人对此仍然可能存在这样的疑问:行为人如果道德责任感特别强烈,在出现特定诱因时会产生巨大心理压力从而无法不选择中止,那

---

① 参见日本法院案例:东京高等裁判所1964年8月5日《高刑集》17卷557。
② 张明楷:《刑法学》(第5版),北京:法律出版社2016年版,第367页。

么这种情况下行为人是否具有中止自动性呢？如前所述，中止犯的自动性不是一个纯心理学的概念，这一点在出于道德责任感而中止犯罪的案件中有比较明显的表现。虽然都是犯罪人，但有的犯罪人道德责任感强，有的则弱，甚至有的正是因为片面强调了某种道德责任的履行才实施了犯罪行为。在犯罪中止的动机冲突中，道德责任感有时会发挥支配性作用。例如，在日本的一个案例中，行为人想与妻子一起赴死，妻子了解这一意图之后说愿意完全听丈夫的话，丈夫被妻子感动了，因而放弃了杀死妻子的意图。此案中，日本法院肯定了该行为人具有中止自动性[①]，即认为妻子的话激发了行为人道德上的负罪感，最终道德责任感压制了其继续实施犯罪的意志。这种根据内心的道德律或良知中止犯罪的人，事后有可能会说"自己别无选择，因为必须用中止作为道德见证，以获得良心的安宁"。

对此，从心理主义的自动性角度来看，这种情况下行为人并非主动中止犯罪，而是道德迫使其被动放弃犯罪既遂，因而应该认定为犯罪未遂。这一观点显然不成立，因为因道德良知而形成的内心强制与因外力而形成的心理强制毫无共同之处。从法学角度来看，以良知为名的行为绝不缺乏自动性，这是人类理性最深处的一种自动，而其根源正是行为人的道德人格。

因此，践行道德的良知行为决不能被归为外力作用的产物，因为它们代表了一种以终极的人类关怀为名，超越一切现实条件制约的实践理性。关于这一点，我们只要看一看那些大义灭亲的案例就能明白。大义灭亲的行为虽然出于某种良知或道德责任，但客观上却违反了法律，没有人会否定行为人犯罪是其自动选择的结果。这说明，良心行为即便在心理上是不自动的，但在法律上仍然是自动的。从根本上说，人们之所以认为良心行为不缺乏自动性，是因为良心行为表现出行为人对他人法益的尊重与肯定，因而缺少对其进行预防犯罪的必要性。因此，在一般人看来，行为人在实施良心行为的同时也当然享有法律上的自由选择空间。从道德伦理的

---

① 参见日本法院案例：大阪高等裁判所1958年6月19日特5·270。

角度来看，恰恰因为行为人具有自由选择的空间——其原本未必一定选择良心行为，却最终选择了良心行为，由此彰显了其道德光彩。如果行为人原本就是别无选择的，那么其行为不可能具有道德上的价值，也就难以称之为良心行为了。

(2) 因嫌恶、痛苦之情而中止。

嫌恶、痛苦之情与行为人的内心观念有着直接关系，只不过这种内在观念未必是道德伦理观念，也有可能是审美观念或者价值评价标准等。例如，在目的物障碍的场合，行为人会因为目的物不合心意而产生嫌恶感，而释放这种嫌恶感有可能成为行为人最终放弃盗窃的动机。就此而言，因情绪而中止与基于外在诱因而中止其实是相互重叠或关联的，即任何情绪都离不开外在诱因的刺激，而任何外在诱因的出现也多少都会引起行为人情绪的变化。

德国、日本的刑法中在讨论情绪与中止自动性时多涉及性犯罪，即行为人因对被害人产生嫌恶感而决定中止性犯罪。例如，在德国曾发生过这样一起案件：有强奸未遂前科的甲出于奸淫目的袭击正在散步的被害人（时年15岁），在看到该女戴有月经带后才知道她正处于月经期，便失去了奸淫的心情而停止继续强奸。对此德国联邦最高法院认为，"问题并不在于月经期是否能与少女发生性行为。决定自动性判断的应是行为人在不同情况下的感知。被告人由于知道被害人处于月经期，认为该女并不是他想要发生性行为的对象。因此这一情况对行为人而言是使他除了放弃计划的实行之外别无选择的事由（失败未遂的事例）"。德国联邦最高法院在判决中还比较了同年发生的另一件肯定自动性的案件，"那件案件中的行为人，因为'少女在月经期出血而停止了犯罪计划'，即他仍然是'能够做出自我决定的人'。这与本案的事实不同，被害人处于月经期并不会妨碍行为人计划的继续。因此，那起案件中的行为人仍然是可以做自己决定的人，但本案的被告并非如此"[1]。在日本也发生过类似的案件，日本法院

---

[1] 参见德国法院案例：BGHSt. 20：280。

否定了行为人具有中止自动性，因为"被告人在实施暴行后执意要求'如果来了月经就把证据给我看'，在确认对方戴有月经带之后产生了嫌恶之情而停止了行为"①。

德国法院之所以区分了单纯听被害人说与验证被害人所说这两种情形，应该是考虑了实际证据作为一种诱因，要比单纯听被害人自己陈述对决定中止具有更大的作用。或者说，确实具备月经的证据决定了对行为人不得不放弃的认定，而单纯听被害人陈述尚不能认定行为人的中止行为，因为行为人还有通过发挥内驱力做出中止决定的余地。就此而言，本书认为德国联邦最高法院的判决是合理的。

当然，国内外均有学者质疑该判决，认为"尽管上述两种情况使行为人所受的心理的影响是不同，但是这种不同也只是反映在量上，实际上这种影响并不存在质的差异。因此判决对两者作不同的处理，不得不让人感到疑惑"②。在本书看来，有现实证据和单纯陈述对行为人心理的影响并不是量上的区别，因为一旦行为人认识到了现实证据，其自由选择的余地就会受到限制。但在单纯陈述的场合，除非有确切证据证明行为人相信了被害人的陈述，否则不能将这种陈述与现实证据等同视之。

对于上述案件而言，行为人是否具有自动性仍然需要根据心理方法和规范方法来进行综合认定。该案的诱因是被害人证明自己确实在月经期，这在一定程度上削弱了行为人的性欲，最终行为人放弃了犯罪。至于这种放弃是否具有自动性，需要先根据一般人的心理标准来判断是否足以产生嫌恶情绪，即这一情绪是否足以使一般人做出中止决定。

从客观现实中的可能性来看，这一诱因根本不足以妨碍行为人继续实施奸淫行为。从心理角度看，这一诱因会激发一般人基于保护女性健康的同情心而压抑自己继续实施奸淫行为的意志，但就能否发生性行为这一点而言，该诱因还不足以压制一般人的行为意志。可以说，行为人放弃继续

---

① 参见日本法院案例：仙台高等裁判所 1951 年 9 月 26 日特 22·72。

② 程红：《中止犯基本问题研究》，北京：中国人民公安大学出版社 2007 年版，第 221 页。

强奸在客观上必然有利于保护女性，而他对此也有明确的认识。就此而言，行为人在主观上多少具有避免侵害女性的考虑，因此应当肯定行为人心理上的自动性。

此外，从规范评价角度来看，如前所述，月经期并不足以压制一般人实施性行为的意志，但行为人最终选择了放弃犯罪，因而说明其对法益持肯定态度，量刑责任也得以减轻。同理，一般人在发现对方正处于月经期时并不必然放弃性行为，那么可见对行为人实施政策诱导的必要性仍然存在，即肯定其为中止犯较为妥当。

（3）因惊愕而中止。

日本刑法理论对这种情形讨论较多。以在日本曾经发生的一个案件为例，甲因为欠下赌债，致使生活陷入极度贫困。他打算自杀，但又担心自己相依为命的母亲为此难以生活，于是打算先杀死母亲。趁着母亲睡着之际，他用棒球棍用力击打母亲头部，听到母亲的呻吟声后，以为她已经死去。但当他回到自己的房间时，却听到母亲在苏醒以后下意识地呼喊自己的名字。当他返回母亲身边时，看到母亲流血痛苦的样子，感到惊愕与恐怖，于是放弃了继续实施杀人行为。

对此，日本裁判所否定了甲的放弃具有自动性，因为"被告人并不是基于对母亲的怨恨等情绪，而是出于所谓怜悯之情想一起死去才实施了杀人行为。同时，他为了尽可能不给母亲带来痛苦，选择了给睡梦中的母亲以致命一击。但母亲实际上只是因此从睡梦中醒来，并下意识呼喊被告人名字。当被告人目睹母亲流血痛苦的样子时，这些情形完全出乎被告人的意料。如果继续实施杀害行为会给母亲造成痛苦，这违反了被告人的初衷，因此按照一般通例，被告人是不可能继续实施杀人行为的"。

德国刑法理论在讨论失败未遂时曾引用过类似案例。甲意图杀死自己的孩子，为了给孩子减少痛苦，甲选择在孩子睡觉时实施杀害行为，但在其着手杀害之际，孩子却突然醒来。行为人看到这种情况后感到惊愕，因其只想在孩子睡着时实施杀人行为，并为此最终放弃了继续杀害的行为。德国法院根据失败未遂排除了该行为人中止未遂的可能性。

5 自动性认定中的具体问题

本书认为,在因惊愕而中止的场合,我们不可能直接根据行为人内心的惊愕程度来判断其是否具有心理上的自动性。因为行为人的惊愕程度难以在司法上进行量化鉴定,并且行为人的心理承受能力也是因人而异的。如前所述,我们仍然只能通过比较的方法来判断自动性的有无。

在此,先要查明引起行为人惊愕的诱因,然后根据一般人心理标准分析这一诱因能够产生怎样的影响。上述两个案件中的"母亲流血痛苦而且呼唤自己的名字"和"孩子在睡梦中醒来"是激发行为人情绪的诱因,考虑到行为人具有特定犯罪计划这一犯罪具体条件(为了减少被害人痛苦而只想在其睡着时实施杀害行为),根据一般人心理标准,应该说该诱因足以促成其中止决定。因此,行为人中止犯罪并不具有心理意义上的自动性。

但是,从规范评价的角度来看,行为人之所以产生惊愕,在很大程度上与其内心的道德伦理观念有关。也就是说,行为人基于伦理观念而积极发挥内驱力作用,并做出了中止犯罪的决定。就此而言,行为人的内驱力情况足以表明其对保护法益存有积极态度,其量刑责任也因此减轻,可以认定行为人具有中止自动性。但是,如果案件的当事人之间不存在亲属关系,行为人也没有前述特定的犯罪计划,且其对诱因有所预见的话,那么根据一般人心理标准,上述诱因不足以压制行为人自我决定的能力。在这种情况下,行为人最终选择中止的,可以肯定其具有心理上的自动性。

总之,对于此类案件应当充分考虑行为人的犯罪计划、行为人对诱因的预见程度、中止决定与行为人内心道德伦理观念的关联程度等进行综合判断。

(4) 因被发觉和害怕获罪而中止。

行为人在犯罪过程中,可能因为害怕被发觉或者已被发觉而产生恐惧,或者因担心事后会受到刑事追诉而放弃犯罪。对此,我国有学者认为应区分是具体的害怕心理,还是抽象的害怕心理。如果行为人只是具有一种抽象的害怕心理而没有现实的根据,那么成立自动性[①]。不过,在实际

---

① 阮齐林:《刑法学》,北京:中国政法大学出版社2008年版,第188页。

案件中行为人心理可能更为复杂。例如，在德国有一个这样典型案例，甲在银行里对在其一旁坐着的被害人（当时未满 14 岁）实施猥亵行为，被害人发觉异样就问："你想干什么？"甲便停止了猥亵行为。本案审判法官在陈述理由时假设了四种行为人可能的心理状态：一是行为人可能因担心被害人反抗和呼救，只能放弃继续犯罪；二是行为人进一步实施犯罪还是可能的，但是其有可能因被害人告发而受到处罚；三是行为人仅仅因为对未来可能的刑罚处罚而感到恐惧；四是行为人羞耻心的复苏。判决未对甲究竟属于哪种心理状态做出说明，而仅根据行为人"想到自己的行为被少女注意，所以无法进一步实施行为"而否定了其行为的自动性。

应该说，上述四种心理状态会得出不同的自动性判断结论。

在第一种情况下，被害人在银行内的公共区域反抗呼救，必然会得到别人的救助，由此被害人的犯罪行为便不可能继续。行为人如果出于这种担心而中止，应该否定其行为的自动性。因为这种担心是现实、具体的，根据一般人的心理标准，足以抑制行为人的犯罪意志。

在第二种情况下，由于被害人会立即告发，考虑到现场环境，行为人被抓并受到刑罚处罚的可能性非常具体。在这一诱因作用下，根据一般人的心理标准，行为人足以做出中止犯罪的决定，因此其中止行为也不具有自动性。即便从规范评价的角度来看，行为人因害怕现实告发与追诉而放弃犯罪的做法并不能说明其对法益的积极态度，其量刑责任也未因此降低，因此也不具有规范意义上的自动性。

在第三种情况下，考虑到被害人是未满 14 岁的少女，有可能因为对这种事懵懵懂懂而不去告发，这样行为人受到刑罚处罚的可能性也大为降低。就这种受到刑罚处罚的抽象可能性而引起的恐惧来说，根据一般人的心理标准，难以抑制行为人继续犯罪的意志。然而，行为人在这一诱因下却选择了中止犯罪的，可以认为其行为具有自动性。

在第四种情况下，由于被害人注意到了行为人的举动，假如行为人继续犯罪，其名誉很可能会受到影响。如果行为人是基于这种自尊的需要发挥内驱力决定中止犯罪的，应该说具有中止的自动性。虽然就这一诱因而

言，根据一般人心理标准行为人也可能足以做出中止决定，但由于行为人具有伦理性动机，足以说明其量刑责任减轻，因此至少应该在规范上证立中止的自动性。

综上所述，对于行为人基于被发觉和刑罚处罚产生的恐惧而中止是否具有自动性这一点，应先根据一般人心理标准评价引起恐惧的诱因是否足以压制行为人继续犯罪的意志，然后再从规范上评价行为人是否符合量刑责任减轻的标准。在诱因只能引起一般人抽象恐惧的情况下，一般可以肯定行为人的中止行为具有自动性；在诱因引起具体恐惧的情况下，则一般会否定其自动性，但是假如确实查明中止行为人存在伦理动机的情况，也可以肯定其中止自动性。

概括而言，本书赞同我国刑法目前的通说观点，"因为担心被发觉而不可能继续实施犯罪，所以放弃犯行的，不具有自动性；担心被当场发觉而使自己名誉受到损害，所以放弃犯行的，具有自动性；担心被当场逮捕而放弃犯行的，不具有自动性；担心日后被告发、逮捕与受处罚而放弃犯行的，具有自动性"[1]。

在此需要补充说明的是，在分析因为担心被发觉和受处罚而中止的案件时，应结合具体情况考虑多种因素来判断诱因激发的恐惧感是否足以抑制行为人的犯罪意志，具体如下。

第一，犯罪类型。在诸如抢劫、敲诈勒索等需要被害人认识到部分犯罪事实才能实现既遂的犯罪中，因被害人发觉而产生的恐惧感较为抽象，对抑制行为人犯罪意志作用很小，而如果是第三人发觉则可能具有相对较大的抑制作用；在盗窃、侵占等一般不能为被害人所认知的犯罪中，因被害人发觉或第三人发觉往往会产生较为具体的恐惧感，能够对行为人的犯罪意志起到较大的抑制作用；在激情犯罪或冲动犯罪的场合，犯罪是否被发觉以及事后是否会受到刑罚处罚对行为人继续犯罪影响一般较小；等等。

---

[1] 张明楷：《刑法学》（第5版），北京：法律出版社2016年版，第368页。

第二，发觉者的身份以及是否负有报案义务。如果发觉者是行为人的亲友，那么因这一诱因产生的恐惧感相对较小。如果发觉者是认识自己但关系疏远的人，则由此产生的恐惧感一般较强。此外，如果发觉者是保安等负有报案义务的人，那么由此产生的被告发和受处罚的恐惧感通常比没有报案义务的人发觉更大。

第三，被告发及受刑罚处罚的时间性。因发觉者告发以及由此带来的刑事追诉与现在实行的犯罪之间的时间距离越长，由此产生的恐惧感就越为抽象，也因此越难以抑制行为人的犯罪意志；反之，则越容易促使行为人做出中止决定。

（5）因犯罪情绪消退而中止。

这种情形是指行为人在负面情绪作用下选择了犯罪，但在犯罪过程中随着情绪的逐渐释放而停止了犯罪。

就这一情形而言，2007年德国曾有过这样一个典型案例。被告人的妻子由于被告人的家暴行为，根据反家暴法向地区法院提出离婚诉讼，并且不顾被告人的强烈反对，不允许其进入二人共同的住宅。因为妻子没有为自己开门，被告人出于愤怒，踢开大门进入了住宅。他希望重建自己的地位，惩罚妻子并向她施加"最坏的事情"（当然此刻被告人还没有具体的想法）。当他发现妻子和女儿逃到屋里的阳台上时，他过去将女儿推到一边，并用左手抓住妻子的头发，用右手抓住她的腿，决定将妻子从阳台上摔下去。当他把妻子推到阳台的栏杆外面时，她抓住了阳台外沿。于是被告人使出全力去打妻子的双手，直到她不能继续坚持，从4.7米高的地方摔到了草地上。

开始被告人以为他的妻子可能已经死亡了。然而实际上他的妻子活下来了，并且未受较大的伤，主要是因为地面由于之前下雨而变得很松软。被告人立即发现了这一点，他的妻子并未按照他想象的那样（如可能会摔断脖子），而是几乎没有受伤并试图站起来。于是，仍处在愤怒之中的行为人也从阳台上跳下来，企图用其他方式立刻杀死妻子。他抓住她的头发，把她拉到草坪外的铺石路面上，试图将妻子的头撞向地面，但由于她

激烈的反抗而没有成功。

当他踢打妻子时,在阳台上目睹了事件经过的两位邻居向被告人大喊并让他立即停下来,他的女儿也朝他扔东西,试图阻止他的行为。此时,被告人因为没有随身带刀而感到十分生气,可他仍然打算用皮带勒死妻子,但因为力气减弱以及妻子的反抗而没有立刻得逞。后来,他感觉自己的怒气通过之前将妻子从阳台上推下来以及后来的暴力行为已经发泄得差不多了,因而决定放开妻子。他抓着妻子的头发将其拉到一边,然后自己又走进了房子,取下她挂在门前的袋子以及自己的衣物后步行离开。第二天,他向警察自首了。对此州法院认为,此案应该成立中止未遂。

本书认为,本案虽然存在多种促成中止犯罪的诱因,如邻居的喊叫、孩子的阻止、被害人反抗、行为人自己的力气逐渐变弱等,但这些诱因并没有促成其做出中止决定,行为人仍然继续尝试用其他方法杀死被害人,并且完全有机会回到房子寻找刀具。因此,行为人在离开之前仍然有机会继续实施犯罪。行为人最终放弃犯罪,是因为其愤怒情绪逐渐得到释放,由冲动回归到理性。

应该说,当行为人最终决定放弃杀人并离开的时候,没有新的诱因出现,行为人是通过实施暴力行为本身释放了负面情绪而放弃犯罪的。根据本书对自动性的理解,不论是基于何种动机,只要最后放弃了犯罪,由于可以排除情绪压力的持续作用,因此只能理解为行为人主要是通过内驱力而决定中止犯罪的,其行为应当具有自动性。

5.1.3 因迷信而中止

在行为人存在迷信心理的情况下,当特定诱因触动了行为人的禁忌时,有可能造成行为人放弃犯罪。例如,某行为人特别相信预兆之说,当其进入被害人住宅进行盗窃时,突然听到阳台上有乌鸦在叫,于是觉得很不吉利,担心自己会遭报应,于是放弃盗窃离开现场。对此,大部分德国学者都肯定这种情况中的自动性,如罗克辛认为,行为人根据"犯罪者同伙规则"犯罪时完全不会受到迷信的干扰,因此行为人放弃犯罪不符合犯

罪人理性，具有自动性。但也有少数学者认为应该区分情况，如特夫特尔（Trifterer）认为，"如果行为人突然想起今天是星期五，认为在星期五犯案就会被逮捕而停止行为的，应承认其自动性；如果行为人因非常迷信、陷入恐惧而停止，就应否定其任意性"①。日本的情况也类似，既有全面肯定说，也有部分肯定说。

在本书看来，要回答这一情形的自动性问题，需要先对迷信现象有一个客观的认识。不少人将迷信仅仅理解为封建迷信。据此，在当前科学昌明的背景下，迷信便不可能具有普遍性，利用迷信方法实施行为也不会产生实际的后果，因此迷信在刑法上的几乎是一个可以忽略的现象。应当说，如果行为人仅仅是在迷信犯的场合利用迷信方法犯罪，上述结论是合理的，但这里讨论的问题并不是利用迷信的方法中止犯罪，而是迷信对自动性的影响，因此有必要进行专门的讨论。严格说，迷信当然不限于封建迷信。根据宗教哲学大师奥斯丁（Austin）的看法，人们有时不是因为合理而相信，相反有可能因为崇拜而相信。迷信便是这种基于崇拜而"盲目地相信、不理解地相信"。理论上，人类对任何事物都可能存在迷信的观念，即使是在科学领域，同样可能因为对科学的崇拜而产生"科学迷信"。因此，不能把迷信简单视为封建迷信，不论科学知识多么普及，迷信还是有可能深刻影响一般人的判断和思维。

由此看来，因迷信而中止犯罪的情况，其实质是行为人在没有根据的情况下相信特定诱因的出现会导致某种不利后果，为了避免这种不利后果，行为人放弃了继续犯罪或实现犯罪既遂。简言之，行为人在特定诱因与不利后果之间建立了一种臆想出来的因果联系，这便是因迷信而中止的心理实质。

根据本书提倡的新折中说，虽然行为人主观相信特定诱因出现会导致某种不利后果，但是由于作为基准人物的平均理性人不会具有反理性的迷信观念，因此当特定诱因出现时一般人不会真的相信会有不利后果的发

---

① 程红：《中止犯基本问题研究》，北京：中国人民公安大学出版社2007年版，第224页。

生，也就是说一般人仍然会选择继续犯罪。在这种情况下，行为人却做出了中止犯行的决定，足见行为人的中止行为具有自动性。

5.2　因外在诱因而中止

5.2.1　因合法替代手段而中止

这种情形是指犯罪业已进入实行阶段，但由于情势变化，行为人的犯罪目标完全可以通过合法手段达到。德国法院曾审理过一个此类型的典型案例。甲意图强奸在树林里散步的乙。甲在对乙实施了足以压制其反抗的暴力之后，乙陷入不能抗拒的状态。这时，乙突然说同意发生关系，但请求先让自己休息一下。其实乙只是用了缓兵之计，以便拖延时间向路人求助。甲答应了乙的要求，停止了犯罪。之后，有两人散步到附近，乙立即向他们求助，甲便逃跑了。对此，德国联邦最高法院肯定了行为人的犯罪中止具有自动性，其理由如下[1]。

第一，行为人虽然受到被害人欺骗，但仍然出于自己可以决定是否继续犯罪的状态。被害人的欺骗没有造成行为人精神上的压迫而使其不能继续犯罪。

第二，行为人之所以放弃犯罪，是因为可以使用合法手段达到目的，而不必采取犯罪这种可能受到刑罚处罚的手段。应该说，行为人放弃犯罪只是自利的表现，并不是出于高尚的动机。但是刑法规定中止未遂应当免除刑罚并不是对高尚行为的奖赏，也就是说，中止动机不要求具有伦理性。

德国联邦最高法院的这一判决受到了罗克辛的批评，他认为这种场合应该否定中止自动性，因为"行为人的目的是实现奸淫，在这种场合，按照被害人的提议对实现行为人的目的是最容易的，行为人所实施的行为也

---

[1] 参见德国法院案例：BGHSt. 7: 299。

是'最合理的'。无论如何，经过简单的休息在那种场合是最适宜的。为何要对行为人的这种巧妙地利用当时状况的行为给予不处罚的奖励？这在刑事政策上是完全说不通的……无论如何，本案是直接使用暴力在压迫下强制性交的案件。行为人在袭击妇女时，如果该妇女与行为人预想的相反，非常乐意地答应了他的要求（实行的绝对的不能性），对此所有的学说都会承认未遂的可罚性。如果考虑到这一点的话，那么比此更恶劣的案件，法院认为他无罪在刑事政策上的不合理性就更明显了"[1]。罗克辛根据其犯罪人理性说否定此处的中止行为具有自动性[2]，理由包括以下两点。

第一，犯罪人具有冷静计算犯罪得失的能力，在被害人承诺发生关系的情况下，行为人可以毫不费力地通过合法手段实现奸淫的目的，这显然符合犯罪人理性。

第二，被害人之同意并非其真实意愿的表达。即便路人没有经过，被害人只能根据自己的提议与行为人发生关系，也不能说符合被害人的真实意愿。被害人之所以同意是基于行为人仍然可能实施强制奸淫行为而被迫做出的。

但是，罗克辛的观点也有存疑之处。犯罪人理性说原本是为了判断行为人是否向合法性回归而提出的理论，行为人在能够继续实施强奸行为的情况下，选择通过合法手段满足其性要求，应该说是主动向法秩序回归，而抛弃了犯罪人的理性。并且，行为人轻信被害人而拖延继续犯罪，会增加未遂的风险，这一举动应当说是违背犯罪人理性的。罗克辛之所以否定自动性，恐怕是考虑了行为人有可能只是将"合法手段"作为非法手段的暂时替代，而不是绝对放弃了非法手段。如果被害人不履行其此前同意的内容，那么行为人仍然会重新实施强奸行为。在此意义上，放弃强奸行为只是行为人根据犯罪人理性调整犯罪计划后的必要环节。唯此，罗克辛才能说行为人放弃犯行仍然符合犯罪人理性。但是，即便行为人果真是这样

---

[1] 程红：《中止犯基本问题研究》，北京：中国人民公安大学出版社2007年版，第210页。
[2] 程红：《中止犯基本问题研究》，北京：中国人民公安大学出版社2007年版，第210-211页。

想的，那么也不能说其就此相信了被害人同意的真实性，而是持将信将疑、观其言行的态度。

至此我们不难看出，行为人究竟是真的相信被害人，还是有所保留、将信将疑，对判断其行为的自动性具有决定性作用。关于这一点，单纯根据"行为人答应了被害人的请求而停止了犯罪行为"这一外在因素并不能得出唯一的论断。如果案件可以找到有效证据证明行为人真诚地相信了被害人，那么应当成立中止未遂；反之，如果行为人并不是真的相信被害人，那么其暂时放弃的行为就并不是中止行为，而是犯罪行为的必要环节。直到路人赶来救助，行为人被迫离开现场时，才存在客观意义上的中止行为，但该中止行为显然不具有自动性，因而构成障碍未遂。假如案件证据既无法证明行为人真诚相信，也不能证明行为人将信将疑，那么就应根据事实不明时认定自动性的规则来进行处理，适用罪疑从轻原则将其行为认定为中止未遂。

本书认为，就实现目的而言，合法手段当然比非法手段的风险要低，根据平均理性人基准，合法替代手段这一诱因足以使一般人做出放弃犯罪的决定。因此，当行为人做出中止犯罪决定时，并不一定能肯定其行为自动性的成立。此外需要注意的是，如果行为人对被害人的同意只是半信半疑，于是暂停犯罪，希望看到被害人兑现承诺，那么还谈不上行为人放弃犯罪，因此也就没有讨论其放弃犯罪之行为是否具有自动性的余地。本案中，犯罪最终因行为人的逃跑才最终停止。据此，其中止行为应该是逃跑行为，而不是之前答应被害人请求休息的行为。

5.2.2 因犯罪起因消失而中止

这种情形是指行为人在犯罪诱因消失的刺激下决定中止犯罪。德国学者乌尔森海姆曾举过这样两个典型案例[1]。

---

[1] Ulsenheimer: Grundfragen des Rücktritts vom Versuch in Theorie und Praxis, Berlin: Walter de Gruyter & Co., 1976: p343.

在第一个案例中,行为人逼迫前妻与自己复婚但遭到了拒绝,愤怒之下行为人准备用匕首刺死前妻,后来前妻同意了同居,行为人也就此停止,不再继续实施杀人行为。

在第二个案例中,行为人是未婚先孕的母亲,她考虑到孩子将来生活困难,便决定堕胎,但孩子的父亲同意承认父子关系并支付抚养费,行为人因此停止了犯罪。

对此,乌尔森海姆认为应当肯定行为人行为的自动性,德国法院在判决中也肯定了自动性的存在。但是,如果采取客观说或规范性自动理论,则有可能否定其自动性的存在。例如,根据犯罪人理性说,行为人犯罪的诱因消失了,其继续犯罪变得毫无意义,因此停止犯罪符合犯罪人的理性,故应否定自动性;根据客观说,当犯罪诱因消失后,一般人都不会继续实施犯罪,因此即便行为人停止犯罪,也不能说其行为具有自动性。

根据新折中说,由于一般人在犯罪起因消失后都会中止犯罪,因此原则上应当否定其行为自动性的成立。此外值得注意的是,上述案件中需要先正确分析中止犯罪的诱因。

在前述第一个案例中,行为人犯罪的起因是"前妻不肯复婚而产生的痛恨",这一起因在前妻答应与其同居后便消失了,此时前妻不再是行为人所痛恨的人,而是值得其去保护的人。应该说,"前妻变为值得去保护的人"是行为人中止行为的诱因。这一诱因的出现激发了行为人内心道德伦理观念,使其发挥内驱力并选择了中止犯罪。应该说,这种具有伦理性的中止应当具有自动性。

在第二个案例中,未婚夫不承认与孩子的父子关系而使孩子成为一个"没有未来"的人,这也是母亲决定杀人的诱因。但这一诱因在未婚夫承认父子关系并给付抚养费后便消失了,孩子成为有未来保障的人。母亲之所以放弃继续杀人,其诱因应该是"有未来保障的孩子"。这一诱因激发了母亲的爱心,使其发挥内驱力而放弃了杀人行为,故应当肯定其行为具有自动性。

通过上述分析可知,在犯罪起因消失的情况下,行为人固然可能在

"犯罪起因消失"的刺激下停止犯罪,但这不等于说案件不会出现新的诱因,通过激发行为人的内驱力而使其做出中止决定。如果案件中确有诱因激发行为人的内驱力,使之中止犯罪,那么当然应该肯定行为人中止行为的自动性。换言之,在犯罪起因消失的场合,行为人中止犯罪所受到的刺激并非单纯来自"犯罪起因消失"这种消极方面,还可能来具有积极意义的、能够激发行为人内驱力的诱因。

5.2.3 因目的物障碍而中止

所谓目的物障碍,是指行为人在实施财产犯罪时,其主观预想的目的物不存在或者远低于预期的情形。德国帝国法院曾有这样一个相关案例:甲以盗窃不特定数量违禁品的意思盗窃他人旅行箱,结果发现旅行箱内只有一小包违禁品,甲认为量太少而停止了盗窃行为。

对此德国帝国法院审判认为,"盗窃案件中,在行为人没有对目的物做特别限定而一无所获的场合,或者在虽然其计划窃取特定之物或一定的种类物但并未发现该物的场合,应否定中止的自动性。行为人因在盗窃之时才知道目的物对其毫无价值而放弃的,则应作相反处理。在由于目的物因量或价值不符合行为人要求因而其放弃盗窃计划的场合,按照通例这不是与行为人意思无关、能够阻止其继续实施盗窃的事实,因为这种事实对行为人所产生的影响并没有达到因强制而使行为人放弃其计划的程度。在本案中,行为人打开箱子时发现没有他所期待的大量违禁品,而这一事实并不是能够阻止实行的事实。换言之,即使量很少,行为人也还是能够实施其所意图的盗窃行为。因此,之所以没有继续实施,并不是因为在这种情况下行为人不得不放弃犯行,也不是由于强制使其没有其他选择,而是行为人自发放弃了盗窃的念头"[①]。可见,在此德国帝国法院主张对目的物障碍区分情况并加以处理,即只有部分情况下可以肯定自动性的成立。

学者对该问题也存在较大分歧。有人认为目的物障碍原则上只能得出

---

① 参见德国法院案例:RGSt. 55:66。

否定自动性成立的结论，"在财产犯罪中，行为人因当初所预定的目的物不存在，而不得不停止犯罪的，原则上不成立犯罪中止……行为人因为违反预期，而没有取得财物的，在经验法则上可以推定其犯罪无论如何不能继续下去，不论依照哪一种学说，原则上都可以认定犯罪中止的任意性并不存在"①。

日本学者大塚仁则一概否定自动性，认为盗窃犯人在没有发现目的物而放弃盗窃意图时，就不具有自动性②。大谷实也认为，因为找不到目的物而放弃时当然成立障碍未遂③。但也有反对者认为，行为人因目的物不能满足其欲望而中止的，也可以成立中止犯④。植松正则主张区别说⑤，认为当行为人没有盗窃特定目的物的意图，而只是想窃取一般财物时，如果其因为财物价值小而最终没有盗窃，则应成立中止犯；当行为人意图窃取特定目的物但特定目的物不存在时，即使其没有窃取其他财物，也属于障碍未遂。前一种情况，是因为根据经验法则一般人通常不会放弃而行为人放弃的，说明其行为具有自动性；后一种情况，是因为根据经验法则一般人通常也会放弃，因此此种中止行为不具有自动性。

我国有学者采取了一概肯定自动性的态度，因为"这些情况下，行为人继续实施行为对行为人而言不会产生特别的不利，而中止也不会带来任何利益。也就是说，行为人尽管很容易能够实现犯罪，但却没有实施。因此，虽然其通过实行犯罪显示出了强烈的反规范意思，但在没有什么特别值得让其放弃犯行的情况下却实施了中止，可见他的反规范意思已经弱化到了法律允许的程度。因此，应该承认任意性"⑥。实际上，该观点是通过行为人放弃犯罪的伦理性来论证自动性的成立。

---

① 周光权：《刑法总论》（第2版），北京：中国人民大学出版社2011年版，第202页。
② 大塚仁：《刑法概说（总论）》，冯军 译，北京：中国人民大学出版社2003年版，第221页。
③ 大谷实：《刑法讲义总论》，黎宏 译，北京：中国人民大学出版社2008年版，第291页。
④ 韩忠谟：《刑法原理》，北京：中国政法大学出版社2002年版，第180页。
⑤ 张明楷：《未遂犯论》，北京：法律出版社1997年版，第384页。
⑥ 程红：《中止犯基本问题研究》，北京：中国人民公安大学出版社2007年版，第219页。

在本书看来，对目的物障碍是否阻却自动性成立的问题不能一概而论，而应该区分具体类型分别处理。

（1）当行为人主观设定的目的物为种类物时，针对实际存在的目的物仍然可能成立犯罪中止。

从一般人标准来看，行为人因为目的落空或者与预期差距过大，通常会不得不放弃犯罪。也就是说，不能因为行为人放弃占有低于预期的财物，便认为可以成立犯罪中止。例如，行为人"打算抢劫巨额现金，但对只有少量现金而不予劫取的，不成立犯罪中止"[1]。但这一结论仅仅适合于被害人只有少量现金的情形，假如现场可供劫取的财物更多，则有可能成立犯罪中止。例如，行为人意图盗窃银行金库里数额特别巨大的现金，但恰逢银行内部整理，仅有数额比较巨大的现金在金库，行为人在失望中放弃犯罪。在这种情形中，行为人放弃犯罪的，不宜一概评价为盗窃罪未遂。因为现金属于种类物，数额巨大的现金与数额特别巨大的现金不存在质上的差别，而仅存在量上的差别。正是因为如此，行为人意图窃取数额特别巨大现金的主观心理完全能够满足"行为人对数额巨大现金具有占有目的"的要求。换言之，种类物数量较大的目的物设定当然包含着种类物数量较少的目的物设定。一方面，这是从规范评价角度得出的结论：前者的事实在规范上的内涵完全能满足后者的规范性要求，即前者可以被评价为后者。另一方面，这也是考虑了种类物对行为人动机的实际心理影响。因为，数量较大的种类物是由数量相对较少的种类物组成的，因此对前者的占有心理当然也包含着对后者的占有心理。或者换个角度来看，在行为人眼里种类物的数量并不是一个决定性的指标，种类物的性质才是其所看重的，即个别种类物具有的使用价值与经济价值才是行为人关心的。因此，既然行为人意图获得种类物，那么不论种类物的数量多少，都符合行为人的目的。

在此可能有人会这样假设，行为人可能特别看重种类物所具有的特定

---

[1] 张明楷：《刑法学》（第5版），北京：法律出版社2016年版，第368页。

数量，因此数量也是重要的指标，当数量未达标时，应当认为行为人是被迫放弃的。这种假设其实是偷换了概念。如果行为人果真如此看重种类物的特定数量，达不到数量要求便不会想去取得的话，那么这些特定数量的种类物已经不是种类物，而是根据行为人的主观设定转化为一个整体财产，从而应当被划入特定物的范畴。

总之，在种类物的场合，即便实际数量比行为人的预期少，也并不妨碍行为人对实际存在的种类物存有占有的目的，因此其放弃继续盗窃的，应当成立犯罪中止。

得出上述结论时，需要注意以下两点。

首先，此处所谓的犯罪中止并非针对行为人原本预想的、以数额特别巨大财物为对象的盗窃罪而言的，而是针对现实可能发生的、以数额巨大财物为对象的盗窃罪来说的。显然，犯罪中止是指现实世界里的犯罪中止，而不是行为人主观世界里的犯罪中止。刑法关注的必然是现实中可能发生或者已经发生的犯罪，行为人主观想象的犯罪并不是真实存在的犯罪，否则便会陷入主观归罪之谬。因此，正确的推理过程不是从行为人主观想象的犯罪开始的，而应从确定现实世界中可能发生的犯罪开始，再由此出发认定行为人之停止犯罪是否成立犯罪中止。如果行为人想象的犯罪在现实世界中根本不可能存在，那么就谈不上针对这一犯罪的中止。总之，犯罪中止中的"犯罪"不应当被理解为行为人想象中的犯罪，否则就有落入主观主义刑法学之嫌。

其次，目的物障碍有可能因行为人调整犯罪计划而消失，因此即便一开始存在目的物障碍，也并不意味着目的物障碍永远存在。犯罪中止评价的时间点是中止行为之时，而不是实施此前的犯罪行为之时。如果行为人发现目的物低于预期，其犯罪计划有可能在中止行为时进行自我调整。也就是说，原本行为人意欲盗窃数额特别巨大的财物，但因现实中不存在这一目的物，其有可能转而窃取数额比较巨大的财物。如果行为人确实产生了这一内心变化，但却在可以实际窃取财物时最终决定放弃的，当然可能成立犯罪中止。简言之，犯罪是一个动态发展的过程，不能机械地因为犯

罪人主观上存在的目的物预想，便始终将犯罪定格为针对预想目的物的犯罪。重要的是犯罪人在中止行为时其内心的犯罪计划究竟是什么，如果行为人的犯罪计划已经调整，那么对其而言目的物障碍实际已经消失了，因此应该根据调整后的犯罪计划来认定行为人是否存在自动中止的情况。

（2）当行为人主观设定的目的物为特定物时，其一旦认识到只要自己追求的目的物不存在，犯罪计划便不可能实现，那么也就不可能成立犯罪中止。

这种情形不同于前述种类物的情况。特定物之间不存在可替代性，即便行为人当时仍然有机会取得其他特定物，也不能认为其行为成立犯罪中止。在这里，我们不能将不同的特定物抽象为一般意义上的财物，然后据此认为行为人原本具有取得一般财物的犯罪意志，而这一犯罪意志在行为人发现目的物不存在时仍然成立，因此行为人是在自己仍然可以实现犯罪既遂的情况下主动放弃了犯罪，从而成立犯罪中止。

这一观点存在的问题在于，犯罪中止需要从行为人的角度来进行判断，如果行为人追求的目的物是特定的，那么其他财物在性质上就是其所排斥的。因此，虽然从法益角度我们完全可以将不同特定物视为相同的财产法益，但特定物之间的差别在行为人那里是非常重要的，不能等同视之。换言之，特定物的差异足以造成行为人缺乏继续实施犯罪的动力，进而阻却犯罪中止成立的可能性。

不过，即使是在特定目的物不存在的情形中，也要注意行为人存在犯罪计划调整的可能性。如前所述，如果行为人在发现目的物不存在并转而将其他财物作为新的目的物时，仍然可能成立犯罪中止。例如，甲为了给孩子准备新年礼物，便潜入商场仓库盗窃特定型号的笔记本电脑。在进入现场后，他发现该型号电脑已经脱销，没有存货，于是便挑了一部手机作为替代品。在即将离开现场时他突然想到孩子已经有了一部类似的手机，于是决定放弃，不再窃取该手机。在这种情况下，甲的行为应该被视为成立犯罪中止，因为其在中止行为之时，已经不再继续认为目的物是不可代替的，也就是说，目的物障碍已经消失。

(3) 行为人主观设定的目的物为具有一定价值的一般财物,但实行犯罪时发现财物价值不高,因而停止犯罪的,其中止行为具有自动性。

这种情况区别于前述两种情况,行为人没有明确设定目的物是属于种类物还是特定物,而是一般地对财物的价值有所期待。美国学者弗莱彻(Fletcher)曾这样举例,"假定一个强盗在被害人的钱包里中只找到了五美元。于是他把钱包还给被害人并说:'忘记这件事吧。你比我更需要这些钱。'这是一个有效的放弃吗?"① 此案件中,如果行为人没有明确设定抢劫财物的属性或特定要求,而只是对财物的交换价值(经济价值)有所期待,那么可以认为行为人的目的物为一般财物。

这种情形与目的物为种类物的情况相似。如果行为人意图取得经济价值较高的一般财物,那么这一心理状态完全能够满足"目的物为经济价值较低的一般财物"的所有要求。一方面,从规范上的位阶关系看,意图取得经济价值高的一般财物当然满足意图取得经济价值低的财物的规范性要求,即重的可以被评价为低的。另一方面,从对行为人心理动机的影响来看,既然行为人将目的物设定为一般财物,那么其看重的便是一般财物所具有的经济价值,即不论这些财物的价值高低,都会促成行为人实现犯罪既遂。因此,在目的物为一般财物的场合,即便其实际经济价值低于预期,行为人中止犯罪之举仍然具有自动性。

5.2.4 因财产得失而中止

这种情况是指行为人在实施犯罪的过程中获得了被害人或第三人提供的财产利益,或者行为人继续犯罪就会丧失财产利益,于是其基于这种财产利益上的得失而中止犯罪的情形。例如,甲得知职业杀手乙收了仇人酬金要来杀害自己,便给乙提供了更多酬金,乙接受金钱后便放弃了暗杀。又如,甲在盗窃过程中发现自己的住宅起火了,于是放弃盗窃。就第一个

---

① 弗莱彻:《刑法的基本概念》,王世洲 主译,北京:中国政法大学出版社2004年版,第243页。

案例而言，罗克辛肯定了中止自动性的存在，认为"从决定暗杀的行为人的立场看来，因为这样的方法而使计划遭受挫折，是'不合理'的"[①]。

"财产利益上的得失"这一诱因对行为人会产生怎样的影响？对这一点需要根据犯罪类型来进行分析。

第一，在以获取财产利益为目的的犯罪中，由于行为人本身是在追逐财产利益，因此在那些具有逐利心理的一般人看来，该诱因足以激发行为人中止犯罪的决定。因此即便行为人放弃了继续犯罪，也不能认为其中止行为具有自动性。

第二，在不以获取财产利益为目的的犯罪，特别是非理性的暴力犯罪中，如果出现了财产利益上的得失，按照一般人标准通常不会因为这一诱因而做出中止决定。如果行为人做出了中止决定，那么便可以认定其中止行为具有自动性。

从上述观点来看，职业杀手乙本来是以获取财产利益为犯罪目标的，甲给予更多的酬金足以使其做出中止决定，因此采用心理方法不能肯定其中止行为的自动性。如果采用规范的方法，则乙实际上仍然将犯罪作为获取财产利益的手段，因此其人身危险性未降低，应当成立犯罪未遂。反之，假如不是乙受雇杀甲，而是仇人自己对甲实施杀人行为，甲提供财产利益后仇人放弃犯罪的，则应视其行为具有自动性。同理，在上述第二个案例中，甲为了抢救自己财产而放弃犯罪，由于其原本就是在实施财产犯罪，因此与上例前一种情形类似，行为人只能成立障碍未遂。

5.3 其他问题

5.3.1 未预期障碍与中止自动性

未预期障碍是指行为人在犯罪过程中遇到了自己预期以外的现实障碍

[①] Roxin. Rezension von Alexander Peter Gutmann, Die Freiwilligkeit beim Rücktritt vom Versuch und bei der tätigen Reue, in ZStW, 1965 (77): p98.

或可能风险。对此，有学者认为"外部情事属于行为人所未预期的障碍的，即便行为人停止犯罪，也不能认为成立犯罪中止"①。应该说，行为人对障碍、风险等诱因的预见程度对自动性的判断具有积极意义。一般来说，如果行为人事先预见到了诱因的出现，那么当该诱因真实出现时，其心理上的接受程度和自我调整能力就比较强；如果事先没有预见诱因，那么当诱因在犯罪过程中出现时，就会对行为人的心理产生比较大的影响。但是，是否预见只是判断诱因对行为人心理影响的一个参考因素，而不具有绝对的意义。有观点认为，"行为人因为出乎预期范围之不利因素（包括误认之不利因素）而决定放弃其行为的，非因己意而中止。反之，行为人并非因为出乎预期之不利因素而决定放弃其行为的，即属于本身意念的转变而放弃其行为，是因己意而中止"②。对此本书认为，不能将未预见的原因等同于意志以外的原因，是否预见与是否符合行为人意志是两个不同的问题。

首先，外在障碍如果并未被行为人认识，即便该障碍在一般人看来足以阻止犯罪既遂，也不能据此否定自动性的成立。自动性是指行为人自动中止犯罪，而不是一般人自动中止，应当站在行为人的角度来理解和认定自动性。据此，不论是内在障碍还是外在障碍，都必须通过行为人认知这一环节才能对行为人心理产生影响，进而影响到对自动性的认定。

其次，不能因为诱因没有被行为人预见便认为属于其意志以外原因，并据此否定自动性的成立。例如，行为人在实施强奸行为过程中发现被害人正处于月经期，虽然其认为自己仍然可以继续实施强奸行为，但还是放弃了，此时行为人中止犯罪的诱因是被害人正处于月经期。这一外在障碍虽然是行为人没有预见的，但并不妨碍行为人自动中止犯罪。

最后，即便行为人事先已预见了诱因，但如果其认为该诱因足以妨碍继续犯罪或实现既遂的，也属于其意志以外的原因，因而能够阻却自动性的成立。

---

① 周光权：《刑法总论》（第2版），北京：中国人民大学出版社2011年版，第203页。
② 黄荣坚：《基础刑法学》（第3版），北京：中国人民大学出版社2009年版，第364页。

5.3.2 误认客观障碍与中止自动性

如果客观上并不存在外部障碍，行为人中止犯罪是因其无可避免之认识错误而造成的，那么这种犯罪中止是否具有自动性呢？从哲学角度讲，自愿以具有理智认知为前提。例如，亚里士多德主张无知可以否定自愿，如果行为人并不清楚自己选择了什么，当然谈不上其对这种选择是自愿的。

但是，法学上的自动性却不应做这样的理解。法学上的自动性主要涉及行为本身是否出于行为人己意的问题，而不是其对实际发生的客观结果有无认知的问题。换言之，自动性并不等同于行为人对客观行为及客观结果的认识与意志，而是站在行为人的角度来评价行为本身是否为其本人意志的结果。即便行为人对中止行为与消除既遂危险的结果缺乏认识，也不能绝对排除成立自动中止的可能性。自动性所要解决的问题并不是行为人是否应在主观上对中止行为的客观结果承担责任，而是在何种条件下能够给予行为人减免刑罚的奖赏。在此意义上，本书赞同通说立场，即"客观障碍并不存在，行为人误认为存在，心理上受到强制而中止的，不是基于其本人的意思放弃犯罪，应当否定任意性……反之，原本存在外部障碍事实，但行为人毫不知情，或发生错误认识的，仍然可以成立犯罪中止"[1]。

在此需要附带提及的是，有的学者对客观障碍的认识错误做了过于宽泛的理解。例如，"行为人侵入某宅行窃，忽见风扫落叶如飞絮，顿觉人生虚幻无常，而中止犯行时，固得认其成立中止犯"[2]。在这种情形中，行为人因为对人生突然有了某种抽象的感觉或看法，不能称之为客观障碍的认识错误。"虚幻无常"是对生命体验的表达，而不涉及对外在事实的认知。又如，行为人一早出门去盗窃，在家门口遇到一群乌鸦飞过，突然觉得很不吉利，认为可能会失手被抓，于是就放弃盗窃。这里的"不吉利"

---

[1] 周光权：《刑法总论》（第2版），北京：中国人民大学出版社2011年版，第203页。

[2] 甘添贵：《刑法之重要理念》，台北：瑞兴图书股份有限公司1986年版，第144页。

是源于封建迷信而产生的内在心理现象，与这里所讨论的外在障碍亦不能等同视之。

5.3.3 放弃犯意的彻底性问题

我国学者在讨论自动性时一般都会涉及放弃犯意的彻底性问题，德国、日本等的刑法理论则大都将其放在中止行为中进行研究。就此而言，放弃犯意的彻底性可谓是我国自动性理论所特别讨论的问题。"中止犯罪的决定必须是完全的、无条件的、彻底的，而不是部分的、有条件的或暂时的。"[①] 如果犯罪分子因犯罪时机不成熟、犯罪环境不适应、上当受骗等原因而暂时中断犯罪，但其并未彻底放弃原来的犯罪意图，只是伺机以后再犯的，不构成犯罪中止[②]。例如，行为人本想犯严重的罪行，但在犯罪过程中转为实施较轻犯罪的，不成立犯罪中止。

对此有学者提出异议，认为"这里的最终放弃犯意，应是指完全放弃该次特定犯罪的犯意，而不是完全放弃一切犯罪的犯意。例如，行为人原本打算强奸妇女，但发现其身上有巨额现金，认为与其强奸不如抢劫，进而使用暴力强取财物的，虽然成立抢劫既遂，但仍然成立强奸中止"[③]。也有学者将之归纳为保留犯意是否成立中止犯的问题，认为犯罪人保留犯意便不能成立犯罪中止，这种观点"实际上是限定主观说的翻版：行为人中止犯罪必须具有广义的后悔意思，行为人自然以绝对放弃犯意为必要。实际上，行为人基于某种理由而自动中止'当下'的犯罪，就可以成立中止犯"[④]。

对此有日本学者认为，"任意性是以最终放弃犯意为必要，或者暂时放弃即已足，常常作为是否'基于自己的意志'的问题来讨论，但该问题实际上属于是否'中止行为'的问题；当该问题被作为中止行为问题而进

[①] 王作富：《刑法学》（第2版），北京：中国人民大学出版社2005年版，第126页。
[②] 高铭暄：《新编中国刑法学》（上册），北京：中国人民大学出版社1998年版，第224页。
[③] 张明楷：《刑法学》（第5版），北京：法律出版社2016年版，第368页。
[④] 周光权：《刑法总论》（第2版），北京：中国人民大学出版社2011年版，第203页。

5 自动性认定中的具体问题

行处理时，解决起来比较简单。中止行为是指行为人停止已经着手的实行行为，而不是是否放弃了超越具体实行行为的实体犯意（能否这样表述尚有疑问）的问题。能否将那些行为人意欲等到其他时间实行或者为了实施其他行为而停止的犯罪认定为中止行为，取决于其他行为与停止的行为是否为相同的实行行为。例如，在行为人打算改天行窃因而放弃了今天继续实施盗窃行为的情况中，如果是其侵入仓库后发现财物过多因而打算改天开车再来的，不属于中止行为；行为人原打算窃取现金，但因现场有宝石，便只窃取宝石的，不属于中止行为。但是，行为人认为与其盗窃不如放火并因此放其盗窃行为的，就盗窃罪而言存在中止行为"[1]。

在本书看来，自动性的问题是否能够转化为中止行为的问题确实值得深入思考，理由如下。

首先，自动性问题确实与中止行为有紧密关系。有时，对中止行为的认定对自动性问题的解决有帮助，但并不是说就可以将自动性问题转化为中止行为加以解决。中止行为的自动性是以具有中止行为为前提的，如果缺乏中止行为，便没有必要讨论自动性问题。在此意义上，讨论中止行为的问题对解决自动性问题当然有帮助。例如，在前述行为人意欲开车回现场继续盗窃一案中，根据行为人的犯罪计划可知，其盗窃行为并未停止，盗窃罪也并未出现终局状态，这时不存在中止行为。

或许有人认为，既然停下来回去开车，就不得不放弃现实进行的盗窃行为，因而存在中止行为。这种观点其实并没有从实质上来理解中止行为，而仅将外在形式上不表现为盗窃本身的行为都理解为盗窃的中止行为。对行为的理解不能完全脱离行为人的行为意志，即便是极端的结果无价值论者也从未将行为意志排除在行为要素质之外。行为意志代表行为人实施犯罪行为的趋向性，它是行为的引导要素，因而在一定程度上影响着行为的实质。根据这一原理，行为人如果只是想回去开车以便再回现场大批转移财物，这一行为虽然从表面上看与真正的中止行为颇为相似，但就

---

[1] 平野龙一：《犯罪论的诸问题（上）总论》，东京：有斐阁1981年版，第149-150页。

其发展趋势或从行为人设定的因果发展过程来看,却存在根本的区别。行为人离开盗窃现场是根据其犯罪计划而设定的必要环节,因此不能从形式意义上来理解为中止行为。我们之所以肯定这里不存在中止行为,其实是考虑到了行为人具有在同一机会继续实施犯罪的意思。分析到这里,我们可以十分肯定地说,根据行为人仍然存有在相同机会中继续实施盗窃的意思,足以做出否定其行为自动性的结论,而不必借助中止行为理论。

由此不难发现,中止行为是否存在的问题与中止动机的强度问题实际上具有相近的思考环节和关键点,只不过两者的分析角度不同,且使用了迥异的表达方式或理论进路。虽然思考环节和关键点相近,但是通过中止行为来解决自动性动机强度问题的方式并没有使问题变得更简单。从逻辑上说,如果不存在中止行为,也就谈不上中止行为的自动性,因此,上述根据行为人的行为意志来否定自动性的表述不够严谨。准确的表达应该是,虽然存在中止行为这一外在要素,但因为行为人不具有放弃犯罪的意志,因而该中止行为实际上仅是继续发展的、貌似具有自动性的盗窃行为罢了。既然不存在中止行为,那么便谈不上中止行为的自动性问题。

其次,不是所有自动性问题都可以转化为中止行为问题来进行解决。显而易见,自动性的问题无论如何也是行为人主观心理层面的问题,除非像极端的行为主义心理学那样,将行为人心理完全理解为外在行为[①],否则很难将主观心理问题都转化为外在客观要素问题来加以解决。虽然很多时候行为人的外在行为对确定行为人心理具有至关重要的作用,但是通过外在行为完全解决心理认定难题既不现实,也不可信。例如,行为人用手枪在近距内指着被害人的心脏开枪射击,这一外在行为几乎可以确定行为人对被害人的死亡结果具有直接故意。但是,这也只是在极端明显的情况下才能有的效果。如果行为人不是对着心脏,而是对着仅可能造成伤害的部位开枪,我们就不能很肯定地说行为人仅具有伤害故意。这说明希望通

---

① 极端的行为主义心理学认为,所有的心理现象都是外在行为。本书认为,此处的行为是指所有能够被观察和描述的人体现象。

过客观要素来解决主观心理问题的做法有其局限性。同理，中止行为与自动性分属不同的范畴，它们之间的界限不可能通过某种理论而完全融化消解。

例如，我国学者在讨论中止犯时通常会涉及放弃连续侵害的定性问题。应该说，该问题既涉及中止行为的问题，也涉及自动性问题，两者彼此独立，并且应当按照先讨论中止行为后讨论自动性的顺序来进行思考。但是，我国部分学者却没有严格区分两者，而是用对一个问题的讨论替代或回避对另一问题的讨论。详言之，在放弃连续侵害行为的定性问题上，我国学界主要有以下三种观点[①]。

第一，未遂犯说认为，行为人在放弃连续侵害之前的犯罪行为已经终了，只不过因为其意志外原因而没有发生危害结果，因此成立犯罪未遂。这种观点实际上是将放弃重复侵害行为本身排除在刑法的评价范围之外，而仅仅考虑了放弃行为之前的犯罪行为，存在评价不全面的问题。此外，这一观点也仅仅分析了犯罪行为未造成危害结果是出于行为人意志以外的原因，却完全没有考虑其放弃行为的自动性问题。可见，该说实际上仅仅讨论了行为人放弃之前犯罪行为的情况，完全没有考虑其放弃犯罪的行为及自动性。

第二，中止犯说认为，从客观上来看，行为人放弃连续侵害行为发生在犯罪出现停止形态之前；从主观上看，行为人是自动放弃而不是被迫停止。该观点在我国处于通说地位，但是这种学说存在过于简单化的弊端。其一，该说实际上将放弃连续侵害在整体上视为一个行为，而忽略了成立数个行为的可能性。其二，放弃行为之前的犯罪行为确实是因为行为人意志以外的原因而未造成危害结果，但如果仅仅因为其放弃行为具有自动性，便在整体上将该行为认定为自动中止，似乎没有充分考虑行为人意志以外原因在犯罪发展过程中的作用。该说实际上是用自动性问题的讨论掩盖了对中止行为、犯罪行为及其关联性的讨论。

[①] 黎宏：《刑法学》，北京：法律出版社2012年版，第257页。

第三，折中说认为，行为人之前的犯罪行为因出于其意志以外原因而未造成危害结果，因此成立犯罪未遂；此后因为其放弃继续侵害的行为具有自动性，所以成立犯罪中止。但在最终定性上，应当按照重行为吸收轻行为的原则，认定为犯罪未遂。对此有学者批评指出，"这种观点的问题在于将一个犯罪行为分解为数个行为加以评价。如果行为人使用自动步枪连续射击造成死亡结果的，只构成一个杀人既遂罪；如果射出一发子弹后未击中目标，此后调转枪口转向别处，避免了死亡结果发生的，能否认为构成故意杀人未遂和中止两个罪呢？当然不能"[①]。本书认为，如果针对行为人使用枪械连续侵害的场合，此类批评意见固然可取，但在其他场合却未必如此。应该说，折中说将犯罪行为分解的做法有一定的可取之处。这种思路先是考虑了行为的问题，即犯罪行为、中止行为及其关联性，然后再在特定的行为范围内根据主观要素将其认定为犯罪中止或犯罪未遂，并在此基础上根据罪数标准得出最终结论。

在本书看来，放弃连续侵害是否成立中止犯的问题，需要先在犯罪中止的行为问题上做出精准的回答，即明确中止行为及所中止之犯罪行为究竟为何，在此基础上我们才能进入自动性论域。就此而言，折中说在方法论上具有借鉴意义。未遂犯说既没有回答行为问题，也忽视了对自动性的讨论，缺乏细致的体系性思考。中止犯说则对中止行为与犯罪行为之间的关联缺乏深入探讨，同时也没有充分重视自动性所针对的行为范围，从而仅凭行为人在特定行为环节所具有的自动性，就想当然地将其所有的行为都纳入中止犯的评价范围，即在整体上成立犯罪自动中止。显然，中止犯说没有先明确将哪些犯罪行为与最后的中止行为组合为犯罪中止的评价对象，而是用自动性的说辞掩盖或忽视了作为自动性讨论前提的行为问题。也就是说，中止犯说实际上将中止行为与自动性的思考顺序倒置，未在思考方法上遵循体系化的要求。

详言之，放弃连续侵害的定性问题最先涉及的是犯罪行为、中止行为

[①] 黎宏：《刑法学》，北京：法律出版社2012年版，第257-258页。

5 自动性认定中的具体问题

及其关联性等问题,即行为人放弃行为之前实施的侵害行为究竟是数个行为还是一个行为;放弃行为究竟是数个行为中某一犯罪行为的中止行为,还是整体上与前面所有侵害行为连成一体,从而成为一个整体意义上的犯罪中止行为;等等。在解决行为问题后,才能进一步讨论自动性以及成立中止犯的问题。遵循上述思路,该问题接下来还需要处理罪数问题,如究竟应认定为数罪(即数个犯罪未遂加一个犯罪中止),还是应认定为一罪(即犯罪未遂或犯罪中止)等。

在行为问题上,如果我们认为存在数个行为,那么势必得出数罪的结论,但这一结论在某些场合可能会导致用刑过重的问题,从而违背了一般人的法感觉。例如,甲连续向乙开了三枪,但均未打中,此后甲基于同情心理在仍然可以继续射击的情况下放弃了侵害。在这种场合,我们不能期待行为人一枪便能达到犯罪既遂,实际上行为人以相同的工具、方法连续实施数次行为后才最终完成犯罪的情况更加符合人们的日常经验。可以说,人们将这种基于同一犯罪机会、行为特征高度一致的重复侵害行为认定为一个整体的杀人行为更具有合理性,因此本案最终认定为一个犯罪中止也才具有合理性。相反,如果我们认为行为人存在三个杀人行为和一个中止行为,并因此认定为三个犯罪未遂加一个犯罪中止,那么便需要实施数罪并罚,其用刑程度较前者便高出很多。正因如此,折中说才援用所谓重行为吸收轻行为的原则,仅认定为犯罪未遂以减轻刑罚。但是,既然该观点采取了数行为立场,那么这些相互独立的数个行为之间如何具有吸收关系,又无疑成为一个难题。应该说,通说所列举的吸收关系类型并不包含这种情形。

如果我们在行为问题上采取了一行为立场,那么就只能认定一个犯罪未遂或犯罪中止。可是,在某些场合这一结论也可能违背一般人的法感觉。例如,甲意图枪杀乙,打了三枪以后因枪械出现故障而不能继续发射,于是甲又在现场临时找到一把匕首并继续对乙实施杀害行为,但当甲看到乙身负重伤时,产生同情心并最终放弃了杀人行为。在这一场合,枪械故障使枪杀行为彻底停止,行为人原本的枪杀计划落空了,其不得不需

找别的犯罪工具实施新的杀人计划。根据自然意义的一行为标准，行为人实际上存在两个犯罪行为，即前面的枪杀行为和后面的刀杀行为。这两个行为虽然存在相同的行为性质，但行为方式和犯意内容不同，不宜认定为一个整体的杀人行为。反过来说，如果认定为一个整体的杀人行为，那么枪杀行为因意志以外的原因而出现终局性状态，刀杀行为则由行为人自动中止，这些原本不应被忽视的法律事实却都将被排除在刑法评价之外，因而存在法律评价不足的缺陷。因此，在先前的犯罪行为已经出现终局性状态，行为人不得不转换行为方式才能进一步实施犯罪的场合，宜认为存在数个行为，并据此认定为一个犯罪未遂和一个犯罪中止，最后进行数罪并罚，这更符合一般人的法感觉。

综上所述，在放弃连续侵害的场合，既不能概括地采取一行为立场，也不能概括地采取数行为立场，而是应该采取某种相对折中的行为个数标准，并结合案件种类对其进行类型化解释。简言之，本书主张行为个数应该根据行为开始和行为出现终局性状态这两个时间点作为划分标准进行确定，即从行为开始实施到由于某种原因（包括意志以外原因和意志以内原因）出现终局性状态时所经历的所有举止过程便是一个行为。所谓终局性状态，是指行为人基于特定犯罪的犯意而实施犯罪行为之后，出于某种原因而不可能再继续下去。只要其行为出现终局性状态，则行为人只能通过重新调整犯意或变换行为方式才能重启犯罪过程。由于本说根据行为出现终局性状态的次数作为行为数量的标准，因此也可以被称为"终局次数说"。

例如，行为人计划用装满七发子弹的手枪杀死一个特定的被害人，他连续开了六枪均未击中，此后出于同情而放弃了开第七枪。本案中，行为人实际上还可以开第七枪，但出于意志以内原因而令杀人行为出现了终局性状态。这时，前面的六枪是一个连续发展的举止过程，应认定为一个整体的杀人行为。据此，本案最终应认定为一个犯罪中止。

又如，行为人选用手枪作为杀人工具，但因担心出现意外，于是又拿了一把匕首作为备用工具。到达犯罪现场后，行为人先用枪打，结果子弹

耗尽也未得逞，于是其又拿出匕首继续实施杀人行为。在造成被害人重伤后，行为人基于同情心而放弃了杀人。在本案中，行为人虽然转换了行为方式，但仅此还不能如前例一样认为其存在数个行为。这是因为，匕首原本是其行为计划中设定的备用工具，而不是在现场临时起意寻找的新工具，因此不能认为枪杀未果时行为即出现终局性状态，实际上行为直到行为人放弃继续用刀杀人时才出现了终局性状态。据此，行为人在整体上也只有一个杀人行为，本案将其认定为一个犯罪中止即能做到充分评价。

再如，行为人以杀害的意思连续向电影院里的不特定观众射击数枪，结果造成数人重伤（尚无人死亡），此后其在仍然能够射击的情况下最终放弃了继续射杀行为。从生命法益的角度，由于被害人生命具有高度的个人专属性，因此行为人每开一枪便出现一次终局状态，成立一个杀人行为，最终应认定为数个故意杀人未遂和一个故意杀人中止。从公共安全的角度来看，由于行为人危害公共安全的行为直到最后放弃才出现终局性状态，可见其之前的开枪行为是一个连续发展的过程，因而此处仅成立一个行为，应认定为以危险方法危害公共安全罪的中止犯。剩下的问题，便是运用想象竞合理论来处理两罪之间的实质竞合问题。

韦塞尔斯指出，在行为个数的问题上，大陆法系刑法理论通说通常将其归纳为自然意义的一行为、构成要件的行为单数和自然的行为单数等类型[1]。与此相比，本书提出的终局次数说具有自己独立的特点，具体如下。

第一，本说不需要区分自然意义的一行为、构成要件的行为单数和自然的行为单数等行为单数类型，因为不论是自然意义的一行为，或是多行为犯、结合犯、继续犯、构成要件之等价选择行为、构成要件之集合行为、接续犯等，都能根据终局性状态的出现次数这个统一标准恰当地确定行为个数。例如，在多行为犯的场合，由于多行为原本就在行为人的犯意之内，因此各个行为并没有独立存在的意义，而是属于一个完整的连续发展过程，仅成立一个行为。需要注意的是，本说并没有像通说那样求助于

---

[1] 韦塞尔斯：《德国刑法总论》，李昌珂 译，北京：法律出版社2008年版，第462-471页。

构成要件，而是完全根据前规范的标准或者说本体论意义上的标准来认定行为个数。照理讲，行为个数理论旨在解决构成要件的评价对象问题，应该属于行为的本体论领域，如果借助构成要件来解决构成要件评价对象的问题，难免具有循环论证之嫌。就此而言，本说更符合行为个数理论所应该具有的本体论属性。

第二，本说充分考虑了法益概念对行为个数的影响，将法益作为指称行为的参考系或标志。在个人专属的法益场合，行为是针对每一个具体法益承载者而言的，存在多个个人专属法益，因此存在多个行为。即使这些行为是连续实施的，也不能认为仅存在一个行为；在非个人专属法益场合，行为数量是针对一个整体的法益承载者而言的，因此即使行为是逐次或多次实施的，只要其能够满足犯罪发展的持续性要求，仍然被视为仅存在一个行为。之所以如此，主要考虑了个人专属法益人身专属性，只有将行为做相应的个别化处理才能与之协调和匹配。

第三，行为个数需要在构成要件评价之前予以确定，因此学说上通常借助"是否属于一个生活流程"这一行为的本体论观念来处理行为个数问题。可以说，能在多大程度上满足一般人对行为个数的日常理解，直接影响了某种行为个数理论的可接受性和解释力。本说仅根据行为开始和出现终局这两个简单明了的日常判断作为认定基点，与一般人根据时间发展阶段确定事物存在个数的日常理解相契合，无疑具有理论建构上的优势。

第四，本说所提出的终局性状态，虽然没有借助构成要件来进行定义和判断，但并非处在刑法思考之外的日常语言概念。显然，终局性状态之前的行为人举止都具有发展的持续性，因此本说实际上是将"行为发展的持续性"作为行为人举止之间的连接点，并将特定范围的举止结合为一个行为整体。从刑法学的角度来看，行为发展的持续性既能征表行为人各个举止之间具有时间和空间上的关联，也能折射出行为人通过犯意将某些举止纳入统一的计划范围，还能标明数个行为之间究竟在何处出现了彼此分立的断裂点，应该说完全满足了刑法学建构某种行为理论的规范性要求。同时，"行为发展的持续性"是一个主客观统一的综合要素，将其作为标

准来确定行为个数，比单纯从主观或者客观要素出发确定行为个数更为全面与合理。

第五，本说从动态角度建构行为个数认定标准，即通过"行为发展的持续性"这一动态要素连接行为人举止，这显然区别于以往从犯意、法益、时空联系性等静态要素进行立论的学说。应该说，既然行为是一个动态的存在，那么仅仅通过静态分析把握行为必然有其局限性。就此而言，本说的立论角度具有特殊的优越性。

第六，本说所谓的终局性状态与犯意、行为方式、犯罪停止原因等概念紧密相关，而这些概念在刑法学上已经形成了相对成熟的认定理论，可以直接应用于终局次数的司法认定，使本说在实践中具备较好的可操作性。

通过以上分析不难发现，只要严格按照先处理行为问题、再处理自动性问题的体系性思考进路，对放弃连续侵害的行为进行定性并非难题。以往的争论，在很大程度上是将自动性问题与行为问题混在了一起，从而导致为了避免一方面的难题而采用回答另一方面问题的做法来进行相互掩饰。对此，本书提出的终局次数说可以较好地解决行为问题，并为进一步解决自动性问题打下良好基础，同时也有利于将这两方面问题区分开来，防止出现两者相互替代、混为一谈的局面。

此外需要注意的是，将自动性问题转化为中止行为问题，所要处理的问题难度未必会有根本的变化。主观要素与客观要素都是一个整体的犯罪行为的有机组成部分，它们相互之间实际上存在相互牵制、相互补充的关系。例如，当我们说实行行为是客观构成要件要素时，实际上是暂时将犯意排除在实行行为之外。但当我们在谈到实行行为的概念时，又不得不承认实行行为必须具有有意性。

可见，将主观要素与客观要素进行机械分离式的思考，往往是出于理论建构的需要而采取的手法，我们不能据此真的将它们理解为是两个孤立要素。实际上，在客观要素问题思考的深处，往往有着主观要素的影子；与之相应，在主观要素的难点问题上，我们可能不得不借助客观要素来进

行处理。当我们使用主要要素理论难以给出易于理解和接受的解释时,往往会引用客观要素,从直观的角度,径直表达、直接解决问题。例如,当行为人以伤害故意将被害人砍成重伤时,我们就会直接将其描述为客观上存在伤害行为;如果事后查明行为人当时并不是伤害故意,而是杀人故意,此时我们在描述案件事实时便会说客观上存在杀人行为。

上述两种描述,就其外在形式而言都是相同的,没有任何差别。我们之所以归纳出不同的案件事实,其实是考虑了行为人杀人的行为意志事实上加重了行为的不法程度,因而从伤害行为升格为杀人行为。如果我们不细究归纳客观事实的思考过程,未必会注意其中的这些问题。果真要加以细究的话,只要我们的思考足够细致,不论是作为主观问题来思考,还是作为客观问题来思考,其实需要处理的关键问题并不见得会减少,甚至会经历难度大体相当的思维过程。在犯罪中止自动性的问题上也是如此,将自动性问题转化为中止问题,其实主要是转换了理论话语的表达方式,而不是说解决问题的难度一定会有什么变化。

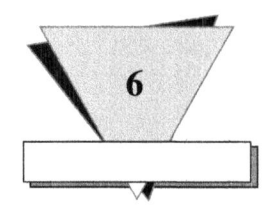

6 中止犯自动性的裁判立场

6.1 中止犯自动性的域外判例

6.1.1 日本法院的判例立场

一般认为，日本判例在自动性的理解与认定上表现出明显的流动性与多元化倾向。一方面，随着刑法观念的变迁，类似案件在不同时期的说理上会有一定变化；另一方面，判例既有采取客观说的，也有采取主观说的，但第二次世界大战以后客观说占有更突出的地位[1]。在积极采取措施防止结果发生的场合，只要行为人具有积极的救助行为，那么就不需要追问行为人动机，也不要求行为人一定存有中止意思，而直接肯定自动性的成立。在单纯放弃继续犯罪的场合，即便行为人的暂缓犯罪是为了等待更好的机会，也能认定其行为具有自动性。在出现外部障碍的场合，行为人基于外部障碍的认识而难以完成犯罪的，否定其行为自动性的成立；行为人未认识到该障碍，认为仍然可以继续犯罪的，则可以肯定其行为自动性的成立。同时，在实际上不存在外部障碍但行为人误以为存在时，也可能否定其行为自动性的成立。例如，在被害人面临行为人强奸的危险时诈称有疾病而假装昏倒的场合，行为人信以为真而被迫放弃继续犯罪的，成立障碍未遂[2]。

此外，日本法院通常援引主观说或客观说以否定自动性的成立，反之则援引限定的主观说或折中说以肯定自动性的成立。

在以下情形中，日本法院往往会肯定自动性的成立：①行为人在实施强奸过程中，被害人哀求"求你住手吧"但未形成实质性障碍，而行为人最终放弃继续犯罪的[3]（判决书指出："行为人着手犯罪后，没有遇到对遂

---

[1] 王昭武：《中止未遂の任意性についての一考察（一）》，《同志社法学》，60卷6号：第361-367页。

[2] 参见日本法院案例：札幌高判1971年2月9日，《下刑集》3卷1、2号，34。

[3] 参见日本法院案例：浦和地判1992年2月27日，判夕795号，263。

行犯罪的实质性障碍，如果是通常情况其可以继续遂行犯罪并达到预期目的。在这种情况下，具有社会相当性的解释是，被害人的态度让行为人受到了触动，行为人以自己的意思中止了犯罪。"又，"本院不采纳如下观点，即行为人主观上的悲悯之情或害怕犯罪被发现的恐惧会影响中止犯的成立"）；②行为人为了骗取保险金而放火，但在其纵火过程中，行为人突然悔悟而将火扑灭的[1]；③行为人在实施杀人行为过程中，被害人及其孩子害怕哭泣，行为人因而产生同情心理并放弃继续犯罪的；④行为人与被害人相约自杀，行为人在准备勒死被害人的过程中，因为被害人哀求而放弃继续犯罪的；⑤行为人用刀扎伤被害人气管，当鲜血从被害人口中大量流出时，行为人基于惊愕和悔悟而中止犯罪的（判决书认为，即便外部事态成为中止的契机，但该表象未必一定使犯罪人中止，其既然敢于中止，就是出于己意而中止。该判决理由采取了折中说)[2]。

在以下情形中，日本法院往往会否定自动性的成立：①被告人对被害人进行诉讼诈骗，被害人认为被告人的诉讼存在虚假成分，于是向法院提起反诉。被告人担心自己的诈骗行为被法官发现，最终选择了撤诉[3]。对此法院判决认为，被告人之犯行具有被发现的现实可能性，因此被告人撤诉不具有自动性，应成立障碍未遂。②行为人用匕首刺杀被害人，被害人鲜血从胸部喷涌而出，行为人因感到惊愕与恐惧而放弃继续犯罪。对此本案判决书指出：不可认为被害人将继续实施杀害行为才是通常会发生的情形……被告人因失去了完成犯罪的决心或意志力而中止犯行的情形，应该承认其中止是基于性质上足以阻止犯罪继续的障碍，而非其《刑法》第四十三条但书中所谓的"基于自己意思停止犯罪"[4]。对于此类案件，早期的裁判理由认为，只有完全出于内部原因而中止的才具有中止的任意性，但后期的裁判理由没有继续采取这种内部动机说，而是进一步追问外部原因

---

[1] 参见日本法院案例：大判1937年9月12日，《刑集》16卷，1303。
[2] 参见日本法院案例：福冈高判1986年3月6日，《高判集》39卷1号，1。
[3] 参见日本法院案例：大判大正11年12月13日，《刑集》1卷，749。
[4] 参见日本法院案例：大判1937年3月6日，《刑集》16卷9号，2202。

是否足以使被告人丧失继续犯罪的意志力。③行为人用棒球棒猛击睡梦中的母亲，母亲血流满面，但在昏迷中仍然呼唤行为人的名字，行为人感到极为震撼而放弃继续犯罪。对此判决书认为，被告人恐惧惊愕使其丧失了继续犯罪的意志力，因此中止是由足以妨碍犯罪既遂的障碍引起的①。④行为人白天进入住宅抢劫，被害人说自己的丈夫就在隔壁间，行为人因为这一情形出于其意料而放弃继续犯罪②。⑤行为人实施强奸过程中，被害人哭泣，行为人因害怕罪行被发觉而中止。对此判决书认为，担心被发觉在经验上是足以妨碍继续犯罪的事情③。⑥行为人在实施强奸过程中，在未插入前因提前射精而放弃继续犯罪的。⑦行为人在强奸过程中，由于天冷被害人皮肤上起鸡皮疙瘩而使其性欲减退、放弃继续犯罪的。对此判决书指出：从一般经验看，就这种行为来说，应该存在对行为人的意思决定能产生相当程度支配力的外部事态。由于这个原因，被告人性欲减退，停止强奸行为，因此……欠缺自愿性④。⑧行为人在实施强奸行为时，附近电车的车灯扫射过来，行为人看到自己插入被害人阴部的手指上沾有血迹，其因没有性交经验，极为惊愕而放弃继续犯罪的⑤。⑨在出现目的物障碍时，行为人因现场财物价值微小而放弃犯罪的⑥。⑩因天近拂晓，害怕放火行为被发现，行为人取走引火物，放弃继续犯罪。对此判决书指出：害怕犯罪被发现，从经验上看，一般会成为妨碍犯罪完成的情况，因此，上述被告人的行为应认定为障碍未遂⑦。此外还有一种情况，即由于第三人已经采取措施避免既遂结果，行为人只是单纯参与帮助的，由于行为人没有中止行为可言，因而否定自动性的成立⑧。

---

① 参见日本法院案例：最判 1957 年 9 月 10 日，《刑集》16 卷, 1303。
② 参见日本法院案例：东京高判 1956 年 6 月 20 日, 高刑判特 3 卷 13 号, 646。
③ 参见日本法院案例：大判 1937 年 9 月 21 日，《刑集》16 卷, 1303。
④ 参见日本法院案例：东京高判 1964 年 8 月 5 日，《高刑集》17 卷 6 号, 557。
⑤ 参见日本法院案例：最判 1949 年 7 月 9 日，《刑集》3 卷 8 号, 1174。
⑥ 参见日本法院案例：大判 1946 年 11 月 27 日，《刑集》25 卷, 55。
⑦ 参见日本法院案例：大判 1937 年 9 月 21 日，《刑集》16 卷, 1303。
⑧ 参见日本法院案例：大判 1946 年 11 月 27 日，《刑集》25 卷, 55。

现实中，日本法院对于自动性的判例立场并不统一。对此有日本学者认为，大审院和最高裁判所倾向于客观说，下级裁判所则倾向于限定的主观说①。例如，在前述放火案中，大审院认为，被告人因为接近黎明，纵火行为容易被发现，这种"担心罪行败露的情况，属于经验上一般足以妨碍犯罪实施的情形"；在前述强奸案中，最高裁判所认为，"由于对方是熟人，担心罪行因此败露……其作为妨碍犯罪人继续犯罪的障碍，不能认为没有客观性"。在此，大审院和最高裁判所的客观说似乎是从经验法则和间接证据的视角来论证自动性的有无。

在笔者看来，日本法院之所以会出现客观说的倾向，与其坚持内心状态的刑事诉讼证明方式有关，即刑事诉讼的证据规则对自动性的刑法内涵产生了一定影响。大审院和最高裁判所主要采用书面审查的形式，未必开庭，因此鲜有机会听取律师的当庭辩护和被告人的忏悔，这就使法官实际上往往是通过运用间接证据或经验法则"推定"被告人在主观上不存在自动性。

与之相反，下级裁判所往往在一审和二审中有机会听取辩护律师关于被告人犯罪心理方面的辩护意见，也能听取被告人本人关于犯罪心态的供述，因此，有可能将注意力投射到行为人的广义悔悟之上，从而肯定其行为的自动性。例如，在前述因看到母亲流血感到惊愕而停止犯罪的案件中，福冈裁判所昭和61年3月6日判决（《高刑集》39卷1号1页）认为，"（行为人）意识到自己闯了大祸"，于是马上叫救护车将被害人送医，其中必然夹杂着"反省、悔悟之情"。又如，被害人提出分手，被告人因爱生恨，试图用刀杀死被害人。当被告人再次用刀刺向已经受伤的被害人时，被害人说："我真的很爱你！"并恳求被告人送自己去医院。接下来，被告人果然开车将被害人送医。对此，札幌高裁平成13年5月10日判决认为，被告人固然是先听到被害人哀求后才停止犯罪的，但是如果没有

---

① 松原芳博：《刑法总论重要问题》，王昭武 译，北京：中国政法大学出版社2014年12月版，第273页。

"怜悯被害人的心情",其也不可能中止犯罪,因此应当肯定自动性的存在。

在笔者看来,日本下级裁判所对于限定主观说的倾向,大致也与自动性的证据规则有关,即如果被害人存在唤起规范意识或广义悔悟的行为,被告人之后又停止犯罪的,可以根据这些间接证据推定存在"广义悔悟",因而成立自动中止。此外,尽管被害人没有实施足以唤醒被告人规范意识或广义悔悟的行为,但被告人自己的陈述中存在关于"广义悔悟"的内容,那么也可以根据这一直接证据认定自动中止。如果既没有直接证据,也没有间接证据,则不能认定自动中止。

6.1.2 德国法院的判例立场

金德霍伊泽尔指出,在自动性问题上,德国法院判例基本采用心理上的判断标准来肯定自动性的成立[①]。同时为了避免刑法伦理化,德国法院对中止动机没有提出要求。与此形成对比的是,理论界多认为对自动性的判断部分依据心理性因素,部分依据规范性因素,因此在心理判断标准之中应重视"规范判定"。下面以这一论题为纲,对德国法院判例中关于自动性的立场进行归纳梳理。

(1)关于自动性的判断对象和判断基准。

中止行为究竟是出于中止者的自主决定或由外在因素引起的动机,还是由他人或外界因素决定的动机,只能从行为人的视角进行判断。对自动性的认定既不取决于行为人主观想象的正确性,也不取决于行为计划客观上的可行性。有鉴于此,即便在不能未遂的场合,也可能存在中止。只要行为人认为在行为当时的条件下既遂结果仍然可实现,而其在这种情况下自愿做出中止犯罪的决定,那么就不能否定自动性的存在。如果行为人主观上认为有难以克服的障碍,而客观上并没有,则其中止不具有自动性。若行为人错误地估计了实际情况,自认为在当时状况下不能继续实施犯罪

[①] 金德霍伊泽尔:《刑法总论教科书》,蔡桂生 译,北京:北京大学出版社 2015 年 6 月版,第 312-313 页。

的，则认定为犯罪未遂①。此处重要的是，行为人个人在主观上能否继续实施犯罪以及怎样判定其行为过程，而不是其他人或一般人在类似情况下是否会采取同样的举动。因此，即便不同案件中的行为人面对的是类似或相同的客观情况，对其行为也可能在自动性上得出不同的结论。在此意义上，客观存在的实际情况至多只是诱发中止动机的条件而已，仅具有辅助解释行为过程的意义，对自动性认定并没有决定性作用。

若行为人悔悟、受到良心谴责②、由羞耻感所驱动③、对受害人产生同情④或者失去勇气，进而放弃犯罪的，其行为一般都具有自动性。即使行为人是因为害怕受到法律制裁而放弃犯罪的，也不能一概否定其行为的自动性。因为，即便在这种恐惧心理的作用下，行为人依旧可能是出于自己的意志而做出中止决定的。与此类似的是，行为人被自己的行为吓住了并意识到自己行为的可能后果而中止行为。此时，若行为人做出的决定是其自己意志的主宰，且没有外在因素迫使其停止继续犯罪，那么其行为的自动性成立。例如，行为人在用斧头对受害人的头部实施数次打击后，看到受害的小姑娘失去意识且血流不止，其这才意识到自己行为将要导致的可怕后果，从而停止杀人，对此应当判定自动性的成立。又如，行为人对被害人实施杀害行为时，当看着这个受伤的女人倒下并用那种只有被害人才有的目光看着自己时，突然觉得自己已经"不能承受"，不想让"受伤女士在地下室流血身亡"，因此停止杀人行为，这种情况下其行为成立自动中止⑤。再如，行为人在强奸过程中遭到被害人的反抗，虽然其不需要加重暴力手段也能达到强奸目的，但还是决定中止行为，由此受害人也没有受到实质性的伤害，此时成立自动性⑥。总之，行为人对刑法制裁的恐惧

---

① 参见德国法律评注：Zaczyk NK Rnd 72。
② 参见德国法律评注：OLG Düsseldorf NJW 1999 2911。
③ 参见德国法院案例：BGHSt. 9 48, 53。
④ 参见德国法院案例：BGH MDR 1952 530, 531。
⑤ 参见德国法院案例：BGHSt. 21 216 217。
⑥ 参见德国法律评注：OLG Zweibrücken JR 1991 214 zu § 177 a. F. mit im Ergebnis zust. Anm. Otto JR 1991 215。

感如果只是抽象的，那么不能否定自动性的存在，因为此时其还是自己决定的主人；如果因为突然明确认识到自己的行为及后果而产生或抽象或具体的恐惧感，而这种恐惧也不能否定其仍是自己决定的主宰，那么中止也还是自动的。

（2）关于继续犯罪障碍的来源。

行为人在建立自己行为意志过程中遇到的障碍不仅可以由外而生（被提醒、被打扰、被发现、被认出等），而且可以由内而生（良知、羞愧感、悔悟、不安、恢复的理智、缺少勇气等）。一个外在障碍对行为意志的建立具有何种影响，取决于这一外在阻碍的强度和由此产生的心理影响。如果外在障碍使行为人最初决定犯罪的冲动瘫痪了，其行为就不可能具有自动性。对此需要结合个案进行实质分析，即当面对外在障碍时行为人是否认为自己仍然是自己决定的主宰。因此，不能认为只要现场出现第三人便普遍否定中止的自动性。在这种情况下，若行为人依旧可以独立地做出决定，也就是说可以"按照自己的意愿决定"是否停止继续实施犯罪，之后也确实中止行为的，即便其客观上受到"意志外"障碍的干扰，也应判定其中止行为具有自动性①。简单说，要回答中止决定是否出于行为人自己的意志这个问题，应衡量外在障碍及其影响的性质与程度。据此，行为人因被第三人抚慰劝说而改变犯意的，同样成立自动性。例如，在行为人实施犯罪的当时，一位中年人劝告性地对其发问，或受害人请求其不要继续侵犯自己，行为人因而中止犯罪的，成立自动性。又如，在共同犯罪的场合，若另一共同正犯决定中止犯罪并劝说行为人重新考量自己行为的妥当性，那么行为人最终放弃犯罪的，也可判定中止决定出于犯罪人自己的意志。

（3）关于动机伦理性问题。

德国联邦法院指出，动机的伦理性对自动性的认定没有决定性作用。如果要求行为人的动机必须具有伦理情感，则会使中止未遂成立的可能性

---

① 参见德国法院案例：BGHSt 35 184.186。

大幅减小，这也与《德国刑法典》第二十四条的刑事政策目的相矛盾。这种动机既不需要符合外在伦理，也不要求出于内在良知的考虑，也不取决于行为人自己的悔悟。例如，行为人因对自己正在实施的强奸过程感到生气而放弃犯罪的，或者其被第三人说服放弃了犯罪的，虽然并没有表现出伦理道德上的积极价值，但仍然具有自动性①。

(4) 关于自动性与刑事责任能力的关系。

不能因为中止犯在行为过程中无刑事责任能力便片面否定中止自动性。无刑事责任能力只是意味着行为人在法律上缺乏实施犯罪行为的能力，并不意味着行为人不能产生自然意义上的犯罪意志或者放弃继续犯罪的行为意志。换言之，行为人此时自动放弃犯罪也有可能是出于其自身的意志。

这一点在我们看来可能未必容易理解，因为我国刑法中没有明确规定中止犯在刑法体系中的位置。因此，人们对自动性的思考既可能在构成要件层面，也可以在不法或责任层面，或者在量刑中展开。如果选择在不法、责任或量刑中考虑自动性的认定问题，则通常就有必要认真对待行为人无刑事责任能力的问题。例如，有我国学者将自动性与罪过进行类比，认为两者只是结构相似但评价性质相反的主观要素而已，因此可以像研究故意过失那样去研究自动性。于是，中止自动性被解读为行为人对中止行为及消灭既遂可能性的认识与意志②。如果套用罪过形态的模式，中止也可以在理论上分为故意中止和过失中止、有认识的中止与无认识的中止等。

但在德国刑法看来，自动性属于刑罚排除事由，属于未遂犯构成要件符合性层面的问题，因此自动性问题与是否合法或者是否具有责任没有关系，只要在自然意义上理解自动性就足够了。对此，德国曾有刑法理论学

---

① 参见德国法院案例：BGH bei Holtz MDR 1989 857 zu § 177 a. F。
② 有学者将其称为中止意思，由此自动性与中止意思之间的关系问题也随之产生。在本书看来，中止意思不是犯罪中止的成立要件。中止意思旨在解决行为人与中止行为及未遂结果之间的心理关系，这与自动性需要解决的问题无关，因此没有必要将中止意思引入中止自动性研究之中。

者提出异议,认为无刑事责任能力行为人选择中止行为,并不是由"行为人自由的人格决定,因此不能获得免刑的优待"。但是按照判例和主流观点,中止是刑法的免除事由,因此中止的考量当然与责任无关。如果行为人构成中止犯,那么就会获得免刑的优待,接下来便没有必要考虑适用《德国刑法典》第二十三条第三款处理行为人的罪责问题[①]。

据此,按照《德国刑法典》第三百二十三条关于过度饮酒或吸食毒品而精神恍惚的规定,若行为人在精神恍惚中停止犯罪的,也不能否定其自动性。例如,行为人在精神恍惚的状况下使自己陷入无刑事责任能力状态并着手杀人,但在未达既遂之前向他人呼救,使之及时通知警察的,其中止行为具有自动性[②]。由于行为人成立中止未遂,因此《德国刑法典》第三百二十三条的适用可能性也被排除了。又如,行为人不完全出于杀人的目的而在精神恍惚的情况下用一支半自动步枪从住处阳台向周围的人进行射击,当时行为人自认为可以继续射击,但最终并没有继续实施。对此,德国联邦法院认为该行为人在精神恍惚中停止向人射击,成立中止未遂[③]。

(5) 行为人追求的构成要件以外目标提前实现的,不能阻却自动性的成立。

德国刑法理论中的多数观点认为,当行为人追求的构成要件以外的目标提前实现时,行为人的犯罪动机便归于消灭,这种情势变更很可能使行为人不得不放弃犯罪,因而不存在自动性。这种情形与犯罪计划完全失去意义的失败未遂可以进行类比,两者都表现为不能再继续实施犯罪,因此不具有自动性。但也有学者提出反对意见,认为行为人追求的构成要件以外目标的实现,既不是失败未遂,也不是被迫中止,行为人还是能够通过继续犯罪实现既遂结果。就不存在障碍这一点而言,它与失败未遂不存在相似点。失败未遂是受到客观情形限制的,行为人虽然认为还能够实现构

---

① 《德国刑法典》第二十三条第三款规定:行为人由于重大无知,对犯罪对象和手段产生认识错误,因而不可能完成犯罪的,法院可以免除刑罚或者根据情况酌量轻处刑罚。

② 参见德国法院案例:BGHR § 323a Abs. 1 Rücktritt 1。

③ 参见德国法院案例:BGH NStZ-RR 1999 8。

成要件的结果,但其认为自己最开始追求的行为目标已经无法实现,即行为计划因为脱离了行为人控制而变得没有意义了。如果构成要件外的目的已经实现,且与刑法相关的行为计划并没有因为脱离行为人的控制而变得没有意义,那么行为人放弃犯罪既遂的决定也是建立在自动性之上的。

(6) 替代性动机与自动性成立的关系。

若法官无法对行为人中止行为的动机做出准确判断,根据刑事诉讼法上的实体真实原则(das Prinzip der materiellen Wahrheit),就很难对这个案件做出判决。若行为人出于替代性动机(alternative Motivationen)而做出中止决定,则针对行为人究竟是否成立自动中止的问题,必须在查明中止动机的基础上来判断该中止决定是否自动形成。

例如,行为人出于保护自己处于犯罪现场之外的财产而必须放弃盗窃的,如其房舍着火必须及时灭火,此时行为人面对犯罪动机与保护自己财产动机的冲突,并最终认为保护自己财产更为重要。这种情况便是行为人基于意志外的阻碍而被迫放弃了犯罪,因而自动性也不成立。

又如,行为人为了杀死第二个被害人而放弃继续杀死第一个被害人,那么行为人放弃杀死第一个被害人的行为究竟是否具有自动性,仍然取决于其中止决定是不是自动形成的。在这里需要区分以下两种情况来进行讨论。第一种情况是,行为人之所以放弃杀死第一个被害人完全是因为其认为自己已经造成了足以使对方死亡的伤害,所以没有必要再进一步实施杀人行为。第二种情况是,行为人放弃杀死第一个被害人仅仅是因为其更想杀死第二个被害人。第一种情形比较简单,它属于实行行为已经终了的情形,这时行为人单纯放弃继续犯罪是不够的,还需要进一步实施积极的救助行为才称得上具有中止行为。因此,第一种场合中不需要讨论自动性的问题,只能成立障碍未遂。较为棘手的是第二种情况,德国联邦法院认为行为人转向第二个被害人是基于理性衡量的结果,行为人并未放弃整个犯罪计划,而是认为杀死第二个被害人更为重要。在此意义上,有必要把这两个行为视为一个整体行为。行为人在着手前一行为之后,貌似自动停止了下来,但实际上却不具有自动性,因为其理性衡量的结果是杀死第二个

被害人更为重要，对此其没有别的选择，只能停止对第一被害人的杀害行为①。同理，若行为人为掩饰另一犯罪行为而放弃犯罪的，那么其中止行为也不具自动性；若行为人想另择时间再对受害人进行猥亵甚至转而实施更为严重之强奸行为的，其行为的自动性也不成立。

(7) 心理压力或情绪压力与自动性的成立。

有时，行为人虽然认为犯罪可以既遂，但其因受到极度惊吓而过度紧张或心理不能，使自己不再是"自己意志的主宰"，或者行为人因情绪极其消极而不能将犯罪实施完毕。这种心理压力到底是自动性成立的条件还是自动性成立的障碍，是一个很难回答的问题。为了确定中止行为的自动性，根据存疑有利被告原则，至少必须完全排除行为人基于被强迫而中止的可能性。也就是说，法院要确认行为人中止时的心理压力在其自己看来尚未达到被强迫的程度。

德国联邦法院的这一观点为本书所赞同。不过，耶格尔对此提出了反对意见，其认为成立自动性不必拘泥于心理压力的具体判断，而是可以根据以下三个根据来进行认定②。其一，行为人是否通过中止行为表现出了值得褒奖的法忠诚态度。如果得到肯定结论，那么可以认为存在中止自动性。其二，从保护被害人的角度出发，如果行为人中止犯罪的做法符合保护被害人的目的，那么就可以肯定其中止行为具有自动性。其三，行为人在做出中止决定时不存在第三人的干涉。

本书认为，耶格尔的观点其实经不起仔细推敲，因为上述观点忽略了这样三个要点。

第一，值得褒奖的法忠诚态度是以有意识而不被强迫的行为为前提的。如果中止是外在因素强迫的结果，那么根本不存在值得褒奖法忠诚态度。

第二，从保护被害人这一视角来看，具有免刑效果的中止规定无疑具

---

① 参见德国法院案例：BGHSt. 35 184, 186。

② 参见德国法律评注：Jäger ZStW 112 [2000] 783：794。

有积极意义。但是，单从保护被害人的角度难以得出中止行为必须具有自动性的结论，因为即便是不自动的中止，毕竟也存在中止行为，所以也是有利于保护被害人的。由此在自动性问题上，保护被害人目的恐怕仅具有辅助意义，而不是决定性因素。无论如何，保护被害人只是免刑根据的一部分因素，能否有利于保护被害人很多时候也只能结合个案进行具体考量，缺乏普遍意义。

第三，不能依据第三人的干涉来判断行为人的自动性。在这里，重要的是第三者的举动对中止犯的行为及其主观决定产生了何种程度的影响。例如，行为人在对自己妻子行凶的过程中，妻子产下了他们的亲生骨肉，行为人因感到羞愧（zwingend gehemmt）而停止行凶，此时自动性不成立[①]。因为，此时行为人因孩子出生的震惊，其心理已经瘫痪，即行为人做决定的能力受到了阻碍，所以其停止杀害妻子的决定不是出于自由意志而做出的。这与行为人受到他人劝阻而放弃犯罪是不同的，因为这时行为人仍可以由自己来决定是否接受第三人的建议。

(8) 犯罪风险提高与自动性。

行为人着手犯罪后发现犯罪风险提高或出现了事先没有预见的障碍而停止犯罪的（如罪行即将被发觉而被迫放弃等），那么此类中止是由外界因素决定的，不具备自动性。在这里，至关重要的问题仍是要考虑到中止自动性这个要素只能从行为人的视角来界定。对于"非自动放弃犯罪"而言，在行为人的主观世界里只要存在"无法克服的客观障碍"就足够了。因为一个想象出来的障碍与真实存在的障碍在影响中止动机方面具有相同的价值，所以单纯说客观上存在犯罪风险提高并不足以否定自动性，关键是行为人对此是怎样认识的。当行为人想象的犯罪风险足以使其被迫放弃犯罪时，就不存在中止的自动性。

当行为人面临无法削弱的高风险时，或者原本较低的犯罪风险明显提高，此时行为人虽然仍认为犯罪既遂是可能的，但只能通过承担明显的不

[①] 参见德国法院案例：BGH NStZ 1994 428, 429。

利益才能达到，那么其做出放弃继续实施犯罪的决定不具有自动性。例如，行为人在犯罪着手阶段中止了签署诈骗合同，这样做的目的是使其此前的一些行为不被发现，否则将失去重要的利益。在这种情况下，行为人继续犯罪意味着其将承担明显之不利益，此时的中止犯罪不具备自动性[1]。又如，行为人原本计划让儿童"平静且没有痛苦地"死去，但在其进入实施阶段之后，儿童突然醒了过来。此时，行为人认为虽然仍然能够完成犯罪行为，但会变得极为困难，这种情况下中止犯罪的，不具备自动性。

如果行为人继续犯罪所需的条件没有出现（如看门狗没有吃下了毒的香肠），那么即便当时行为人仍将继续实施犯罪行为视为可能但仍然放弃犯罪的，通常不具备自动性[2]。在这种情况下，尽管行为人没有将风险提高视为失败未遂中的那种绝对障碍，但它的强度和由此产生的心理压力如果已经达到了行为人不论乐意与否都必须放弃的程度，那么风险提高在行为人针对是否继续犯罪的内心权衡中便发挥了决定性的作用，因此其行为的中止不具有自动性。

同理，如果行为人惧怕犯罪计划因条件不成熟而失败，从而放弃犯罪的，其中止行为不具备自动性，如逃跑通道被阻塞，或进行盗窃时需要打碎玻璃并因此产生极大的声响等。此外，当行为人继续犯罪必然会遇见新的障碍而使犯罪计划失败时，行为人因此而放弃犯罪的也不具有自动性。例如，当犯罪现场出现无关的第三人，或行为人没有想到着手实施抢劫后会遭到被害人的坚决反抗，以及在动用武器进行威胁之后必须进一步实现这一威胁才能压制被害人的反抗，行为人因此而放弃犯罪的，不具有自动性[3]。

若受害人通过发出高声叫喊及刺耳尖叫以引起他人注意实施救援，行为人因此而放弃犯罪的，通常不具有自动性。但是，如果行为人认为被害人大声喊叫也不会有第三人听到，那么即便行为人对高声喊叫存有恐惧，

---

[1] 参见德国法院案例：BGH GA 1956 355, 356。

[2] 参见德国法律评注：Sch/Schröder-Eser Rdn. 48。

[3] 参见德国法院案例：BGH StV 1994 181f。

其中止行为仍然可能具有自动性①。

若行为人认为受害人已经报警了,因而其被捕的风险大幅提升,从而放弃继续实施抢劫行为的,不具有自动性。又如,当一名蒙面劫匪在进入银行后发现,钱箱并不如其所预想那样是装满的,而其也害怕因犯罪时间延长而使被捕风险加大,于是放弃继续抢劫的,不具有自动性②。

若目击者对着正在大街上行凶的行为人喊话,说会带警察过来,行为人因此而放弃继续犯罪的,不能一概地认为其中止行为缺乏自动性。因为有可能在行为人看来,从目击者报警到警察赶到现场无论如何也存在一定时间间隔,其完全有机会在此期间实施犯罪并离开,所以目击者的警示并不一定属于强制性原因。同样,对罪行暴露、刑事追诉以及随之而来的刑事处罚的恐惧也可能促成中止行为的决定性因素。如果这种恐惧具有现实的根据而不是抽象的假设或想象,则这种恐惧感足以压制行为人自主决定的可能性。例如,第三人或被害人发现了犯罪特征或者看透了行为实质,因而足以阻止犯罪既遂的发生或引起刑事追诉。行为人基于这种恐惧而放弃犯罪的,尽管客观上犯罪仍然存在既遂的可能性,但其中止行为通常不具有自动性。

当然,这只是一种概括的判断,具体到个案中还要确认行为人恐惧的内容究竟是什么,以及这些令行为人恐惧的因素是怎样起作用的。如果行为人确实受到这些因素的影响,并真的害怕被犯罪拖累,其中止犯罪的行为才不具有自动性。相反,如果行为人并不惧怕这些因素,或者虽然惧怕,但认为实现犯罪既遂更为重要,那么其最终选择中止的行为仍然具有自动性。

若行为人害怕在继续实施犯罪过程中遭遇阻碍或被认出来,则此种犯罪中止不具备自动性。例如,行为人在猥亵妇女时被认出来并被喊出了名字,行为人确信继续实施犯罪会被告发并无可避免地会受到惩罚,那么其中止行为不具有自动性。

---

① 参见德国法院案例:BGH bei Holtz MDR 1979 279。

② 参见德国法院案例:BGH NStZ 1993 76,77。

与之相反，当行为人的中止行为并不是基于被发现所带来的恐惧，则放弃继续犯罪具备自动性。例如，行为人在放弃犯罪之后才认识到可能被发现的问题，或者行为人认为即便被发现也不会带来严重的不利局面，则其中止犯罪具备自动性。又如，犯罪行为由行为人认识的第三人，或者由没有认出行为人的第三人发觉，行为人因而不必惧怕承受严重的不利局面，此时中止的也具备自动性。这种情况同样适用于经其他小偷、犯罪同伙或亲属所发觉的犯罪行为，对此应通过个案加以判断。

若行为人为解救受害人而需要第三人参与的话，由此可能带来的犯罪行为曝光的可能性当然不是其犯罪中止的动机，因此此类中止行为仍具备自动性[1]。

同理，在由受害人一方揭露犯罪实施的情况时，也应肯定中止具有自动性。只有当行为人坚信已经被受害人认了出来，并因此预见到不利局面的出现并放弃犯罪行为时，其行为中止才不具备自动性。若行为人认为受害人已经认出并会举报其，因此不再继续犯罪的，其中止便不具备自动性[2]。

反之，如果行为人认为受害人还没有将其认出，或者即便受害人认出也无法对其犯罪构成威胁，那么犯罪暴露与中止犯罪的自动性之间并不是排斥的关系，也就是说仍然可以肯定自动性的成立[3]。这一点在所有暴力犯罪中表现得特别明显。暴力犯罪的特点就是要求受害人至少认出犯罪行为的某些部分，并感受到因这种认知而产生的恐惧感。在这种犯罪中止的认定中，受害人的认知情况当然不能作为肯定自动性的理由[4]。

6.2　中止犯自动性的域内判决

由于我国法院对判决开展的系统编纂活动起步较晚，因此可供研究的

---

[1] 参见德国法院案例：BGHSt. 11 324, 325。
[2] 参见德国法律评注：Sch/Schröder-Eser Rdn. 52。
[3] 参见德国法律评注：Sch/Schröder-Eser Rdn. 52 m. w. N。
[4] 参见德国法律评注：Sch/Schröder-Eser Rdn. 52。

代表性判决数量有限。笔者曾以"犯罪中止"和"自动"为关键词在中国裁判文书网、北大法宝等数据库搜集到案例120个,以"中止犯"和"自动"为关键词在中国裁判文书网、北大法宝等数据库搜集到案例15个,时间均截至2021年6月。尽管资料有限,但从中观察我国法院对自动性的否定或肯定时仍有一定的规律可循。具体包括以下一些方面。①在自动性存在争议的案件中,62%的一审法院得出肯定结论,38%的一审法院得出否定结论。②二审法院极少得出肯定自动性的结论。③我国法院大致采用了衷心悔悟说(或限定主观说)、任意中止说(或主观说)和客观说。其中,在一审程序中,多采用衷心悔悟说(或限定主观说)和任意中止说(或主观说),较少采用客观说;在二审程序中,采用客观说的倾向更为明显。④衷心悔悟说(或限定主观说)在德国、日本等的法院中基本用于肯定自动性的成立,但在我国法院中则完全可能用于否定自动性的成立。

以下,笔者将所搜集案例按照中止原因进行类型化整理,从中选取具有代表意义的典型案例,详陈案情并加以评论。

6.2.1 肯定自动性成立的情形

(1) 因被害人训斥而中止(2002年)。

被告人南某受雇于被害人徐某家任家政清洁工。其在打扫卫生期间,乘徐某不备,用携带的三角形铁块击打徐某后脑部,欲抢徐某的拎包。徐某被击打后转身训斥南某,并告知其行为是违法的、是要坐牢的。南某见状即扔下手中三角形铁块,摸了摸徐某遭击打的后脑部,表示不再要徐的拎包,并求徐某不要报案,随后迅即逃离徐某家。

法院对此审理认为,结合本案情况来看,当时作案现场只有两个人,被告人南某在击打被害人后,虽然被害人转身训斥南某并告知其行为是违法的、是要坐牢的,但被害人的训斥并不能够产生足以抑制被告人南某犯罪意志的作用。根据当时的情况,被告人南某面临着两种选择:或者将犯罪实施完毕,且其客观上也具备得逞的可能性;或者不再继续实施犯罪。

在存在选择余地的情况下,南某没有继续对被害人人身施加暴力,而是扔下手中的三角形铁块,摸了摸被害人遭击打的后脑部,表示不再要徐某的拎包,并请求徐某不要报案,随后迅即逃离徐某家。南某自愿选择了停止实施犯罪行为,并且是彻底地停止了犯罪行为,其行为符合犯罪中止的"自动性"和"彻底性"特征①。

从上述判决内容看,法院站在了南某的角度来判断被害人的训斥是否能够阻止其继续犯罪。在肯定南某自认为能够继续犯罪的情况下,再结合他的放弃行为和事后表现,从而进一步确定其具有主观上的自愿心理,并最终认定自动性的成立。就此而言,法院大致是在心理意义上理解自动性的,并将行为人标准作为判断的基准,与任意中止说的立场接近。

(2) 因被害人哀求而中止(2003年)。

被告人王某纠集被告人邵某预谋实施抢劫。当日10时许,二人携带作案工具,在北京市密云县(今密云区)鼓楼南大街骗租杨某驾驶的松花江牌小型客车。当车行至北京市怀柔区大水峪村路段时,二人抢得汽车及其他物品。王某与邵某见被害人昏迷不醒,遂谋划用挖坑掩埋的方法将杨某杀死灭口。杨某佯装昏迷,趁王某寻找作案工具不在现场之机,哀求邵某放其逃走。邵某同意掩埋杨时挖浅坑、少埋土,并告知掩埋时会将杨某的脸朝下。王某返回后,邵某未将杨某已清醒的情况告诉王。后邵某挖了一个浅坑,并向王某称其一人埋即可,便按与杨某的事先约定将杨某掩埋。王某、邵某离开后,杨某爬出土坑获救。

对于此案,北京市第二中级人民法院一审认定王某与邵某均构成犯罪未遂。但北京市高级人民法院经二审审理认为,原审被告人邵某的行为构成故意杀人罪的犯罪中止。其理由在于:王某与邵某在共同抢劫行为实施终了后,又预谋共同杀人灭口。但在实施共同杀人行为的过程中,因被害人的哀求,邵某的主观心态发生了变化,决定放弃杀死被害人,并采取了

---

① 参见中国法院案例:http://old.chinacourt.org/public/detail.php?id=175985。

相应的措施,有效地避免了犯罪结果的发生,应认定为自动中止①。

在本案中,法院虽然肯定了自动性的成立,但是其推理过程则是相当简化的,仅仅强调被害人哀求使行为人的心态发生了变化,并由此认定自动中止。应该说,本案中二审法院是在心理意义上来理解自动性的,但究竟是采取何种理论来判断自动性的则并不明确。

(3) 因第三人规劝、害怕法律制裁而中止(2003年)。

被告人宋某得知其恋爱对象刘某与亓某有奸情,遂对亓某怀恨在心。宋某寻机将亓某带至其家中殴打致轻微伤,并逼亓某写下6万元欠条,要求每两天送一次钱,1个月内付清。不久,宋某将此事告诉了潘某,潘某曾因敲诈勒索被判过刑,潘某听后对宋某说这是敲诈勒索,要被判刑的,劝说宋某别去要钱。宋某听后心里非常害怕,便放弃了犯罪,最终未从亓某手中取得任何财产。

此案经法院审理认为,宋某在潘某劝说的作用下,根据其主观意志产生了放弃犯罪的念头,并在其支配下做出了放弃犯罪的行动,因此宋某未完成犯罪是由于其自己意志支配的结果,成立犯罪中止②。

本案中,法院一方面指出潘某的劝说对行为人做出中止决定具有作用,另一方面又强调该作用低于行为人本人主观意志的作用。也就是说,虽然潘某的劝说有其作用,但行为人仍然是根据其主观意志而放弃了犯罪,即行为人的主观意志在此案中起到了主要作用。就此而论,法院采取的是任意中止说,在判断外界因素对行为人主观心理的影响时则采用了主要作用理论。如果站在外国刑法理论的角度,我国法院在本案中无疑是在心理意义上来理解自动性的,并采用了自律性动机理论。但在判断基准上,法院并未明确指出采用的是主观说还是客观说。

(4) 因被现场认出、害怕将来的法律制裁而中止(2004年)。

被告人来到卫辉市柳庄乡大张庄村村西向庞庄村往南拐的路上,见骑

---

① 参见中国法院案例:《王元帅、邵文喜抢劫故意杀人案[第242号]——犯罪中止与犯罪未遂的区别?》,载《刑事审判参考》2003年第3辑(总第32辑)。

② 参见中国法院案例:http://oldfyb2009.chinacourt.org/public/detail.php?id=60038。

自行车过来两人，便顿生歹意，将在后面的张某从自行车上拽下，按翻在地，欲行强奸。受害人竭力反抗，但行为人并没有放弃继续实施强奸的行为。这时，被害人认出了行为人，并说"你要敢，我就报案！"被告人闻言遂起身逃走。此案法院审理认为，被告人听到受害人认出了自己并警告说要报案，其慑于法律的威严，惧怕受害人告发而自动放弃犯罪，应认定为犯罪中止[①]。

在本书看来，这个判决固然肯定了在被认为、害怕法律制裁的场合仍然能够成立自动性，但是实践中可能存在更多相反的判决，因此本案是否具有典型意义或代表性仍有存疑。撇开该案例的代表性不谈，单从判决的理由来看，本案法院仅仅指出了中止的起因，然后据此直接得出自动中止的结论。当然，我们也不能据此认为这一判决没有太大的研究意义，毕竟法院在肯定自动性时并没有特意强调行为人动机的伦理性，因此我们可以推断我国刑法实务中有可能采用了比德国、日本等更为宽松的自动性标准。在被受害人认出并警告要报案的场合，由于行为人面临的法律制裁相对具体和现实，因此在德国、日本等国的法院看来完全有可能否定自动性的成立。

（5）因发现被害人是幼女而中止（2005年）。

本案被告在公路桥旁碰到正在此处玩耍的王某姐妹。王某（时年11周岁）要被告人带她们去玩，于是被告骑摩托车搭载王某来到附近橘园的草棚内。被告以玩手机游戏、给钱为诱饵提出要与王某发生性关系。王某表示同意，被告还拿出206.5元钱给王某。当其正要发生性行为时，被告发现王某还是个发育未成熟的幼女，感到非常意外，因而未与之发生性接触，遂起身自己手淫。事后，王某将两张百元的人民币还给被告，被告又用摩托车将王某送回。

在此案的审理中存在两种不同意见。一种意见认为，被告在犯罪过程中因发现对方是幼女，感到出乎意料而放弃犯罪，应属于出于意志以外的

---

① 参见中国法院案例：http://hnfy.chinacourt.org/public/detail.php?id=30804。

原因而未得逞，成立犯罪未遂。另一种意见认为，被告在奸淫过程中发现对方是幼女后，即良心发现，自动放弃了犯罪，应认定为犯罪中止。最终，赣南地区某法院认定被告出于道德动机中止犯罪，肯定了其行为具有自动性[1]。

该案法院肯定自动性的明显考虑了动机的伦理性，因此与限定主观说或衷心悔悟说较为接近。同时，法院并没有因为中止犯罪的起因出乎行为人意料而否定自动性，而是进一步分析预见之外的因素究竟对行为人产生了怎样的心理影响。就此而论，可知该法院明确拒绝了非物质障碍说或内部动机说。

（6）因家人规劝而中止（2006年）。

被告人沈某利用其在上海李某家中做保姆的机会，擅自将李某之子带至本市其外甥女婿的暂住处，意欲以此向李某勒索钱财。次日，被告人在其家属的规劝下，放弃了以婴儿勒索雇主钱财的想法，并于当日中午将孩子送回家中。后被告人主动向公安机关投案并如实交代了自己的犯罪事实。上海市虹口区人民法院经审理认为，被告人以勒索钱财为目的偷盗他人婴儿，但在犯罪过程中自动放弃犯罪，成立绑架罪的犯罪中止[2]。

本案属于争议极小的案件，应该说不论采取何种理论都会得出自动中止的结论。法院在判决中未阐述具体理由，而是直接认定了自动放弃犯罪。尽管如此，这种判决在我国应该很容易被人接受。因为在自首认定中同样存在不少经家人劝告而自首的情形，这些情形被作为典型的自动投案而在司法实践中广为采用，所以类比式的认定自动中止犯罪也在情理之中。就此而言，法院认定自动投案的典型情形对自动中止的认定也有一定的参考意义。

（7）因害怕被害人及现场其他人发觉而中止（2007年）。

被告人夏某伙同张某（同案被告人，已判刑）预谋抢劫出租车司机。

---

[1] 参见中国法院案例：http://gzzy.chinacourt.org/public/detail.php?id=2329。

[2] 参见中国法院案例：http://rmfyb.chinacourt.org/public/detail.php?id=109141。

6 中止犯自动性的裁判立场

当日15时许，二被告人携带卡簧刀在黑龙江省五常市山河镇骗乘周某某驾驶的捷达牌出租车，要求其将车开往五常市朝阳区四合屯。行至五常市杜家镇时，周某某拒绝前行，并要求二被告人下车。二被告人担心立即实施抢劫可能被人发觉，遂下车放弃继续犯罪。

法院在研讨该案件时肯定了夏某、张某抢劫周某某的行为构成抢劫预备阶段的中止。其理由是：夏某、张某乘坐周某某的出租车行驶了一段路程后，周某某拒绝前行至夏某指定的偏僻地点，二被告人遂下车。不论是采取认定犯罪中止的主观说（即被告人担心实施抢劫有可能被发现而自动放弃犯罪），还是采取认定犯罪中止的客观说（即以一般人的观点来看，在当时情况下二被告人仍有实施抢劫之可能性却自动放弃犯罪），均可认为二被告人构成犯罪中止[1]。

该法院在这一案件中并未明确选择以某种理论作为判断根据，而是同时运用主观说与客观说进行分析。但是，该法院对两种学说的理解和运用均存在问题。

首先，根据客观说，如果被害人有可能立即发觉被抢劫，同时现场周围人员较多，也有可能发现抢劫，在这种情形下，一般人会认为存在实质性障碍，因此简单肯定自动性成立存在疑问。

其次，根据主观说，仅仅因为被告人担心被他人发觉这一心理就得出肯定自动性的结论也存在疑问。法院同时适用两种学说而得出肯定自动性成立的结论，实际上是站在一种似是而非的立场之上。我们既不能说法院实际上主张主观说与客观说的并合理论，也不能说法院更倾向于主观说或者客观说。换言之，本案难以彰显法院的明确立场。但是根据法院的具体表述，我们还是能够认为法院是在心理意义上来理解自动性的。

一般来说，因犯罪有可能被发觉而中止犯罪，并最终仍然肯定中止自动性的，通常限于仅存在"被现场发觉的抽象可能性"的场合。例如，

---

[1] 参见中国法院案例：《夏洪生抢劫破坏电力设备案［第644号］——骗乘出租车欲到目的地抢劫因唯恐被发觉而在中途放弃的，能否认定为抢劫预备阶段的犯罪中止？为逃匿而劫取但事后予以焚毁的机动车辆能否计入抢劫数额?》，载《刑事审判参考》2010年第5辑（总第76辑）。

2019年6月22日，被告人阳某、吴某在进入公司仓库欲实施盗窃时，因看到仓库存货不多，担心被发现，遂未盗取物品便离开。广东省深圳市宝安区人民法院认为，在该起犯罪中，虽然阳某、吴某已着手实施犯罪，但经自身主观约束而放弃了犯罪行为，在主观上体现了放弃犯罪的自动性，依法构成犯罪中止①。在这一案件中，被告人的盗窃行为并不具有被发觉的现实可能性，未因此形成实质的犯罪障碍，其中止犯罪应被认定为具有自动性。与之形成对比的是，本案被告人的被发觉具有现实可能性，由此形成的犯罪障碍属于实质性障碍，应认定为犯罪未遂更为妥当。

（8）因被害人心脏病可能发作而中止（2008年）。

被告人王某深夜酒后来到本单位女守库员的房门外叫其开门，女守库员不肯，被告人便一脚将门踢开，进门后被告人欲强行与女方发生性关系，并将被害人往床上拉。女守库员抱住床脚不动，两人在拉扯过程中，女守库员反抗并高叫"救命！"被告人见状便捂住她的嘴。过了一会，被告人松手，女守库员便对行为人说"你赶快走，食堂大师傅会来的，我有心脏病，你再不走，我的心脏病会发作的"。被告人便对女守库员说："你有心脏病就上床休息吧"，女守库员回答说"你不走，我是不会上床休息的"，于是被告人便离开了值班室。鄱阳法院审理认为，王某听到受害人说心脏病会发作之后自动放弃了犯罪，在其犯罪未得逞的原因中主观放弃应居于主导地位，故其行为构成强奸罪（中止）②。

本案中，法院虽承认被害人心脏病可能发作是引起行为人犯罪中止的一个原因，但是并没有根据这一外在因素认定行为人是被迫停止犯罪的，而是强调犯罪未得逞仍然是行为人主观放弃的结果。换言之，法院通过比较行为人的意志力与外在因素之间的作用大小，认为后者发挥了主导性作用，因而肯定自动性成立。从论证过程看，法院的观点应该是采用了任意中止说，同时在看待外在因素作用时采用了主要作用说。如果套用德、日

---

① 参见中国法院案例：（2019）粤0306刑初5109号。

② 参见中国法院案例：http://jxfy.chinacourt.org/public/detail.php?id=24230。

两国刑法理论的话,则该见解大致属于心理的自动性理论,在认定理论上倾向于主观说。

(9) 因假意同意而在酒醒后中止(2008年)。

被告人酒后使用暴力将回家途中的朋友谯某拽至一条10米深的死胡同内,将其压倒在地欲与其发生性关系,在扭打过程中谯某假意对行为人说:"别在这儿,去你家好吗?"此时张某酒醒觉得此事不好,便松开谯某,谯某趁机起身离开,张某则跟在后面。在走出胡同口约10米远的大路上,谯某见一路人,大喊救命,遂事发。法院审理认为,被告人在胡同内实施强奸过程中,因谯某多次规劝,酒醒后主动放弃犯罪的事实是清楚的,且没有异议,因此应当认定张某的行为属于犯罪中止[①]。

法院判决未给出论证过程,而是直接认定"被告人自动放弃犯罪"这一事实,因此我们难以确认法院究竟采取了何种立场。但可以肯定的是,如果被告人在被害人规劝之下或者假意迎合之下自认为继续犯罪不好,那么就可能会肯定其行为自动性的成立。

(10) 因被害人怀孕以及担心被发觉而中止(2008年)。

被告人持刀将孔某挟持到附近公共厕所旁,欲与其发生性关系,因听说孔已怀孕且其丈夫随后即到,便放弃实施强奸行为,同时抢走孔某随身携带的人民币1 600元。通州区法院审理认为,薛某主观上认识到被害人即使真的怀孕也并不妨碍其与之发生性关系,且当时也没有被害人丈夫即将赶来的迹象,况且薛某还可以持刀将被害人挟持至别处进行强奸。也就是说,上述客观不利因素在量上并未达到"足以阻止犯罪意志"的程度,但薛某放弃了实施强奸行为,应认定为中止[②]。

本案法院先是分析了被告人放弃犯罪的具体原因,并认为这些原因并不足以压制犯罪意志,因而应当肯定自动性的成立。从判决的论证过程看,法院无疑采用了心理的自动性理论,但究竟是以行为人还是以一般人

[①] 参见中国法院案例:http://bjgy.chinacourt.org/public/detail.php?id=77131。

[②] 参见中国法院案例:http://bjgy.chinacourt.org/public/detail.php?id=87573。

为基准来判断"是否足以压制犯罪意志"的则不得而知。因此，看不出法院究竟采取了是主观说、客观说还是折中说。

（11）因被害人呕吐并说肚子疼而中止（2011年）。

被告人韦某开摩托车搭载刚刚认识的李某由钟山县清塘镇风坳口附近的老公路往清塘镇方向行驶，行至清塘镇风坳口路段的路边时，产生强奸李某的念头。其不顾李某的反抗，强行把李某抱倒在地，用手摸李某的乳房，后用双腿压住李某的双手，并将李某的内外裤脱到小腿部位，用手指抠其阴部。此时，由于李某呕吐并说肚子疼，被告人于是自动中止了对李某的侵害。广西壮族自治区钟山县法院审理认为，被告人构成强奸罪，但在犯罪过程中自动放弃犯罪，属犯罪中止①。本案法院直接肯定了自动性，但未明确说明理由，因而无法确定法院的理论取舍。

（12）因被害人威胁自残、自杀而中止（2011年）。

被告人以帮修理手机为由，将德保高中在校学生李某带到德保县城"兴和家园"一出租房内，并关上房门。被告人修理手机后，要求与受害人李某发生性关系，遭到李某拒绝。被告人便以强行搂抱、摸弄等手段欲强行与李某发生性关系。李某激烈反抗，并用刀片割腕自残，以死抗争。被告人见其手腕受伤流血，面容痛苦，便停止实施奸淫行为，并将其送医治疗。法院审理认为，虽然存在受害人拿刀片割腕自残的客观障碍，但弱小的受害人其实仍在身强力壮的行为人的控制之下，实际上她是没有办法在行为人实施奸淫行为之前就自杀的，不能就此阻止行为人继续实施奸淫行为。但被告人在仍能实现奸淫行为的情况下，因见受害人受伤流血、面容痛苦而心生怜悯，于是放弃继续强奸的行为，并将受害人送医救治，其行为构成强奸罪的中止。不能因为存在客观的障碍就一律否认中止的自动性②。

本案法院判决理由较为充实。一方面，法院从行为人自身的体力情况

---

① 参见中国法院案例：http://old.chinacourt.org/html/article/201108/15/461433.shtml。

② 参见中国法院案例：http://old.chinacourt.org/html/article/201109/29/465856.shtml。

出发，认定被害人受行为人现实支配，不可能实现胁迫内容，因此客观上不存在阻碍行为人的外在障碍；另一方面，判决指出行为人是因为怜悯之情而最终放弃犯罪的，所以应当肯定被告人的行为成立自动中止。就前者而言，法院似乎是从主观说的角度来进行论理的；就后者而言，法院则采用了限定主观说或衷心悔悟说所强调的伦理动机作为立论的根据。整体而言，法院虽然没有明确采用限定主观说或衷心悔悟说，但其论证过程却十分接近。

（13）因发现现场摆放摄像头而中止（2020年)①。

2019年10月23日早上，被告人张某进入被害人孙某家中欲实施盗窃，见被害人孙某家客厅餐桌上摆放着一个摄像头，遂离开被害人家中。安徽省芜湖市镜湖区人民法院认为，被告人张某放弃继续实施犯罪的行为具有自动性，系犯罪中止，且未造成损害后果，故对该起犯罪事实免除处罚。但是，法院并未阐明其肯定自动性的结论的具体理由。

在笔者看来，随着科技进步，越来越多的摄像头具备了网络安全系统的直播及存储功能，因此在犯罪现场出现摄像头基本可以肯定被告人有"被发现的现实可能性"，但是单纯凭借这一点还不宜否定中止犯罪的自动性。因为行为人在犯罪现场被发现或容易被取证，并不等于其就有被抓捕的现实可能性，也不意味着摄像头拍摄的视频可以直接锁定行为人从而使其面临必然的刑事追责。应该说，行为人仍然有机会继续实施犯罪，也有机会掩盖身份以规避侦查。

此案中法院肯定中止自动性的做法值得赞许，该判决为网络社会智能防盗设备普及背景下鼓励犯罪人中止犯罪预留了足够的空间。德国、日本等的法院在行为人可能被发现的场合，大都否定自动性的成立。但是，他们判决中所谓的"行为人可能被发现"是指现场有抓捕人或证人的情形。我国法院的做法与其存在明显区别，这一区别主要与网络社会的安保技术相关，这一裁判方向可谓是有中国特色的。

---

① 参见中国法院案例：(2020)皖0202刑初43号。

(14) 因目的物障碍和被害人哀求而中止（2019年）[①]。

2018年9月10日2时许，被告人闫某某在本市海淀区某公交车站附近，持刀采用拖拽、掐脖子等暴力手段，欲强行劫取被害人李某（女，23岁）钱款，因被害人李某身上没有钱而未得逞。其间，被告人闫某某违背被害人李某意志，采取摁压等暴力手段，将被害人李某的打底裤、内裤脱至大腿处，欲强行与其发生性关系，后因被害人李某哭诉自己是学生、年龄还小，闫某某主动放弃该行为。

北京市海淀区人民法院认为，中止犯之所以比未遂犯的量刑要轻，关键在行为人的主观恶性及其人身危险性。也就是说，行为人究竟是自动放弃犯罪或者自动有效地防止犯罪结果发生，还是由于意志以外的原因而未得逞的，具体如下。

第一方面，就实施抢劫的行为人而言，要判断其未能劫取到财物的原因，到底是因为主观上不想劫取还是客观上不能劫取，必须将其意图劫取的目标财物纳入考量范围。有些行为人的目标财物可能是在其进入着手阶段之前就已经相对特定，如钱款、手机等物，有些也可能不特定，还有些可能在犯罪过程中会不断发生变化。判断行为人在客观上是否能够劫取到财物，一般应该以行为人是否能够取得目标财物为准。因此不能简单地认为，在被害人身上有尚可被劫取的财物的场合，只要行为人未劫取财物而空手离开的，就是不想劫取，构成犯罪中止。正常情况下，被害人即使未携带现金、手机、首饰等物，但至少会穿着衣物，衣物即是财物，然而对于以现金为目标而非以衣物为目标的行为人而言，其未能从被害人身上劫取到现金而空手离开的，即属不能劫取，认定其为犯罪未遂更为合理。在具体案件中，判断行为人是否意图劫取目标财物，以及哪些属于目标财物，应当根据行为人在犯罪当时的具体言行、被害人财物的具体状态、行为人的犯罪动机等多重因素加以综合考虑。

第二方面，在确定目标财物这一关键点之后，应再判断行为人未劫取

---

① 参见中国法院案例：(2019) 京0108刑初186号。

6 中止犯自动性的裁判立场

该目标财物的原因,到底是不想劫取还是不能劫取。这只能在个案的基础上,参照犯罪行为人的一般行为标准,就具体案件做具体判断。在这之中,关键要看行为人是否具有主动放弃继续实施犯罪行为的意图。此时,行为人的心理动机就具有重要的参考意义,因为行为人是否具有向善之心,直接决定了其主观恶性及其人身危险性的大小。

如果将上述分析引入本案中,可以得出以下几点结论。

第一,现有证据能够证明本案被告人闫某某意图劫取的目标财物是钱,即现金。据闫某某在侦查阶段供述:"一个礼拜前的后半夜,在公主坟公交车站路边,我遇到一个小女孩,就想跟过去看能不能搞点钱。当时她在等公交车,我就过去把她按倒了,让她把钱交出来,但她说她身上没有现金。后来我见她打电话报警,就拿刀往她脖子上架,也没有说话,她自己就把电话挂了。我看她长得不错,就把她裙子掀起来,她当时就哭了,说自己是学生,没有钱。我看她年龄也小,不想伤害她,于是就起来了,那女孩拿着箱子就跑了。"被告人的上述供述中明确提到他是想看看能不能搞点钱,而被害人回答说身上没有现金。

被害人李某在侦查阶段的陈述称:"这个男子一开始拿出刀来指着我,向我要钱。我刚要跑的时候,他就追上来一把把我拽倒在地,然后骑在我身上扒我裙子里的打底裤。脱到一半的时候,他看见我拿手机报警,就用手掐我的脖子,我就求他放开我。后来他站起来,又向我要钱,并拉着我的胳膊要让我跟他走。他当时没用多大力量,我就挣脱了,然后告诉他我是学生,没有钱,这个男子就离开了。"被害人的陈述中也明确提到,被告人一直向其索要钱财。

此外,考虑到被告人闫某某当时无生活来源,现金可以直接购买食物、衣服等其迫切需要的基本生活用品,手机等其他财物则存在转手变现等问题,对其而言并不实用。故可以认定,上述被告人供述及被害人陈述中所说的闫某某意图劫取钱款的事实为真。

第二,被告人闫某某是不想劫取,而非不能劫取。本案的关键证据中,除了被告人的供述及被害人的陈述,现场监控录像也记录下了案发的

整个过程。通过监控录像可见：被告人先是向被害人走来，向其亮出一个有反光的物体，似有言语交流。见被害人意图逃离，被告人仍旧过去纠缠拉拽被害人，时间长度大概为25秒；后被告人将被害人按倒在地，先是骑在被害人身上，接着又全身压在被害人身上，用手接触被害人脖子，并有拉拽被害人下身衣物的动作。此时被害人有点亮手机屏幕又放弃使用手机的行为，并一直在挣扎。后被告人起身，被害人也起身。二人从倒地到起身，时间长度为47秒左右。起身后，被告人仍旧用手拉着被害人，意图将其拉离现场，同时被害人与被告人似有言语交流，后被告人松手放开被害人，此时间长度为20秒左右。

参照监控录像的内容，被告人的供述基本反映了案件的经过，但在细节上，被害人的陈述更为具体。被告人先是意图抢劫被害人的钱款，后将被害人拉拽倒地，去扒被害人的打底裤，但因见被害人哭泣而起身。二人起身之后，被告人仍旧向被害人索要财物，并意图将被害人拉走（继续实施强奸），但被害人哀求说自己是学生没有钱之后，被告人松手离开。可知被告人之犯行虽然起因于抢劫，但又见色起意，其抢劫行为和强奸行为处于交织状态，难以分离。

根据案发现场的具体情况来看，当时系凌晨2点的路边，路人稀少，虽有车辆零星路过，也难以发觉被告人的犯罪行为，且被告人携带凶器，而被害人系一柔弱女子，又携带了背包、手机、拉杆箱等财物。从普通犯罪人的角度而言，被告人的强奸行为和抢劫行为客观上均具有进一步实施乃至既遂的可能性。被告人可以不顾哀求，用暴力行为强行打开被害人的拉杆箱和背包，自己核实是否有钱财，也可以进一步实施奸淫行为，而不是在听了被害人的哀求之后就放弃施暴。当法庭上讯问被告人为何不抢劫被害人的手机时，被告人也供述称："我就没有了这种想法。"可见，被告人系在被害人哀求之后良心发现，从而不再进一步实施犯罪行为，因而具有自动性。另外需要注意的是，本案中基于强奸行为与抢劫行为二者在一定程度上交织竞合的这一事实，如果认定强奸行为构成犯罪中止，则抢劫行为亦应当构成犯罪中止为妥。事实上，辩护人的关于抢劫罪系中止的辩

护意见也被法院酌予采纳。

本案判决对自动性的论证较为充分,这在我国刑事审理中尚不多见,令人赞许,当然也存在一定的问题。

第一,本案判决的亮点是直面了目的物障碍的问题,将该问题解构为"目的物是否特定"和"对取得目的物是不愿还是不能"两个部分,并把后者作为主要的评价要素。但是,前述判决主文在具体展开论证时,第一方面和第二方面没有前后有机衔接起来。在第一方面的论述中,肯定了被告人对现金具有特定目的,由于被害人没有带现金,应认为存在目的物障碍,根据其前文论述宜否定自动性的成立。但在第二方面中又转而肯定自动性成立。判决之所以前后不一致,主要是替换了作为犯罪对象的财物:第一方面中的犯罪对象是现金,而第二方面中的犯罪对象是除现金之外的背包、手机、拉杆箱等财物。按照前文判决中的论述,对于以现金为犯罪对象的,宜认定为未遂;以其他财物为犯罪对象的,则宜认定为自动中止。最终法院肯定自动性的成立,实际上有意无意回避了有关现金未遂的疑问。

第二,在强奸罪中止的认定中,本案判决认为,强奸行为与抢劫行为二者在一定程度上存在交织竞合的事实,如果认定强奸行为构成犯罪中止,则抢劫行为亦应当构成犯罪中止为妥。这一论证有张冠李戴之嫌。抢劫行为固然与强奸行为交织在一起,但是,两者仍然可以独立定罪,数罪并罚。犯罪中止并非对行为人整体犯罪的概括评价,而是针对具体犯罪的个别评价,即抢劫罪与强奸罪需要分别定罪,也应分别讨论是否存在自动中止的问题,不能混为一谈。

第三,本案判决的创新之处是,主文明确将犯罪中止的自动性与"主观恶性及人身危险性"联系起来,然后围绕这一规范性认定标准展开论证。就此而言,我国法院在判决里明确了自动性判断的规范性要素,相比德国、日本等的法院判决而言,具有明显的实质推理色彩和理论上的进步性。据此,可以认为我国法院对规范的自动性认定标准给予了充分重视。

(15) 因被害人持续反抗并造成行为人轻微伤而中止（2019 年）①。

2019 年 4 月 7 日凌晨 2 时许，被告人李某某与被害人荣某以及陈某等在无锡市梁溪区星悦 KTV 饮酒唱歌后，被害人荣某欲送陈某回住处，但被告人要求荣某先送自己回住处，再返回接陈某，荣某表示同意。后荣某骑电动自行车送被告人回家，被告人在乘坐电动自行车时搂抱荣某，并将手伸进荣某的衣服内抚摸其腰部，荣某表示抗拒并立即停车。停车后，被告人强行将荣某拖拽至无锡市梁溪区太湖大道北侧红星路（太湖大道）公交站台北侧的绿化带内，将其压倒在地，控制其双手，并强行亲吻荣某，抚摸其胸部，试图强奸荣某，荣某持续反抗并咬伤被告人的舌部，后被告人放弃并离开。

对此，江苏省无锡市梁溪区人民法院认为，被告人违背妇女意志，采用暴力手段猥亵并欲强行与之发生性关系，后自动放弃犯罪，其行为已构成强奸罪，是犯罪中止。笔者认为，本案法院的认定结论是合理的，但是缺乏详细的论证过程。从判决书证据情况看，有关被告人心理状态的证据较少，就此而言，法院似乎采取了客观说。也就是说，法院认为被害人的持续反抗仅造成被告人舌部受伤，该伤情不足以使一般人放弃犯罪，因此被告人放弃继续强奸的，应认定为犯罪中止。

(16) 虽面临警察抓捕，但出于保护被害人的意思而中止（2015 年）②。

2014 年 7 月，罗某某因被告人蒋某吸毒而与其离婚。离婚后，蒋某仍然对罗某某纠缠不休并发生争执。某晚九时许，蒋某将罗某某房门反锁，罗某某报警，民警到来后多次敲门，但蒋某拒不开门，不让罗某某离开，并点燃事先堆放在大门口的衣物，意欲将自己与罗某某一起烧死。衣物燃烧了几分钟后，蒋某找来水管浇灭了火。之后，蒋某用剪刀划伤自己的手腕，又刺伤了自己的腹部。当时房间内产生了浓烟，蒋某见罗某某被熏得

---

① 参见中国法院案例：（2019）苏 0213 刑初 367 号。
② 参见中国法院案例：（2015）前锋刑初字第 21 号。

难受,就让其到烟雾较小的卧室去,并打开了卧室的窗户和空调。罗某某见钥匙在床头柜,就说要去开门,蒋某没有反对。门还未打开时,警察就在外面将门撬开了。

对此,四川省广安市前锋区人民法院认为,在犯罪过程中,被告人蒋某用水管主动灭火,在室内产生大量浓烟的情况下,蒋某要求被害人罗某某去烟雾较少的卧室,并及时打开窗户和空调让空气流通,有效避免了犯罪结果的发生;同时蒋某在有能力继续实施加害行为的情况下自动放弃加害被害人,其行为符合犯罪中止的自动性、及时性和彻底性的法律特征,可以认定为犯罪中止。

应该说,本案的特点是被告人面临警察的现场介入,客观上不可能轻易实现放火杀人的目的,但仍然出于保护被害人的意思而中止犯罪。就前一因素而言,法院根据客观说一般会将该行为认定为犯罪未遂;但从后一因素看,根据主观说或限定主观说,则应认定为犯罪中止。可见,法院最终认定本案为犯罪中止,明显是考虑了主观说或限定主观说。

6.2.2 否定自动性成立的情形

(1) 因缺乏中止行为而否定自动性(2002年)。

被告人浩某承租泗阳县某酒店,因经营不善而产生绑架勒索财物的犯意。浩某伙同被告人王某将去学校上学的被害人吴某绑置于酒店贮藏室内关押。当日16时许,浩某电话寻呼被告人章某(系浩某外甥女),告诉章某自己绑架了一个小孩,要求章某帮助自己打电话给被害人家勒索财物。章某表示同意,并先后共3次打电话给被害人家,提出勒索50万元人民币和一部手机等条件。次日,浩某再次要求章某继续打电话勒索,章某予以拒绝。后因被害人家属报案,被告人章某、浩某、王某先后被公安机关抓获,被害人吴某同时被解救。

在审理中,辩方称被告人章某拒绝继续勒索,应构成犯罪中止。但宿迁市中级人民法院认为,"由于绑架犯罪已构成既遂,危害社会的结果已经发生,因此,章某一经实施勒索财物的行为,即构成绑架罪的既遂。虽

然后来章某自动放弃了打电话勒索财物的行为,但却无法有效地防止犯罪结果的发生,其行为不属于犯罪中止,只能作为量刑的酌定从轻情节加以考虑"①。

在本案中,法院在审理中并没有直接涉及对自动性本身的理解与认定问题,而是通过否定中止行为的方式否定了自动性。由此可见,法院实际上认为自动性是以具有中止行为为前提的,即如果缺乏中止行为,那么就谈不上犯罪中止,也不需要认定自动性的问题。这一做法在日本的法院判例中也能够看到,因此可以说,自动性以中止行为作为存在前提,在刑法实务中具有一定的共识性。

(2) 因担心染病而中止(2004 年)。

被告人张某偶遇曾经的恋人于某,遂提出性要求,但被于某严词拒绝。此时,张某淫性大发,强行扒下于某的衣裤,正欲实施强奸时,发现于某阴道内有药物,并有异味。张某怀疑于某患有性病,于是停止实施强奸行为,转而实行它犯。法院审理认为,张某放弃犯罪是担心会染性病,并非发自内心真诚地放弃犯罪。这一原因的存在足以阻止犯罪分子的犯罪意志,故被告人构成犯罪未遂②。

本案中,法院最终以行为人内心缺乏真诚悔悟为由而否定了自动性的成立,采取了与衷心悔悟说或限定主观说接近的立场。在有可能得性病的场合,如果将能够继续犯罪理解为物理上的可能性,那么本案必然得出自动中止的结论,但是这一结论显然违反了一般人的法感情或者社会大众对刑罚权的合理期待,因此只能否定自动性的成立。严格说来,采取客观说、限定主观说或折中说必然会否定自动性的成立。其实即便采取主观说,如果将自动性理解为心理的而不是物理意义上的,也会得出否定自动性的结论。不过相比而言,我国法院采取限定主观说否定自动性的做法可能更容易为社会大众所接受。

---

① 参见中国法院案例:《基于索债目的帮助他人实施绑架行为的应如何定罪?》,载《刑事审判参考》2002 年第 1 辑(总第 24 辑)。

② 参见中国法院案例:http://jjzy.chinacourt.org/public/detail.php?id=1020。

(3) 因误认犯罪终了而中止（2004年）。

王某因琐事与杜某发生争执，遂趁夜深无人之际从枕下取出三棱刮刀刺向杜某的胸部。当王某刺第二刀时，因杜某躲闪只伤及其肋骨。随后，杜某夺过三棱刮刀并将之扔在地上。此时杜某流血不止，要求王某送其去医院。王某称："不要去了，去了也没有用。"但杜某仍要求去医院。王某告之："你已被我刺了两刀了，没有用了。"杜某遂称怕冷，要求为其抱被子取暖，趁王某去另一房间为其抱被子之际，杜某逃离现场。后经鉴定，杜某仅受轻微伤。

本案审理过程中，有人认为杜某在被刺两刀后没有立即死亡，尽管受害人有夺刀行为，但并不足以阻止王某继续刺杀，其完全有条件、有能力继续刺杀，但其未继续刺杀，而是停止了重复侵害，应属于"能为而不为"，具有自动性。反对意见则认为，在王某自认为所刺两刀足以致死的情况下，只有当其积极主动地将杜某送往医院抢救，从而有效地阻止犯罪结果发生时，才能成立犯罪中止。但王某却没有实施任何阻止犯罪结果发生的行为，故不能成立犯罪中止。江苏省某中级人民法院采纳第二种意见，认定被告人之中止犯罪不具有自动性，成立犯罪未遂[1]。

在本案中，法院遵循了从客观到主观的认定顺序，即只有先肯定了中止行为的存在，才有必要进一步讨论自动性的问题。在行为人自认为行为已经终了但客观上并未终了时，应该认为犯罪实行终了，行为人只有实施积极救助的行为才能认为客观上存在中止行为。由于行为人没有这一举动，因此没有必要认定中止的自动性。

(4) 因当场被发现而中止（2007年）。

被告人张某躲在某纺织厂女厕所内，伺机强奸前来如厕的女职工。待被害人进入后，张某将厕所的门反锁，然后实施强奸行为。被害人大声呼喊并反抗，有同事循声赶到，但门被反锁始终未能打开。张某听到外面有脚步声便放开被害人，但在准备从窗户逃出时被抓获。

---

[1] 参见中国法院案例：http://old.chinacourt.org/html/article/200401/05/98043.shtml。

本案在审理中，有意见认为张某在实施强奸行为的过程中，救援人员由于被挡在门外而不能立即进入室内阻止其继续实施强奸行为，张某实际上也认识到可以继续实施强奸行为，但因害怕被当场抓住而自动放弃原来的犯罪意图，其行为应当属于犯罪中止。反对意见则认为，由于受害人的大声呼救引来众人救援，尽管救援人员暂时被门挡在外面，但根据社会一般观念，这种情况对被告人足以产生强制性影响。因此，张某放弃犯罪意图是由于意志以外的原因，其行为应当属于犯罪未遂。法院最终采用了第二种意见，认定张某成立犯罪未遂[1]。

在本案中，法院的第一种意见采取了主观说的立场，第二种意见则采取了客观说的立场。从判决结果来看，法院倾向于客观说，即以社会一般观念而不是行为人的主观认识为由否定了自动性的成立。

本案属于典型的因被现场发觉而中止的案件，与本案类似的案件有不少。例如，被告人意图杀死被害人，将两人一起乘坐的汽车开入江中。车冲入江后，被告人解开安全带，打开副驾驶车门，将在副驾驶座位上的被害人推入水中，并趁机将其头部往水里按，欲将其溺死。当被害人挣扎浮出水面时，被告人再次将被害人的头按入水中。此时，岸边群众发现有人落水，连忙下江救人，被告人见状放开被害人，独自游水上岸离开，径直前往保险公司报险，被害人随后被他人救起。对此，湖北省荆州市中级人民法院认为成立犯罪未遂，不具有中止的自动性[2]。又如，被告人盗采泰山石若干，其中编号为 19 号、20 号的两块泰山石被采离山体后，因泰安市岱岳区林业局发现并对被告人的采石破坏林地行为进行了行政处罚，该两块泰山石未被移离开采现场。对此，山东省泰安市岱岳区人民法院认为被告人的行为不具有中止的自动性，应认定为非法采矿罪未遂[3]。

(5) 因多次侵害未得逞、意欲私了而否定自动性 (2008 年)。

2008 年 6 月上旬，被告人李某预谋对被害人潘某某实施抢劫并灭口。当

---

[1] 参见中国法院案例: http://www.chinacourt.org/article/detail/id/328852.shtml。

[2] 参见中国法院案例: (2019) 鄂 10 刑终 129 号。

[3] 参见中国法院案例: (2018) 鲁 0911 刑初 161 号。

月19日20时许，李某以一同游玩为由将潘某某骗上车。李某驾车伺机寻找抢劫地点。20日凌晨，在上杭县庐丰畲族乡安乡大桥附近，李某停车，用绳子将潘某某绑在座位上，抢走其随身携带的财物。当日4时许，李某用绳子猛勒潘某某致其昏迷，并将其捆绑手脚后扔到汽车后备箱。李某在返城途中发觉潘某某未死，于是先用石头砸其头部，后用小剪刀刺其喉部和手臂，致其再次昏迷。当日6时许，李某唯恐被害人不死，便在上杭县临城镇城西村购买了一把水果刀，准备开车到某汽车训练场再次实施杀人行为。但未到汽车训练场之前，潘某某苏醒并乘李某上厕所之机挣脱绳索逃至公路向行人曾某某呼救，曾某某立即用手机报警。李某见状即追赶潘某某，并用水果刀捅其腹部，但因衣服较厚而未能得逞。据李某事后供称，"当时被害人跑上公路呼救时，已经是白天了，路上也有很多人，当时有三四辆摩托车及一辆中巴车经过，被害人每辆车都拦。自己因怕有人报警，所以准备送被害人去医院，然后和她协商私了此事，让她不要报警"。李某遂以"你的命真大，这样做都弄不死你，我送你去医院"为由劝潘某某上车。潘某某上车后又遭李某殴打。当车行驶到市区某公园门口时，李某开车往老公路方向行驶，潘某某在一加油站旁从车上跳下向路人呼救。李某大声说"孩子没了不要紧，我们还年轻，我带你去医院"以欺骗路人，并再次将潘某某劝上车。在车上，李某威胁潘某某不能报警，否则会继续杀她，潘某某答应后，李某遂送其就医。途中，潘某某要回了被抢财物，并打电话叫朋友赶到医院。

上杭县人民法院在审理过程中，有意见认为被告人最后实施故意杀人时虽然已是白天，四下路人较多，但被害人仍在被告人的威胁和掌控之下，被告人完全可以继续犯罪，但其却将被害人送往医院治疗，途中还归还财物。因此，可以认为被告人的自动放弃犯罪，应认定为犯罪中止。但反对意见认为，被告人在主观上并没有自动放弃杀人的故意，而是在当时已是白天、路上行人多、被害人有反抗能力的客观情况下，被告人担心路人已报警、罪行已败露的主观心态下，被迫停止犯罪的。因此，被告人是因为意志以外的原因而未达到杀人灭口的目的，应认定为犯罪未遂。

最高人民法院在审查此案时同样否定了中止自动性，其理由如下。

中止自动性的实质解释与裁判研究

第一,如果放弃重复侵害既有自动性,也有被迫性,那么就应当实事求是,客观分析判断该行为究竟是以自动性为主,还是以被迫性为主,如果有足够依据判定被告人停止犯罪是以被迫性为主,则可以否定自动性的成立。

第二,被告人放弃犯罪及救治被害人的被迫性大于自动性。这是因为,一是被告人放弃杀人的被迫性大于自动性。被告人将被害人送医是在被害人从汽车逃出求救之后,也是在被告人持水果刀捅刺未得逞之后才发生的。被告人劝说被害人上车后又殴打被害人,当车行驶到公园门口时,被告人不是往医院方向行驶,而是往老公路方向行驶,被害人见状后便从车上跳下,再次向路人求救。此时已天亮,路人较多,被害人也有一定的反抗能力,被告人在客观上无法继续实施杀人灭口行为,只好再次劝说被害人上车并送其就医。在被害人上车后,被告人又以继续杀害为要挟,警告被害人不得报警。可见,被告人主要是因为行为时的时间、地点等不利的客观环境才被迫停止犯罪的,其主观上的自动性不明显。二是被告人救治被害人的被迫性大于自动性。一方面,被告人将被害人送医救治虽然有一定的自动性,但更多的是因为其罪行败露、意欲私了才决定放弃继续犯罪的,因此也具有一定的被迫性。另一方面,被害人是通过智斗方式先承诺私了,待其朋友到达、确保了自身人身安全后再报警将被告人抓获归案的。可见,被告人之所以将被害人送医救治,不仅客观上迫不得已,而且主观上也存在误解,因此其行为的被迫性大于自动性。

第三,本案以犯罪未遂处理能够取得较好的社会效果。本案的公检法机关考虑到被告人已实施侵害行为的严重社会危害,以及放弃犯罪的不完全自动性,均认定被告人构成犯罪未遂。被告人虽然辩称成立犯罪中止,但在宣判后却没有上诉,说明其服判。被害人对判决结果也是满意的。可以说,将本案认定为犯罪未遂,符合罪刑相当之原则,取得了较好的社会效果,实现了法律效果和社会效果的有机统一。[1]

---

[1] 参见中国法院案例:《李官容抢劫、故意杀人案〔第611号〕——对既具有自动性又具有被迫性的放弃重复侵害行为,能否认定犯罪中止?》,载《刑事审判参考》2010年第2辑(总第73辑)。

笔者认为，在本案中，法院大致遵循了任意中止说的论证逻辑，并在分析中止起因时采用了主要作用说。详言之，法院依次分析了行为人放弃杀人和救助被害人这两个中止行为的起因，并认为该两个中止行为的被迫性大于自动性，因而在整体上否定了行为人中止犯罪的自动性。法院在分析放弃杀人的自动性时是以行为人为基准进行判断的，采取了与主观说接近的立场。在分析行为人送被害人就医的自动性时，法院则是通过强调行为人仅仅意图私了，但并未真正放弃杀害意图而否定了自动性，就此而论，法院似乎采取了衷心悔悟说来否定自动性的成立。此外需要注意的是，法院还以社会效果与法律效果相统一为由否定了本案中自动性的成立。这里所谓的社会效果与法律效果相统一，实际上是指被告人是否服判、刑罚是否符合罪刑相当之原则，以及判决的社会接受程度如何等。如果被告人难以接受，或者罪刑不相当，或者结论难以为社会大众所接受，那么便应当肯定自动性的成立。可以说，是否符合一般人的正义感或者社会对刑罚权的合理期待，也是我国法院在认定自动性时考虑的问题。

由此不难发现，这里所涉及的不仅仅是心理的自动性问题，而是进入了规范性自动性的范畴，即人们需要为自动性设定一个规范性的认定标准以便明确自动性的成立边界。在德国，这一规范性标准是行为人动机是否表现出了向合法性的回归；在我国，则是如果肯定自动性的成立，能否实现"社会效果与法律效果的统一"。换言之，德国的规范性标准是从行为人与法规范的关系角度进行建构的，我国的标准则是从社会大众对刑罚权的合理期待角度进行建构的。

（6）以未放弃奸淫意图为由否定自动性（2010年）。

冯某纠集张某、施某及"新新"（绰号）等人强行将被害人曹某带至某宾馆。冯某、张某、施某等使用暴力、威胁等手段，强迫曹某脱衣服站在床上并对其进行猥亵。然后，被告人张某对曹某实施奸淫行为，在发现曹某正来月经后停止奸淫；被告人施某见曹某有月经在身，遂未实施奸淫，而是强迫曹某采用其他方式帮其发泄性欲。之后，张某和施某等也对曹某进行猥亵，直至发泄完性欲。

关于此案，上海市长宁区人民法院认定被告人施某属强奸犯罪中止。对此检察机关抗诉认为，被告人施某虽未实施奸淫行为，但并没有自动放弃奸淫意图；原判认定被告人施某属强奸犯罪中止，违背了法律有关犯罪中止的规定，适用法律不当。上海市第一中级人民法院审理后认为：施某的行为不能被认定为犯罪中止，其行为具有严重的社会危害性，原判对施某适用减轻处罚不当，依法应予以改判①。

本案中，检察机关以被告人没有自动放弃奸淫意图而否定中止自动性，但是自动中止本来就是要判断被告人放弃奸淫行为是否具有自动性，因此检察机关以没有自动放弃奸淫意图为由来否定中止犯罪的自动性，有循环论证的嫌疑。上海市第一中级人民法院在否定此案中的自动性时也未给出详细的理由，同时强调了被告人的行为具有严重社会危害性，不应减免其罚。从有限的判决表述来看，该法院有可能是在考虑了犯罪已经达到既遂的情况下才否定自动性之成立的。

在本书看来，由于被告人与其他行为人系共同强奸，且冯某行为已经导致既遂，根据共同犯罪的基本原理，被告人施某也应当对既遂结果承担责任，因而在冯某既遂后已经不可能实施中止行为，自然也谈不上中止犯罪的自动性。通过这个判决，我们不难发现法院在认定自动性时可能遵循了从客观到主观的判断顺序，如果客观上已经既遂，或者虽没有既遂但不存在中止行为，那么便可以直接否定自动性的成立。

（7）因邻居劝告相约饮酒而中止（2014 年）②。

被告人吴某某欲将自己的房屋卖给张某某以换取生活来源，并于 2013 年 9 月 9 日收到张某某购房定金。后被告人多次找张某某签订正式购房协议未果，遂怀疑是被害人吴某某（与被告人同姓）从中作梗，于是产生将被害人杀害后自杀的念头。2013 年 9 月 25 日 19 时许，饮酒后的被告人持一把三棱尖刀和一把单刃刀来到被害人家楼下，叫喊让其出来，未果后又

---

① 参见中国法院案例：《张烨等强奸、强制猥亵妇女案［第 125 号］——如何认定共同犯罪的中止》，载《刑事审判参考》2001 年第 9 辑（总第 20 辑）。

② 参见中国法院案例：(2014) 丽青刑初字第 16 号。

闯至二楼寻找其下落，欲将其杀害。被害人的妻子陈某某见状谎称自己的丈夫在楼下，被告人跑至楼下寻找未果后，又在楼下叫喊让被害人出来，欲将其杀害。后邻居称要到被告人家中喝酒，这才将其劝走。

对此，浙江省青田县人民法院认为，被告人吴某某系寻找被害人未果后，邻居称要到其家中去喝酒才停止犯罪的。犯罪形态虽已停止，但不能体现被告人放弃犯罪的自动性。同时综合整个案情来看，被告人放弃犯罪并非出于真诚悔悟，其放弃犯罪并非坚决、完全的，缺乏彻底性，故不应认定为中止。

显然，本案中法院要求中止动机必须是真诚悔悟，这是采取了限定的主观说。这一判决的与众不同之处在于，不论是德国、日本的法院还是我国的法院，援引限定主观说时多以肯定为主，即将真诚悔悟视为肯定自动性的理由，鲜有根据被告人缺乏真诚悔悟而否定其中止行为自动性的。应该说，这一判决存在不妥之处，对学说理论的理解可能存在一定偏差。

（8）因害怕被害人的呼救吵醒他人而否定自动性（2020年）[1]。

2020年6月28日凌晨3时许，被告人闫某在兰州市城关区排××号蹁门进入被害人王某某的租住处后，欲强行与其发生性关系，因王某某反抗及大声呼救，闫某害怕吵醒他人，故停止犯罪行为。

兰州市城关区人民法院认为，考虑到本案案发地点及周边环境，被告人主观上系担心被当场发觉而不可能继续实施犯罪，因而放弃犯罪行为，不具有自动性，故应认定为犯罪未遂未得逞而逃离现场。

显然，本案法院认为被告人面临被发现和被抓捕的现实危险时，应否定中止的自动性。这一立场与德国、日本的法院判例是一致的。站在新折中说的立场，这种情形同样应被认定为犯罪未遂。

（9）因难以运输被盗财物而中止（2015年）[2]。

2014年8月9日凌晨，被告人廖某某伙同施某经商量后，驾驶一辆面

---

[1] 参见中国法院案例：(2020) 甘0102刑初1047号。
[2] 参见中国法院案例：(2015) 钦南刑初字第143号。

包车来到钦南区黄屋屯镇屯南村委中间村，将该村村民林某的一头母水牛盗走。其在路边装运时，因无法将牛装上面包车，便将牛遗弃在路边后离开，后该牛被林某找回。经鉴定，林某被盗的母水牛价值人民币 10 000 元。又，2014 年 8 月某日凌晨，该被告人廖某某伙同施某经商量后，驾驶面包车去到钦南区沙埠镇沙寮村委下沙村，将该村村民钟某的一头母水牛盗走。同样，其在路边装运时因无法将牛装上面包车，便将牛遗弃在路边离开，后该牛被钟某找回。经鉴定，钟某被盗的母水牛价值人民币 11 000 元。

对此，广西壮族自治区钦州市钦南区人民法院认为，被告人在实施盗窃的过程中，已经实施了犯罪，由于难以将盗得的财物（母水牛）装运上车而主动放弃财物，该罪行形态符合犯罪中止具有的"中止的时间性、中止的自动性、中止的客观性和中止的有效性"等四方面的特征，属于犯罪中止。

笔者对法院的这一判决存有疑问。本案的盗窃对象是体型较大、具有唤回性的水牛，这一点决定了盗窃着手的时点应该是将水牛装上车随时可以离开之时。因此，不能认为被告人牵水牛时就已经得手且客观上已经取得对水牛的占有，从而成立盗窃罪既遂。事实上，被告人只有将水牛运离现场较远距离，使主人难以找回后，才可能成立盗窃罪既遂。

本案中，被告人装牛上车是其盗窃行为的一部分，旨在使主人对水牛的占有发生松动，具有侵犯财产的抽象危险性，应认定为犯罪预备阶段的行为。被告人使用的车辆较小，不能满足转移水牛的需要，此为一般人难以克服的客观障碍。即便认为被告人装车不成后，仍然可以通过步行牵走远离现场的方式转移占有，但是考虑到牛本身的唤回性和村民有可能发现其盗窃行为等情况，也应认为被告人继续转移财物占有存在难以克服的客观障碍。简言之，被告人继续犯罪遇到了一般人难以克服的客观障碍，应认定为犯罪预备。本案判决得出犯罪中止的结论，且未详述理由，似有不妥。

(10) 因害怕作案手法被识破而中止（2019年）①。

2018年3月22日，被告人李某、刘某某、关某某、孙某某等以同样的方式再次到承德市双滦区矿机早市卖鹿鞭。在被害人张某某询价时，李某故意对价格表达模糊不清，造成张某某对价格理解有误，后在孙某某、"老毛"（身份不明）的怂恿下，张某某决定购买一根鹿鞭，李某将鹿鞭切完后，"老毛"假装嫌贵不想要，后李某通过拍打、吓唬"老毛"等方式来震慑张某某，使其不敢不买。李某告诉张某某，其购买的鹿鞭一共19 500元钱。张某某将自己身上的200元钱给李某后，又给其儿子打电话让来送钱。李某等害怕事情败露，将200元钱退还给张某某后收拾东西离开。

对此法院审理认为，当被害人因没钱交易而给其儿子打电话让送钱时，被告人因害怕事情败露而逃跑，没有中止犯罪的自动性，应属于犯罪中断，而不是主观上的自愿放弃犯罪，故此起案件应属于犯罪未遂。笔者认为，本案判决中所谓的"犯罪中断"是具有独创性的概念，不宜在主文中使用。当然，就该判决得出的犯罪未遂这一结论而言，仍然值得肯定。本案中，被告人通过诈骗被害人，使其产生恐惧心理而交付财物，已构成诈骗罪与敲诈勒索罪的想象竞合犯。这一作案手法需要利用被害人孤立无援的状态才能既遂，而在被害人叫来亲友的情况下，其犯罪手段很容易被识破，因而不能取得财物，甚至面临被抓捕的现实可能性。这种情况下，一般人都会认为存在难以克服的障碍，因而宜否定自动性，认定为犯罪未遂。由此，不能轻易认为即便被害人叫儿子过来送钱，被告人仍然可以继续针对其儿子进行诈骗并迫使其最终交付财物，并以此认为被告人的中止犯罪属于自动放弃。

此处判断的关键是，根据一般人的经验法则，本案被告人的作案手法是否容易被发觉，并因此使犯罪无法继续甚至面临现实的抓捕。如果得到肯定的结论，就会认定该行为为犯罪未遂；如果得到否定结论，就会将其

---

① 参见中国法院案例：(2019) 冀0821刑初60号。

认定为犯罪中止。法院将本案认定为犯罪未遂，应该是考虑了一般人的经验法则并得出肯定的结论。在这个意义上，法院在本案中或多或少体现出客观说的倾向。

(11) 因第三人竭力制止而放弃犯罪（2012年）。

2010年，被告人陈某与被害人李某某经人介绍相识恋爱。2011年7月，李某某认为双方个性不合而向被告人提出分手，后虽经被告人多次请求，但李某某仍坚持要求分手，被告人陈某遂萌发轻生念头，并产生同归于尽的想法。2011年8月20日，陈某到菜市场买了一把杀猪刀。同日17时许，在绍兴县（现已撤销，下同）柯桥街道港越新都×区×幢×××室内，李某某坚持与陈某分手，并让其离开。陈某表示不同意，李某某就将陈某烧好的菜倒掉，陈某见状便从包里拿出事先准备的杀猪刀刺向李某乙上腹部。此时，在三楼楼道等候李某某的陈某某、应某某、王某等三人听到李某某的叫喊声后即赶至现场，应某某上前将陈某手中的杀猪刀夺下，并随同陈某某、王某将李某某送到绍兴县中医院进行治疗。经鉴定，李某某因外伤致上腹部皮肤裂伤、肝破裂、胰腺损伤、腹腔内出血，被评定为重伤。

对此，浙江省绍兴县人民法院认为，被告人陈某在他人的竭力制止下，才未继续对被害人实施暴力行为，其停止犯罪的行为不具备自动性，故不采纳辩护人提出的被告人陈某某在构成故意杀人罪的前提下属犯罪中止的辩护意见[①]。笔者认为，本案属于典型的被迫中止的情形，不论根据何种学说都会得出否定自动性的结论。因此，单纯根据结论不能确定法院的裁判立场。但是，从法院判决书的陈述情况看，本案中强调了客观因素对中止犯罪的影响，未深入分析被告人的主观心理，因此法院的这一裁判立场似乎与客观说的联系更为紧密。

现实中，这类有第三人介入并竭力阻止的案件有时会伴随规劝行为。在既有竭力制止又有善意规劝的情况下，被告人是否属于自动中止犯罪，

---

① 参见中国法院案例：(2012) 绍刑初字第153号。

关键要看最终发挥实际作用的究竟是规劝还是强制阻止。例如，2019年2月2日上午11时许，被告人严某某与其母亲兰某一同前往位于南城县某地的万某家中，商谈严某某与其女朋友万某某感情一事。在兰某与万某及万某的亲属商谈过程中，双方发生争执，严某某误以为其母亲被打，气急之下将万某供在家中神龛上的家人遗像摔至地上，后被万某家人殴打。严某某被打后，从金山口加油站购买了油桶和柴油，并将柴油倾倒在万某家大厅及万某身上。其在掏出身上的打火机后被旁人劝阻，未能将火点燃。

对此，江西省南城县人民法院审理认为，被告人掏出身上的打火机后，被旁人劝阻并离开现场，未点燃火源，属犯罪未遂。经查，被告人严某某在大厅泼完油并被他人拉到大门口后，仍拿出打火机意欲点火。是其亲戚见状后将其拉开，而非其主动放弃、自动离开的，故不能体现被告人当时有自动停止犯罪的主观决定及中止犯罪的客观行为，因而不符合犯罪中止的自动性特征。此时，显然被告人已经着手实行犯罪，其未得逞是由于意志以外的原因，系犯罪未遂……①。应该说，本案的判决结论是妥当的，因为在被告人最终放弃犯罪的问题上，发挥关键作用的是第三人的竭力制止，而之前伴随的规劝行为并未有效阻止被告人继续犯罪。

6.2.3 自动性裁判立场不确定性较强的情形

除上述明确肯定或否定自动性成立的案例外，司法实践中还存在既可能肯定自动性成立，也可能否定自动性成立特殊的案件类型。其中，较为典型和广泛讨论的是"因被害人为熟人而中止"的案件。在下列情形中，法院肯定自动性的成立。

（1）因顾及强奸对象为好友而中止（2019年）。

2009年初冬夜晚，与朋友在外面饮酒的张某某已有七八分醉意，突然接到徐女士的电话要求送其回家。张某某、徐女士此前关系一直不错，张某某便一口答应下来。接到徐女士后，张某某突然心生邪念，欲与徐女士

---

① 参见中国法院案例：(2019) 赣1021刑初55号。

发生性关系,遂驾车向郊区驶去。在乡村的一条公路边,被告人张某某强行将坐在副驾驶上的徐女士拖向后座,并凭借身强体壮的优势将徐女士压在身下,欲实施强奸行为。面对突如其来的危险,徐女士奋力反抗,先是一脚将张某某踹翻,接着厉声训斥张某某。最后,张某某也因顾及双方的朋友关系,遂放弃了进一步侵害行为,并允许徐女士独自离开。事后张某某要求与徐女士私了此事,但是双方未在赔偿数额上达成协议,张某某遂被举报,并于2009年12月25日被抓获。

庭审过程中,被告人张某某对自己的犯罪事实供认不讳,并主动赔偿了被害人徐女士的部分经济损失。法院认为张某某在具有继续实施犯罪能力的情况下主动放弃犯罪,构成犯罪中止,故依法减轻处罚,判处其有期徒刑一年①。

另有一案也属于这一类型。被告人杨某是河南西华县人,案发时21岁,已经成家并有一个三岁大的儿子,他和家人在新乡市开了一家早餐店,原本生活很安定。2012年元月的一天上午,杨某如往常一样正在收摊时,平时关系不错的女孩洋洋(化名)来到店里,交谈间他们临时约定一起去某个地方。因为此时杨某还没收拾完毕,就让洋洋在早餐店的里屋坐一会,边看电视边等。洋洋当年刚20岁,长得也好看,杨某平时就喜欢和她处在一起。杨某收完摊回到里屋后,看到坐在床沿看电视的洋洋,他一下子控制不住自己,便强行将洋洋抱到床上,意欲和洋洋发生性关系。洋洋对杨某突如其来的行为很害怕,奋力反抗,经过一阵僵持,最终杨某自动放弃。洋洋趁机跑回住处,思考再三后,她选择了报警。

新乡市牧野区人民法院审理认为,被告人在犯罪过程中自动放弃犯罪,系犯罪中止,应当减轻处罚,因此判决被告人杨某犯强奸罪,判处有期徒刑六个月②。

上述两个案件共同点在于:其一,行为人均是有意侵害熟人;其二,

---

① 参见中国法院案例:http://bjgy.chinacourt.org/public/detail.php?id=85860。
② 参见中国法院案例:http://www.ha.chinanews.com/lanmu/news/1843/2012-08-14/news-1843-174048.shtml。

在行为人决定中止之时，客观上并不存在进一步实施强奸行为的障碍，而是行为人因顾及与被害人之间的熟人关系而中止。上述案件中，法院虽然没有详陈裁判理由，但法院之所以能够肯定自动性的成立，多少与上述两个因素有关。也就是说，法院应该是考虑到上述两个事实，认为在行为人已经决定侵害熟人并且也能侵害熟人的时候，因考虑到熟人之间的关系而决定放弃强奸。可见，案件中行为人的中止动机带有一定的伦理性，因此认定为自动中止较为合理。

（2）因顾及邻里关系而中止。

于某与章某系邻居。2006年6月18日凌晨，于某见章某已卧床休息，但房门并未上锁。于某想到家里急需用钱，遂潜入章某家中欲实施盗窃，正当于某着手行窃之时，章某醒来并叫出于某的名字。因本是邻居且素来关系较好，于某顿感羞愧，当即离去。后于某被告发，检察院以盗窃罪未遂提起公诉。

本案在审理过程中，针对于某的行为是构成盗窃罪未遂还是盗窃罪中止，合议庭存在分歧。一种意见认为，本案中于某盗窃未成功的根本原因，一是被章某认出，此情况使于某感到被熟人认出不好意思；二是因害怕事情被揭发后受到处罚，因此其停止犯罪行为并非出于自愿而自动停止。另一种意见认为，于某的行为属于犯罪中止，因为于某虽被章某发现，但这并不能阻止于某继续实施犯罪行为。于某的行为属于能达目的而不欲，因此构成犯罪中止。法院最终采取了第二种意见，认为虽然于某被叫出名字是出乎他意料以外的，但这并不一定是"以足以阻却行为人实施和完成犯罪"的条件。在司法实践中，出现此情况时，犯罪人并非当然地"形成了强大的心理压力，使其不得不放弃犯罪行为"，有些犯罪人甚至铤而走险，杀人灭口。在这种情况下能够悬崖勒马，停手不干，与行为人的主观恶性不大及自动放弃犯罪的主观意志有关。也就是说，本案中的于某的做法更接近自动放弃犯罪，所以本案应该定为犯罪中止[①]。

---

① 参见中国法院案例：http://cqfy.chinacourt.org/public/detail.php?id=58152。

从本案情况来看，行为人事先已决定将熟人作为侵害对象，但在实施盗窃过程中被熟人认出，客观上行为人仍然可以继续取得财物，但行为人顾及邻里关系，心生悔悟，最终放弃了犯罪。就此而言，行为人之中止具有明显的伦理性动机。法院在肯定其行为的自动性时，认为客观上尚不存在足以使行为人放弃犯罪的障碍，行为人乃是因为主观恶性较小才放弃犯罪的，可见法院在审理此案时倾向于衷心悔悟说的立场。

（3）因顾及与被害人弟弟的友情而中止。

2010年大年初二晚，被告人酒后在街上闲逛时，想起在酒桌上曾允诺请客但自己又囊中羞涩，于是产生劫取他人财物的念头。其尾随被害人方女士至某中心小学门口，采取捂住被害人嘴巴、掐其脖子、拖到暗处等方法向被害人索要钱财，在搜索一番后未发现钱物，便要求被害人回去取钱。二人走到光线较明处时，被告人发现被害人系一熟人的姐姐后，即放开被害人，向她道歉认错，并要求被害人不要追究自己此前行为的责任。当被害人想用手机通知其他人时，遭被告人制止，双方发生争执。被害人抓住被告人不放，同时大声呼救，被告人见状便朝被害人腹部打了一拳，趁其捂腹蹲下之机逃离现场。经鉴定被害人的伤情属轻微伤，被告人于案发当晚被方女士夫妇扭送至当地派出所。法院审理后认为，被告人在犯罪过程中自动放弃犯罪，系犯罪中止，应减轻处罚①。

从本案情况来看，行为人一开始并非将熟人作为侵害对象，但在发现被害人是熟人的姐姐后便立即放弃继续犯罪，心生愧疚并道歉认错。就此而言，行为人之犯罪中止是顾及了熟人之间的关系，其动机具有一定的伦理性。法院将其认定为自动中止，应该说是采用了接近衷心悔悟说的立场。

（4）事实不明时可肯定自动性（2014年）。

2014年5月7日凌晨1时许，被告人赵某在慈溪市浒山街道大卫营一楼126号房间内，采用剥裤、摸乳房、打耳光、掐脖子、抠摸阴部等暴力

---

① 参见中国法院案例：http://fjfy.chinacourt.org/public/detail.php?id=6033。

6 中止犯自动性的裁判立场

手段,欲强行与魏某发生性行为,遭魏某极力反抗。其时,赵某电话响起,对方是个女的,问他在哪里,赵某说自己在大卫营,并叫那个女的过来。被害人魏某趁赵某打电话时赶紧将衣服、裤子穿好。赵某打完电话后对魏某说,这事就当没发生过,如果告诉你老公会有什么后果,你是知道的。魏某就假意配合他说,知道了。接下来,赵某让魏某先休息一下,说完就去到对面的一个房间。魏某听见他在打电话,于是趁机逃跑并报警。

浙江省慈溪市人民法院认为,由于被害人魏某一直在反抗,致使赵某的整个犯罪过程尚未达到既遂的状态,但被告人赵某在实施强奸时,对是否接听电话以及是否继续重复实施强奸犯罪等行为,均由其本人意志所决定。被告人赵某在接听电话后,自动放弃了可以继续重复实施的强奸犯罪,在自动性与被迫性并存的情况下,根据有利于被告人赵某就低认定的原则,对被告人赵某犯强奸罪认定为犯罪中止。

本案中,法院或许是以事实不明时做出有利于被告人的推定或罪疑惟轻的原则,从而肯定了自动性成立,即被告人同时存在被迫性与自动性的情况下,如果不能明确分辨何者是放弃继续犯罪的根本原因时,应做出对被告人有利的推定。但是本书认为,这种对罪疑惟轻原则的适用是存在问题的。

第一,罪疑惟轻原则在事实不明时仅可适用于入罪和罪重要素,而不能用于出罪和罪轻要素。"自动中止犯罪"与"因意志以外原因放弃犯罪"并非矛盾的关系,而是阶层关系。就规范上而言,自动中止犯罪体现了行为人的人身危险性降低,属于刑罚减免事由,如果不能证明自动中止犯罪之成立,自然就得相应认定为无刑罚减免事由,因而成立犯罪未遂。换言之,由于犯罪中止增加了行为人人身危险性降低这个需要积极证明的要素,因此对犯罪未遂的证明程度低于对犯罪中止的证明程度。可见,如果不能证明对证明要求较低的犯罪未遂,则更不可能证明对证明要求较高的犯罪中止;反之,如果不能证明对证明要求较高的犯罪中止,至少也可以证明对证明要求较低的犯罪中止。可见,在犯罪未遂与犯罪中止的法条关系上,是犯罪未遂补充犯罪中止。基于以上分析,当法院不能明确究竟

被告人是处于被迫性还是自动性而停止继续犯罪时，应认定为犯罪未遂，而不是从有利于被告人角度来认定为犯罪中止。

第二，本案事实是清楚的，并非事实不明。被告人接听电话之前，尽管被害人极力反抗，但是犯罪并未停下，未出现犯罪中止的形态，因此无需认定是否存在"被迫性"。犯罪最终停下来是在被告人接听电话之后，此时才需要讨论犯罪形态，具体分析停止原因并认定中止或未遂。显然，被告人在接听电话后仍然可以继续实施犯罪，但被告人因受电话内容影响而放弃了继续犯罪，应当肯定其行为自动性的成立。可见，本案事实清楚，应直接认定为犯罪中止，无须也不应该根据罪疑惟轻原则来认定犯罪中止。

在下述情形中，法院否定自动性的成立。

(5) 因被熟人认出和责骂而中止（2001年）。

胡某在村外一偏僻处看见同村妇女李某路过，顿生歹念。于是胡某用毛巾将自己的脸蒙住，从李某身后抄去。将她按倒在地欲施暴。李某奋力反抗，在反抗过程中，将胡某蒙在脸上的毛巾扯下，并抬起上身。胡某忙用手捂住自己的脸，意欲逃避。但被李某认了出来，于是她拖住胡某大骂。胡某见事已败露，便跪在地上请求李某宽恕。后李某到当地公安机关报案，胡某随即被抓获。

本案在审理过程中，对胡某的行为认定存在两种意见。一种意见认为，胡某并不是在犯罪过程中自动放弃犯罪的，而是由于李某的强烈反抗以及被李某认出的意志以外的原因而被迫停止的犯罪。另一种意见认为，胡某的行为属犯罪中止，因为决定胡某放弃犯罪的不是李某的强烈反抗等原因，而是胡某在上述原因的推动下产生的放弃犯罪的主观意志。

法院审理认为，在本案中，胡某在偏僻处看见认识的同村妇女李某，顿生强奸歹念。在实施暴力强奸的过程中，因被害人李某奋力反抗，使胡某不能顺利实施其犯罪目的。李某的反抗在主观上出乎胡某的预料，阻止了其犯罪意图。也就是说，李某的反抗从客观上看达到了一定效果，即将蒙在胡某脸上的毛巾扯下，并抬起上身等，使胡某实施强奸行为的目的无

法得逞。胡某见犯罪不能得逞后捂脸逃跑,可见其之所以放弃犯罪,并不是通常所说的因为发现强奸的对象是熟人而自动放弃强奸行为,而是胡某明知是熟人却继续实施犯罪行为,没有主动放弃犯罪的丝毫念头,只是在其被迫无法实施强奸行为时,因事情败露、产生恐惧心理而逃走。因此,胡某的行为是犯罪未遂而非犯罪中止[①]。

从本案情况来看,行为人一开始便以熟人作为侵害对象,其之所以放弃继续犯罪,一方面是因为熟人的反抗出乎其意料,另一方面也是因为熟人扯下毛巾并认出了行为人,因此行为人是为了保全自己而放弃继续犯罪。就此而言,行为人的中止动机没有伦理性。如果按照前述肯定自动性成立的裁判逻辑,由于行为人并非衷心悔悟,所以应该否定其行为自动性的成立。就结论而言,法院的裁判结果实际上也符合衷心悔悟说的立场。

众所周知,我国有熟人社会的传统。也许正是在这个背景下,因被害人为熟人而中止的自动性认定问题才被特别提出来加以讨论,法院对这一类型案件的认定立场也存在一定的差异。从实际发生的疑难案件来看,因被害人是熟人而中止的案件可以概括地分为强奸案件和盗抢案件两个类型。强奸案件之所以存在这个问题,是因为强奸案中的被害人多为熟人[②]。盗抢案件之所以存在这个问题,是因为这一类型发案率较高,行为人因熟悉之便利而将熟人作为侵害对象的情形也并不少见,在有的盗窃案件中甚至还存在近亲相盗这种传统类型。

从目前搜集到的有限案例来看,不论是强奸案件还是盗抢案件,只要

[①] 参见中国法院案例:http://www.chinacourt.org/article/detail/2003/05/id/56855.shtml。

[②] 从犯罪统计数据看,强奸案件多发生在熟人之间。例如,根据北京市西城区检察院对2009年到2012年强奸案件的统计分析,强奸罪的行为人多是被害人的熟人(http://legal.people.com.cn/n/2012/0809/c188502-18706587.html)。根据广东省深圳市罗湖区人民法院对2010年到2012年审理的83宗强奸案的统计分析看,加害人认识被害人的有67宗,占80%;完全不认识的16宗,仅占20%(http://www.gdcourts.gov.cn/gdcourt/front/front!content.action?lmdm=LM21&gjid=40967)。相同的数据也出现在其他地区法院的统计分析报告中,以南宁市西乡塘法院审理的强奸案为例,2005年6月至2007年8月该院共审理强奸案26件,其中属于熟人强奸的有21件,占总数的80%(http://nnzy.chinacourt.org/public/detail.php?id=6435)。

行为人顾及熟人之间的伦理感情而中止,审理中通常会肯定自动性的成立;反之,如果缺乏中止动机的伦理性,仅仅是因为被发觉或被斥责而中止,则往往会否定自动性的成立。就此而言,我国法院对因熟人而中止的案件类型,不论是肯定自动性的成立还是否定自动性的成立,似乎均倾向于衷心悔悟说。

(6) 因母亲拉劝和被害人挣脱而中止 (2019 年)[①]。

马某某因生活琐事与其父产生矛盾,认为父亲为老不尊,便萌生了收拾、教训父亲的想法。2019 年 4 月 6 日凌晨 2 时许,马某某从厨房取了一把菜刀来到其父母的卧室,趁其父熟睡之际,持菜刀在其面部连砍六刀。马父惊醒后呼喊马某某小名,并在用手拦挡时菜刀造成马某某右手受伤。马某某之母醒来开灯后劝阻马某某停手,此时马某某又用手卡住其父的脖子,后在马父挣脱、马母的拉劝下,马某某方停了下来。

对此,陕西省安康市中级人民法院认为,被告人并不是自动放弃犯罪,而是在被害人挣脱、拦挡及其母亲的劝阻下被迫停止的,其行为不具有中止犯成立的自动性,属于犯罪未遂。

应该说,本案属于典型的伦理不能的案件。就物理障碍而言,被害人虽然挣脱了被告人的暴力行为,但是,被告人仍然有机会继续实施杀害行为;而被告人母亲拉劝被告人,被告人也有能力和机会置之不理。总体上看,被告人在行为当时并未遇到难以抗拒的物理障碍。被告人最终放弃犯罪,应主要与其心理障碍有关。被害人与被告人是父子关系,加上被告人母亲进行拉劝,这些因素均可形成伦理不能意义上的心理障碍。法院对这一问题显然采取了客观说,没有考虑被告人原本就计划杀死被害人,且客观上仍然有机会继续实施犯罪。在笔者看来,在伦理不能的场合,应该区分行为人是一开始便计划侵害具有伦理关系的被害人,还是偶然侵害具有伦理关系的被害人。对于后者,认定为犯罪未遂较为妥当,但对于前者或许应该认定为犯罪中止更合适。

---

① 参见中国法院案例:(2019) 陕 09 刑终 183 号。

综上所述，我国法院在肯定自动性时，采用了衷心悔悟说（或限定主观说）和任意中止说（或主观说）；在否定自动性时，则采取了衷心悔悟说（或限定主观说）、任意中止说（或主观说）或者客观说。此外，我国法院在实践中还采用了颇有特色的"社会效果与法律效果统一"理论。这似乎表明我国法院在理解自动性时并不全然从心理事实的角度来理解自动性，而是还要求考虑社会接受程度、社会大众对刑罚权的合理期待等因素。

6.3 新折中说与裁判立场

在如何认定自动性这一问题上，不论是德国、日本的法院，还是我国法院都采取了相对灵活的理论态度。这不仅表现在法院很少直接明确援引某种理论作为论据而是采取直接陈述理由的做法，而且还表现为肯定自动性与否定自动性未必采取同样的理论。这就造成了自动性判决中的某种混乱性，难以从中归纳出简洁的判断规则。尽管如此，我们还是能够发现某些规律性的判断规则。例如，心理的自动性理论无疑具有不可动摇的理论地位，规范的自动性理论则目前还只停留在理论研究领域。又如，动机伦理性一般会成为肯定自动性的理由，而客观上存在足以压制一般人犯罪意志的因素往往会成为否定自动性的理论。

根据本书提倡的新折中说来看，我国法院对中止自动性的认定结论基本上较为准确与合理。就此而言，新折中说能够较好地诠释我国自动性认定实践中的内在逻辑和规则，其在司法实践中可以发挥积极的指导作用，从而保证自动性司法认定的安定性和妥当性。

如前所述，在我国有关中止自动性认定的个案可以根据案情特征简单地概括为若干类型。但这些类型只是现象层面的归纳，未必同时成立规范意义上的案件类型。就此而言，前述中概括的案件类型并不能当然地得出某一种结论，而是应当转化为内在诱因、外在诱因及其细化等理论类型进行分析和判断。限于篇幅，本书不再详陈推理过程，而是根据各类型案件所对应的理论类型加以简要评论。

首先，根据新折中说，以下情形应得出肯定自动性的结论，而我国法院也大都对此做出了肯定性的判决。这些情形包括：①因被害人训斥而中止的场合；②因被害人哀求而中止的场合；③因第三人规劝、害怕法律制裁而中止的场合；④因被认出、害怕法律制裁而中止的场合；⑤因发现被害人是幼女而中止的场合；⑥因家人规劝而中止的场合；⑦因害怕被发觉而中止的场合；⑧因被害人心脏病可能发作而中止的场合；⑨因假意同意而在酒醒后中止的场合；⑩因被害人怀孕以及担心被发觉而中止的场合；⑪因被害人呕吐并说肚子疼而中止的场合；⑫因被害人威胁自残、自杀而中止的场合。

上述情形中，根据行为人对事实的主观认识来看，应该说不存在足以使平均理性人被迫放弃犯罪的诱因。换言之，行为人主要是基于内驱力而放弃继续犯罪的，应当肯定其行为自动性成立。

需要强调的是，在以上因第三人规劝、害怕法律制裁而中止，因被认出、害怕法律制裁而中止以及因害怕被发觉而中止等三种场合，并不能一概得出肯定自动性成立的结论，而是应进一步分析具体案情而定。只有当行为人自认为尚未面临紧迫现实的被抓捕危险，或者因被发觉而使犯罪在客观上无法继续，才能肯定其行为自动性的成立。反之，如果行为人对法律制裁、被发觉等的害怕已经从抽象的被抓捕或追诉的可能性升格为具体现实的可能性，达到足以使平均理性人放弃犯罪的程度，那么就应当得出否定其行为自动性的结论。

其次，根据新折中说，以下情形应得出否定自动性成立的结论，对此我国法院也大都做出了否定性的判决。这些情形包括：①因担心染病而中止的场合；②因误认犯罪终了而中止的场合；③因当场被发现而中止的场合；④因多次侵害未得逞、意欲私了而否定自动性的场合。

在上述情形中，行为人要么认为自己的生命健康面临重大现实危险，要么缺乏中止意思，要么认为自己面临被抓捕的现实危险，要么自认为难以最终完成犯罪。总之在新折中说看来，平均理性人于此情形当然会放弃继续犯罪，因此不能认为行为人之中止犯罪是基于其内驱力，从而应当否

定其行为自动性的成立。

再次，在以未放弃奸淫意图为由而否定自动性的场合，我国法院得出否定性的结论，但新折中说认为肯定自动性成立的做法更为可取。以本书此前所举的同类案件为例，行为人虽然转而实施猥亵犯罪，但就强奸罪而言，行为人确实是仅仅因为被害人正处在生理期而放弃犯罪的。根据对因月经而放弃强奸的分析，月经本身并不足以使平均理性人放弃性交，可见行为人正是基于有利于被害人的考虑而放弃了犯罪，因此肯定自动性的成立更为妥当。

我国法院之所以否定自动性的成立，应该是考虑了行为人的中止动机缺乏伦理性，即行为人并未完全放弃奸淫意图并转而实施了猥亵行为，因此法院拒绝认定强奸罪的自动中止。本书认为，这里存在法律论证上的瑕疵，我们不应该因为有后续的其他性行为便否定中止奸淫行为的自动性，也不应该无视行为人实际上做出了有利于被害人的行为决定而坚持对其予以重罚。

在新折中说看来，既然行为人没有面临足以使平均理性人放弃犯罪的诱因，且行为人在主观上也有对被害人有利的行为决定，那么站在法律的角度就应该肯定其行为自动性的成立；否定自动性成立的做法实际上是站在泛伦理化的角度理解刑法，因而并不可取。在此意义上，我国法院站在伦理主义或者根据衷心悔悟说立场而否定自动性成立的做法值得警惕和反思。换言之，我们应站在法律主义的立场，从法的角度来理解和认定中止自动性。应该说，新折中说对促进和完善我国法院的中止自动性认定具有积极的指导意义。

最后，根据新折中说，在因被害人为熟人而中止的场合，应区分情形认定，而我国法院也是区分情形进行判决的。对此理论上存在相当的分歧，且目前尚缺乏专门而深入的讨论。有人认为，在熟人场合，行为人并非出于真诚悔悟，而是因为以熟人为侵害对象会使自己面临极大的身败名裂乃至锒铛入狱的危险，其完全是为了保护自己而停止行为的，因而应认定为犯罪未遂；有人却认为，被害人是熟人的场合虽然出乎犯罪人意料，

但根本不足以阻止犯罪人去实施和完成犯罪行为,犯罪分子完全可以不顾伦理而将犯罪进行到底,因此如果此时其选择中止的,应当成立犯罪中止[①]。在本书看来,因被害人为熟人而中止的场合,应考虑以下两个因素来进行具体分析和处理。

第一,行为人事先是否以熟人为侵害对象?如果行为人一开始便以熟人作为侵害对象,那么在新折中说看来,熟人之间的感情因素对犯罪意志的抑制作用微乎其微。换言之,行为人正是因为事先克服了熟人这一诱因所产生的心理作用才决定实施犯罪的,因此在其实施犯罪的过程中,熟人之间的感情或关系因素并不构成足以压制平均理性人犯罪意志的障碍。就此而言,如果行为人放弃犯罪,应该肯定其行为自动性的成立。反之,如果行为人事先并未把熟人作为侵害对象,而是在犯罪过程中才发现的,则其成立犯罪未遂的可能性较大,但究竟是否成立犯罪未遂,还应结合行为人在发现被害人是熟人后的具体心理来判断。例如,发现熟人后立刻产生悔悟之情而放弃犯罪的,仍然可以成立犯罪中止。反之,如果完全是因为被熟人认出,客观上不可能再继续犯罪的,则应当否定其行为自动性的成立。例如,诈骗犯在行骗过程中发现被害人是了解自己犯罪伎俩的熟人,熟人也认出了诈骗犯本人,行为人因而放弃继续犯罪的,不可能认定为自动中止犯罪。

第二,应将被害人为熟人的案件具体化为内在诱因、外在诱因及其细化等理论类型来进行分析和判断。例如,当行为人发现被害人是熟人之后,如果产生了强烈的伦理性动机,那么就应将其转化为基于伦理而中止

[①] 这种观点现在广泛见诸各类司法考试教材。例如,有人认为"行为人放弃犯罪意图的自愿性并不代表行为人不受任何外在因素的影响。虽然存在外在因素,但只要这些因素不足以阻止行为人继续犯罪(如行为人出于悔悟、对被害人的怜悯、对刑罚的恐惧、被害人是熟人等),就不影响行为人放弃犯罪意图的自愿性"(参见:飞跃思考辅导中心:《2012国家司法考试高频考点对照速记》,北京:中国法制出版社2012年1月版,第71页)。又如,有人提出"发现是熟人而放弃的:由于犯罪以熟人为对象并非不可能,在实践中反而大量存在,'熟人'本身不足以阻止犯罪的继续,因此行为人因对方是'熟人'而停止的,可以成立中止"(参见:北京万国学校:《司法考试重点法条解读》,北京:中国法制出版社2012年版,第270页)。

这种内在诱因类型进行分析，并得出肯定自动性的结论。又如，当行为人发现其盗窃对象是熟人后，由于知道该熟人从不携带现金和财物，于是只能放弃继续犯罪。对该情形，应先将其转化为目的物障碍后再来进行分析和认定。再如，行为人发现抢劫对象是熟人后，由于知道该熟人善于擒拿格斗，并且客观上该熟人已经开始反抗，于是被迫放弃犯罪。对此，应将该情况转化为因被害人反抗而中止的理论类型后再进行分析和认定。总之，不能仅仅根据被害人为"熟人"这一事实特征便想当然地寻求唯一的认定结论，而是应当具体情况具体分析，从规范角度恰当运用新折中说来具体判断。

根据新折中说，在前述案例中因顾及强奸对象为好友而中止的场合、因顾及邻里关系而中止的场合、因顾及与被害人弟弟的友情而中止等场合中，由于行为人具有中止的伦理性动机，即主要是基于内驱力而非外在诱因而放弃犯罪的，应当成立自动中止。我国法院对此也做出可肯定性的判决。在前述案例中因被熟人认出和斥责而中止强奸的场合，行为人为了隐瞒身份，避免被刑事追诉的现实可能性，同时也是因为被害人反抗激烈而放弃继续犯罪的。根据新折中说的平均理性人基准，一般人在此情形下都会放弃继续犯罪，因此行为人之放弃犯罪不能被认定为自动中止，而应认定为犯罪未遂。我国法院对此也做出了否定性的判决。因此，就总体而言，我国法院的判决完全符合新折中说的立场。

6.4 余论：证据规则、计算法学在中止犯自动性认定中的可能作用

刑法解释学维度的学术研究往往需要将判例或案例作为重要的素材。有学者认为，"判决具有与学说不同的某种内容与说服力"[①]，而这也是业

[①] 大村敦志、道恒内弘人、森田宏树、山本敬三：《民法研究指引：专业论文撰写必携》，徐浩、朱晔、其木提、周江洪、解亘译，北京：北京大学出版社2018年版，第113页。

内的通常理解。这一点在刑法解释领域同样适用。刑事判决是针对具体案件的分析和判断，法官需要直接面对具体的个案证据，思考究竟如何证明自动性各种理论学说所主张的实体判断要素。如此一来，判决便与证据及其所给予法官的经验体悟直接相关，法官也会因此更注重个案中的妥当性。与之不同，学者们往往较少深入个案的具体经验中去直接体悟，而是更为注重法律逻辑和一般性结论。在这个意义上而言，虽然自动性的学说多种多样，但是这些学说可能存在逻辑性有余而经验性不足等问题。为了弥补这一不足，有必要充分重视证据法及其规则在自动性认定中的作用。

通过前述法院判决的实证分析不难发现，虽然主观说或限定主观说所提倡的心理学认定标准已占据了基础地位，但客观说在司法实践中仍然相当有影响力。究其原因，或许来自证据规则对自动性认定的影响。从宏观叙事的角度而言，犯罪论的起源和发展与刑事追诉程序直接相关，而刑事追诉程序的重要支柱是证据。在证明犯罪中应采用哪些证据？对这些证据又应按照怎样的逻辑顺序进行运用？可以说这些往往决定了犯罪论将选取哪些要素以及这些要素之间具有怎样的关系。具体到自动性认定领域，上述相关学说所提出的"悔悟心理""能达而不欲""人身危险性降低""犯罪人理性标准""平均理性人标准"等主观要素，其自身难以自证，因而需要根据证据法来进行合理证明。

那么，这个证明过程的主要依据是什么呢？有学者指出，从法证科学的角度，这些主观要素的证明不外乎直觉法、临床法和统计法[①]。纵观刑法学说史，刑法学者实际上主要采用直觉法来对主观因素展开证明。这一倾向的直接表现便是有关学者大多主张通过运用与犯罪行为相关的"行为证据"来推定犯罪的主观要素。但是，随着心理科学的发展，临床法和统计法越来越成为行为心理研究的主要手段。在这一方向下，应当甄选怎样的证据作为判断主观要素的"临床指标"，以及采用怎样的统计学模型进行统计推理，成为刑法学必须面对的重要问题。由于刑法意义上的主观要

---

① 黄兴瑞：《人身危险性的评估与控制》，北京：群众出版社2004年版，第72-73页。

素不是单纯的心理事实，而是具有罪刑规范的建构色彩，因此解决主观要素的认定问题不可避免地需要从科际整合角度出发，将行为心理学、证据法学、刑法学、数学等多学科知识统合起来，立足法学，并在合理借鉴其他学科前沿后最终回归法学。

具体到自动性认定领域，本书所提倡的新折中说实际上将"平均理性人"作为核心判断因素。事实上，德国、日本等的刑法学中关于"理性人"的观点构成了刑法领域的元理论。能否以及选择哪些被告人特征作为归纳理性人的基础素材，成为其刑法学之最核心的争论。在这种极为抽象的理论层级上，问题已经哲学化了，其解答必然出现仁者见仁、智者见智的多元化格局，在可预期的未来很难取得共识。但是从司法角度来说，法官必须就案件给出一个确定的结论，而不可能在多元化的理论格局的指导下进行裁判。这就要求我们降低理论层级，尽量绕开刑法哲学层面的争论，尽快进入实际认定层面的证据规则和科学认定方法中去。

在这一领域，证据科学与近年来方兴未艾的人工智能相结合，形成了一个可以应用于"平均理性人"场景的多态模拟推理理论。可以说，多态模拟推理理论的核心内容是关于应该如何正确应用证据和逻辑推理来支持对抽象法律问题的判断。根据这一理论，人们可以通过类型化的规划识别来进行模拟推理和设证推理，从而获得"平均理性人"标准，然后再根据这一标准来认定自动性的有无。有学者指出，沿着这一理论脉络，不仅"品性"这种具有主体间性的法律概念能够得到智能化处理[1]，甚至就连因果关系这种对客观要素的判断也可以借助人工智能来加以解决[2]。当然，多态模拟推理理论之具体运用于对自动性的认定，还需要专门论证与大量验证，而这已经超出本书所能涵盖的范围，因而此处仅以余论形式做启发性的展望。

---

[1] 沃尔顿：《品性证据：一种设证法理论》，张中 译，北京：中国人民大学出版社2012年版，第122-156页。

[2] 珀尔、麦肯齐：《为什么？：关于因果关系的新科学》，江生、于华 译，北京：中信出版集团2019年版，第323-343页。

7 基本结论与创新之处

7 基本结论与创新之处

7.1 基本结论

自动性问题是中止犯研究中争议最多的领域。它涉及目的解释论、中止犯减免刑罚根据以及心理学观察等诸多问题。在中止犯法律性质的问题上（以未遂犯为比较对象），应当采取量刑责任减少与刑事政策并重说。量刑责任减少是中止犯减免刑罚的法律根据，刑事政策目的则是中止犯减免刑罚的目的论根据。据此，应该将自动性而不是中止行为作为中止犯研究的重点；而自动性问题的核心，是如何理解与判断"量刑责任减轻"以及"政策诱导必要性"的有无。

在我国的法律语境下，自动性概念的边缘含义更为模糊，属于阶段性、连续性的概念。在我国，自动性的含义可以由刑法规定推导而来，其既有心理内涵，又有规范内涵。在此意义上，对于自动性的问题，需要从心理事实和规范性评价这种双层结构中来进行理解与认定，其理论建构方式应兼采心理的建构方式和规范的建构方式，其认定方法也应综合运用心理学方法和规范性方法。

有鉴于此，本书提倡新折中说，即对自动性的认定应当以行为人的主观认识为判断对象，以一般人（即具有行为人特质的平均理性人）为判断基准，从而具体分析中止诱因是否对行为人的心理产生了强制性影响。本说的提出主要基于以下几方面理由。

第一，自动性作为一种心理现象，需要先从心理学角度来对其进行考察，因此有关自动性判断的对象只能是行为人的主观认识，同时对自动性认定的基本方法也只能是心理学的认定方法。但是，心理学方法有时难以得出明确结论，即便得出结论往往也只是自然意义上的判断，在法规范的意义上未必妥当[①]。因此，在心理学认定方法之外，我们还需要规范性认

[①] 这也正是主观说被批评的主要原因。主观说将自动性理解为行为人的心理事实，运用自然主义的心理认定方法来判断自动性。

定方法。此外，自动性还有判断基准的问题。应该说，一般人标准比行为人标准更为合理，因此应当将"具有行为人特质的平均理性人"作为自动性判断的基准人物。

第二，根据笔者对中止犯法律性质的理解，量刑责任减轻与刑事政策目的是自动性在规范层面的实质。因此，"量刑责任减轻"和"政策诱导必要性"对认定自动性具有重要的指导意义。这两个规范性要素可以通过介入基准人物的论证与确定过程而发挥作用，即作为基准人物的一般人应当在"量刑责任减轻"和"政策诱导必要性"这两个观念的指导下来进行论证和确定。

此外，本说虽然以平均理性人为基准人物，但自动性的成立并不以行为人违反某种理性为必要条件。由于本说一方面沿袭了传统折中说的基本框架，另一方面又在基准人物确认环节将规范的自动性理论导入理论框架之中，因而可以称之为新折中说。

根据新折中说，如果犯罪计划的某些要素是行为人犯罪的先决条件，那么当这些要素未被满足时，便成立失败未遂，因而应否定自动性的成立。在因情绪而中止的场合，如果情绪未产生足以压制一般人犯罪意志的心理压力，应肯定自动性的成立，反之则应否定自动性成立。因迷信而中止的，应肯定自动性的成立。因合法替代手段而中止的，应否定自动性的成立。因犯罪起因消失而中止的，应否定自动性的成立。在目的物障碍的场合，当行为人主观设定的目的物为种类物时，其行为在针对实际存在的目的物时仍然可能成立犯罪中止；当行为人主观设定的目的物为特定物时，应否定自动性的成立；当行为人主观设定的目的物为一般财物时，应肯定其行为自动性的成立。在因财产得失而中止的场合，如果行为人实施的是财产性犯罪，那么应否定其行为自动性的成立，反之则肯定自动性的成立。此外，未预期障碍不等于意志以外的原因，对此需要进行具体分析，即该障碍是否足以使一般人中止。行为人误以为存在客观障碍的，应否定其行为自动性的成立。对于行为人缺乏放弃犯意彻底性的，应否定其行为的自动性。总之，新折中说与当前的司法实践相适应，能够较好地诠

释我国对自动性之司法认定的内在逻辑和规则，具有良好的理论解释力。

就中止自动性的法院裁判而言，德国法院基本采用心理的判断标准以确定自动性的成立与否。同时为了避免刑法伦理化，德国法院通常对中止动机没有要求，但是受理论界提倡的规范性判断标准，是否应当在心理判断标准之上重视"规范标准"成为摆在德国法院面前的重要课题。日本法院则表现出明显的流动性与多元化倾向。一方面，随着刑法观念的变迁，不同时期的类似案件在说理上会有一定变化；另一方面，判例既有采取客观说的，也有采取主观说的，但第二次世界大战以后客观说占有更突出的地位。

我国法院在肯定自动性时，通常采用了衷心悔悟说（或限定主观说）和任意中止说（或主观说）；在否定自动性时，则采取了衷心悔悟说（或限定主观说）、任意中止说（或主观说）或者客观说。此外，我国法院在审判实践中还有颇具特色的"社会效果与法律效果统一"理论，这似乎表明我国法院在理解自动性时并不全然从心理事实的角度来理解自动性，而是也要求考虑社会接受程度、社会大众对刑罚权的合理期待等因素。

法院的裁判立场体现出其与证据规则存在紧密的联系，因此应充分重视证据规则对自动性解释理论的有益作用。本书提倡的新折中说与我国法院的审判实践相适应，既能较好地诠释我国对自动性之司法认定的内在逻辑和规则，具有良好的理论解释力，也能与证据规则形成呼应关系，从而形成自动性刑法解释与自动性证据规则上的一体化理论。近年来，受计算法学的影响，在自动性的司法认定领域应重视多态模拟推理与证据规则相结合的人工智能所可能发挥的作用。

7.2 创新之处

自动性问题在刑法学的研究中属于曾经激烈讨论、现在仍然需要讨论、在可预见的未来依然需要不断讨论的"永恒问题"。对此，笔者在本书中的有限研究不敢奢望给出令人完全满意的回答。尽管如此，笔者仍然

以野人献曝的心情略陈文中可能的创新之处，以求教于诸方。

第一，新折中说有其自身独具的特点。①本说将判断对象确定为行为人的主观认识，这一点有别于客观说。②本说将判断基准确定为一般人，这一点有别于主观说。③本说所提倡的一般人基准是指具有行为人特质的平均理性人，这与客观说或折中说提出的不考虑行为人特质的抽象一般人不同，因而具有鲜明的特点。④本说从中止犯的减免刑罚根据推导出"预防必要性降低""政策诱导必要性"等规范性标准，并以此作为自动性认定的指导观念，因此不同于纯粹心理学的自动性理论。⑤本说主张以行为人的主观认识作为判断自动性的对象，因此不同于罔顾行为人心理之纯粹规范的自动性理论。⑥本说虽然以平均理性人作为基准人物，但同时认为自动性的成立并不以行为人违反某种理性为必要条件。⑦本说将量刑责任减轻与刑事政策并重说作为理论前提。⑧本说以缓和的标准从宽认定自动性，既尊重了自动性可能具有的含义，又尊重了中止犯的法律性质，从而有助于实现中止犯罪的目的。

第二，在中止犯的法律性质问题上，笔者采取了量刑责任减轻与刑事政策目的并重说。其中，量刑责任减轻是中止犯减免刑罚的法律根据，刑事政策上的考虑是中止犯的目的论根据。本说虽然沿袭了对法律说与政策说进行并合的思路，但是拥有自身独特的观点。既往的并合说，有的主张将政策说作为法律说的补充，有的主张将政策说作为法律说的根基，更多的则是不明确说明政策说与法律说之间的关系。

笔者则提倡政策说与法律说并重的观点，不仅阐明了法律说的内容为量刑责任减轻、政策说的内容为具有诱导必要性，而且明确指出了两者之间的关系。此外，在论证中止犯与未遂犯之违法性相同的问题上，以往学说较少关注"反对既遂的意志"对违法性的影响。但是，即便是对极端的结果来说，无价论者也承认"行为意志"对违法性存在之影响。既然如此，那么中止意思所蕴含的"反对既遂的意志"为何不能降低中止犯的违法性便不是一个不证自明的问题。有鉴于此，笔者着眼于"反对既遂的意志"所支配的行为，并就此展开了专门的论述。

7 基本结论与创新之处

第三,在对自动性的解释问题上,笔者试图借助"自动性"边缘含义极宽的特点,以缓和的标准从宽解释和认定自动性。为此笔者认为,在中止犯未造成损害的场合,对自动性的解释应较为严格;在造成损害的情况下,对自动性的解释则可以相对宽松。此外,在"自动性"与"意志以外原因"之间存在一定过渡的案件中,可以借助自动性边缘含义极宽的特点,通过规范性评价的方法,朝着肯定自动性的方向进行解释。

第四,在自动性理论的建构方式上,由于自动性兼具心理内涵和规范内涵,因此心理学的自动性理论建构方式与规范的自动性理论建构方式都是必要的,并且两者之间还存在相互制约、相互补充的关系。其中,前者探求自动性的本体结构,后者承载自动性的目的论价值,在位阶顺序上前者优先于后者。

第五,在对自动性的认定问题上,由于以往使用的术语常常存在哲学化倾向,在实际操作时往往不敷使用。为此,笔者引入行为心理学的相关知识,以对自动性进行辅助分析与表达。

根据行为心理学可知,心理意义上的自动性可以通过比较驱动力与诱因作用的大小来进行认定。如果行为人的中止决定能够归因于诱因,那么应否定其行为自动性的成立;反之,如果行为人的中止决定能够归因于内驱力,则应肯定其行为自动性的成立。在判断中止决定是否归因于诱因时,应重点考虑以下几个方面:一是诱因与中止决定之间是否具有条件关系;二是诱因是否足以使一般人做出中止决定;三是诱因的作用在中止决定中是否得到了实际的发挥。据此,心理压力并非否定自动性的理由,如果心理压力产生于内驱力,则仍然应该肯定自动性的成立。

此外,"能够继续犯罪"是认定心理意义自动性的关键所在。判断是否能够继续犯罪时,需要考虑以下因素:一是继续行为所面临的现实障碍;二是继续行为所面临的可能风险;三是行为完成后所产生的或附带的不利后果;四是行为人的犯罪类型。在充分考虑这些要素的情况下,心理的自动性不仅存在有无的区分,而且存在程度的差异。因此,当我们在认定心理的自动性时,应就系争案件究竟与何种理念类型较为接近而进行个

别、量化的判断。

心理方法是认定自动性的基本方法，但是该方法仍然需要规范的自动性认定方法来进行补充。规范的认定方法可以通过基准人物的论证与确认这一环节加以运用和落实，即作为基准人物的一般人应当在"量刑责任减轻""政策诱导必要性"这两个观念的指导下来进行论证和确定。如果行为人特质与上述观念具有正相关关系，那么这些观念就不能成为平均理性人所具有的行为人特质，否则便会产生矛盾的法律评价。此外笔者认为，在平均理性人的确定中还要考虑社会事实的允许程度以及理性本身的规定性。

第六，在具体问题的解决上，笔者对目的物障碍问题提出了独立的看法。当行为人主观设定的目的物为种类物时，针对实际存在的目的物仍然可能成立犯罪中止；当行为人主观设定的目的物为特定物时，应否定其行为自动性的成立；当行为人主观设定的目的物为一般财物时，应当肯定其行为自动性的成立。此外，在被害人为熟人的场合，判断自动性是否成立时应结合行为人事先的认知情况与具体诱因进行分析。

第七，新折中说与我国法院对自动性认定的实践相适应。一方面，本说能较好地诠释我国自动性认定实践的内在逻辑和规则，因而具有良好的理论解释力；另一方面，本说不仅立论严谨，而且提出了现实可行的操作标准，因而对确保自动性司法认定的妥当性与稳定性具有积极意义。

第八，证据规则在对自动性的认定中发挥了重要作用，这一点促使客观说在法院的审判实践中占有一席之地。因此，应充分重视证据规则在自动性认定理论建构中的基础性作用。在人工智能快速发展的当下，多态模拟推理对解决自动性的认定问题具有启发意义。

参考文献

[1] 陈兴良,周光权. 刑法学的现代展开 [M]. 北京:中国人民大学出版社,2006:384.

[2] 张明楷. 未遂犯论 [M]. 北京:法律出版社,1997:325-328.

[3] 张明楷. 刑法学 [M].5 版. 北京:法律出版社,2016:365-369.

[4] 周光权. 刑法总论 [M]. 北京:中国人民大学出版社,2007:275-277.

[5] 张平. 中止犯论 [M]. 北京:中国方正出版社,2005:31-40.

[6] 程红. 中止犯基本问题研究 [M]. 北京:中国人民公安大学出版社,2007:25-30.

[7] 李立众. 中止犯减免处罚根据及其意义 [J]. 法学研究,2008(4):127.

[8] 魏东,李运才. 中止犯的处罚根据检讨 [J]. 江西公安专科学校学报,2005(3):34-38.

[9] 吴大伟. 论中止行为 [D]. 北京:清华大学,2008:16-25.

[10] 许玉秀,陈志辉. 不疑不惑献身法与正义:许逎曼教授刑事法论文选辑 [M]. 台北:台北春风煦日出版社,2006:379.

[11] 英格博格·普珀. 法学思维小学堂:法学方法论密集班 [M]. 蔡圣伟,译. 台北:元照出版公司,2010:9.

[12] ZACHARIÄ. Die Lehre vom Versuche der Verbrechen, zweiter Theil [M]. Göttingen 1893, Nachdruck:Goldbach1997:239.

[13] BINDING. Strafrechtliche und strafprozessuale Abhandlungen, erster Band:Strafrecht [C]//München/Leipzig 1915, Nachdruck:Goldbach1997:125.

[14] HIPPEL. Untersunchungen über den Rücktritt vom Versuch [M]. Berlin,1966:65.

[15] LISZT. Das Deutsche Reichsstrafrecht [M]. Berlin/Leipzig 1881, Nachdruck:Goldbuch 1997:143.

[16] PUPPE. Der halbherzige Rücktritt, Zugleich eine Besprechung von BGHSt 31

[J]. NStZ, 1984, 46: 490.

[17] ROXIN. Strafrecht Allgemeiner Teil, Bd. 2 [M]. Müchen, 2003: § 30 Rn. 20.

[18] ULSENHEIMER. Grundfragen des Rücktritts vom Versuch in Theorie und Praxis [M]. 1976: 76.

[19] 王效文. 中止未遂减免刑罚之理由 [J]. 月旦法学, 2011 (194): 10.

[20] 耶塞克, 魏根特. 德国刑法教科书 [M]. 徐久生, 译. 北京: 中国法制出版社, 2001: 645.

[21] WESSELS, WEIGEND. Lehrbuch des Strafrechts Allgemeiner Teil [M]. 5, Aufl. Berlin, 1996: § 51 I 3.

[22] HERZBERG. Zum Grundgedanken des § 24 StGB [J]. NStZ, 1989: 50.

[23] SCHMIDHÄUSER. Strafrecht, Allgemeiner Teil [M]. 2. Aufl. 1975: 623-.

[24] 町田行男. 中止未遂的理论 [M]. 东京: 现代人文社, 2005: 21.

[25] 山中敬一. 中止未遂研究 [M]. 东京: 成文堂, 2001: 9.

[26] SCHEURL. Rücktritt vom Versuch und Tatbeteiligung mehrerer [M]. Berlin, 1972: 26-.

[27] WALTER. Bestimmung der Freiwilligkeit beim Rücktritt vom Versuch [M]. GA 1981: 406.

[28] 陈家林. 外国刑法通论 [M]. 北京: 中国人民公安大学出版社, 2009: 468-469.

[29] HERZBERG. Grund und Grenzen der Strafbefreiung beim Rücktritt vom Versuch: Von der Strafzwecklehre zur Schulderfüllungstheorie [C]. Wilfried Küper (Hg.). Februar 1987. Berlin/New York, 1987: 325.

[30] 川端博. 刑法总论讲义 [M]. 2版. 东京: 成文堂, 2006: 472.

[31] 浅田和茂. 刑法总论 [M]. 补正版. 东京: 成文堂, 2007: 389.

[32] 井田良. 讲义刑法学总论 [M]. 东京: 有斐阁, 2008: 421.

[33] 山中敬一. 刑法总论 [M]. 2版. 东京: 成文堂, 2008: 753.

[34] 平野龙一. 中止犯 [C] //刑事法研究: 2卷. 东京: 有斐阁, 1981: 144.

[35] 平野龙一. 刑法总论II [M]. 东京: 有斐阁, 1975: 333.

[36] 西原春夫. 刑法总论: 上卷 [M]. 东京: 成文堂, 1993: 332.

[37] 曾根威彦. 刑法总论 [M]. 4版. 东京：有斐阁，2008：227.

[38] 木村静子. 中止犯 [M] //日本刑法学会编. 刑法讲座：4卷. 东京：有斐阁，1964：25.

[39] 林山田. 刑法通论：上 [M]. 增订9版. 台北：兴丰印刷厂，2005：290.

[40] 王安异. 刑法中的行为无价值与结果无价值研究 [M]. 北京：中国人民公安大学出版社，2005：26.

[41] 香川达夫. 中止未遂的法的性格 [M]. 东京：有斐阁，1963：72-79.

[42] ZACHARIAE. Lehre vom Versuch der Verbrechen [M]. Berlin, 1936-1939：240.

[43] 团藤重光. 刑法纲要总论 [M]. 东京：创文社，1990：270-271.

[44] WELZEL. Das Dertsche Strafrecht [M]. 11. Aufl，1969：196.

[45] 小野清一郎. 刑法总则草案与中止犯 [C] //关于刑罚的本质及其他. 东京：有斐阁，1955：278.

[46] 大谷实. 刑法讲义总论 [M]. 黎宏，译. 北京：中国人民大学出版社，2008：350.

[47] 前田雅英. 刑法总论讲义 [M]. 4版. 东京：东京大学出版会，2006：159.

[48] 大塚仁. 刑法概说（总论）[M]. 4版. 东京：有斐阁，2008：159.

[49] 山口厚. 刑法总论 [M]. 2版. 东京：有斐阁，2007：279-280.

[50] 马克昌. 未遂犯比较研究 [C] //珞珈法学论坛：1卷. 武汉：武汉大学出版社，2000：234.

[51] 马克昌. 犯罪通论 [M]. 武汉：武汉大学出版社，1999：488.

[52] 高铭暄. 刑法专论：上编 [M]. 北京：高等教育出版社，2002：308.

[53] 梁晟源、周伟良. 中止犯减免处罚的根据 [J]. 中国人民公安大学学报（社会科学版）.2006（6）：64-69.

[54] 袁彬，李旭. 中止犯处罚若干问题研究 [J]. 黑龙江省政法管理干部学院学报.2004（3）：38-40.

[55] 赵秉志. 犯罪总论问题探索 [M]. 北京：法律出版社，2003：484.

[56] 高铭暄. 中国刑法学 [M]. 北京：中国人民大学出版社，1989：180.

［57］板仓宏．刑法总论［M］．东京：劲草书房，2004：135．

［58］西田典之．刑法总论［M］．东京：弘文堂，2006：295．

［59］川端博，前田雅英．刑法理论の展望［M］．东京：成文堂，2000：320．

［60］川端博．刑法总论二十五讲［M］．余振华，译．甘添贵，监译．台北：元照出版公司，1999：269．

［61］福田平．全订刑法总论［M］．4版．东京：有斐阁，2004：234．

［62］团藤重光．刑法纲要总论［M］．3版．东京：创文社，1990：363．

［63］宫本英修．刑法大纲［M］．4版．东京：弘文堂，1935：183-184．

［64］OLG Zweibrücken JR 1991 214 zu § 177 a. F. mit im Ergebnis zust. Anm. Otto JR 1991 215．

［65］王昭武．中止未遂の任意性についての一考察（一）［J］．同志社法学，60卷6号：361-367．

［66］最高人民法院刑事审判第二庭．入户抢劫中的犯罪中止形态：南广杰抢劫案［EB/OL］．（2005-06-23）［2023-03-11］．http：//old. chinacourt. org/public/detail. php? id=175985．

［67］王元帅、邵文喜抢劫故意杀人案［第242号］：犯罪中止与犯罪未遂的区别//刑事审判参考2003年3辑（总32辑）［G/OL］．

［68］李庆斌．本案被告人的行为属于犯罪中止［EB/OL］．（2003-08-07）［2023-03-15］．http：//oldfyb2009. chinacourt. org/public/detail. php? id=60038．

［69］范秀丽，刘玮娜．本案强奸犯属于犯罪未遂还是犯罪中止？［EB/OL］．（2004-05-21）［2023-02-15］．http：//hnfy. chinacourt. org/public/detail. php? id=30804．

［70］钟宗元．被告人黄某的行为是犯罪未遂还是犯罪中止？［EB/OL］．（2005-11-28）［2023-01-13］．http：//gzzy. chinacourt. org/public/detail. php? id=2329．

［71］肖晚祥．绑架人质后未勒索财物而放弃犯罪的构成犯罪中止［EB/OL］．（2007-05-29）［2023-02-17］．http：//rmfyb. chinacourt. org/public/detail. php? id=109141．

［72］夏洪生抢劫破坏电力设备案［第644号］：骗乘出租车欲到目的地抢劫

却因害怕被发觉而在中途放弃的，能否认定为抢劫预备阶段的犯罪中止？为逃匿而劫取但事后予以焚毁的机动车辆能否计入抢劫数额//刑事审判参考 2010 年 5 辑（总 76 辑）[G/OL].

[73] 汤瑛. 害怕被害人心脏病发停止强奸其行为是未遂还是中止？[EB/OL]. (2004-05-21) [2023-04-11]. http://jxfy.chinacourt.org/public/detail.php?id=24230.

[74] 单飞. 对于犯罪中止的认定 [EB/OL]. (2009-04-27) [2023-01-17]. http://bjgy.chinacourt.org/public/detail.php?id=77131.

[75] 蒋为杰. 客观因素之量的大小是区分未遂与中止的依据：被告人薛某某强奸案相关法律问题分析 [EB/OL]. (2010-09-02) [2023-02-11]. http://bjgy.chinacourt.org/public/detail.php?id=87573.

[76] 陈润娥. 强奸案件中犯罪中止造成"损害"的认定 [EB/OL]. (2011-08-15) [2023-01-23]. http://old.chinacourt.org/html/article/201108/15/461433.shtml.

[77] 许彩乐. 割腕自残以死相抗致被告人停止强奸是犯罪未遂还是中止？[EB/OL]. (2011-09-29) [2023-04-13]. http://old.chinacourt.org/html/article/201109/29/465856.shtml.

[78] 基于索债目的帮助他人实施绑架行为的应如何定罪？//刑事审判参考 2002 年 1 辑（总 24 辑）[G/OL].

[79] 张元领. 本案是强奸未遂，还是中止？[EB/OL]. (2005-11-05) [2023-04-11]. http://jjzy.chinacourt.org/public/detail.php?id=1020.

[80] 姚强，杨云. 本案应认定犯罪中止还是犯罪未遂？[EB/OL]. (2005-11-05) [2023-01-11]. http://old.chinacourt.org/html/article/200401/05/98043.shtml.

[81] 罗真，孙德尧. 犯罪未遂与犯罪中止的区别：在"能"与"不能"间 [EB/OL]. (2008-10-30) [2023-01-25]. http://www.chinacourt.org/article/detail/id/328852.shtml.

[82] 李官容抢劫、故意杀人案 [第 611 号]：对既具有自动性又具有被迫性的放弃重复侵害行为，能否认定犯罪中止//刑事审判参考 2010 年 2 辑（总 73 辑）[G/OL].

[83] 张烨等强奸、强制猥亵妇女案 [第 125 号]：如何认定共同犯罪的中

止//刑事审判参考2001年9辑（总20辑）[G/OL].

[84] 张明楷. 外国刑法纲要 [M]. 3版. 北京：清华大学出版社，2020：248-252.

[85] 小野清一郎. 新订刑法讲义总论 [M]. 增补版. 东京：有斐阁，1950：186.

[86] 木村龟二. 中止未遂的概念 [C] //刑法的基本概念. 东京：有斐阁，1949：254.

[87] 王昭武. 中止未遂の任意性についての一考察（二）[J]. 同志社法学，60卷8号：335-342.

[88] DOHNA. Die Freiwilligkeit des buchtritts vom Versuch im Lichte der Judikatur des Reichsgericht [J]. ZStW, Bd. 59, 1940：544.

[89] 香川达夫. 刑法讲义总论 [M]. 3版. 东京：成文堂，1995：310.

[90] 高铭暄. 刑法学原理：第2卷 [M]. 北京：中国人民大学出版社，1993：334.

[91] 陈兴良. 刑法适用总论：上卷 [M]. 北京：法律出版社，1999：447.

[92] 高铭暄，马克昌. 刑法学 [M]. 3版. 北京大学出版社，高等教育出版社，2007：172.

[93] 施特拉腾韦特，库伦. 刑法总论 I：犯罪论 [M]. 杨萌，译. 北京：法律出版社，2006：279.

[94] 林东茂. 一个知识论上的刑法学思考 [M]. 北京：中国人民大学出版社，2009：64.

[95] 金日秀，徐辅鹤. 韩国刑法总论 [M]. 郑军男，译. 武汉：武汉大学出版社，2008：521.

[96] 李在祥. 韩国刑法总论 [M]. 韩相敦，译. 北京：中国人民大学出版社，2005：334.

[97] GÜNTER SPENDEL. Zur Unterscheidung von Tun und Unterlassen [C/OL]. in：Festschrift für Eberhard Schmidt, 1961：192.

[98] CLAUS ROXIN. Zur Kritik der finalen Handlungslehre [J]. ZStW 74 (1962)：530.

[99] 王海涛. 论犯罪中止自动性判断中的三大基本问题 [J]. 中国刑事法杂

志，2011（4）：6.

[100] 大谷实.刑法讲义总论[M].黎宏,译.北京:中国人民大学出版社,2008:352.

[101] 黎宏.日本刑法精义[M].2版.北京:法律出版社,2008:247.

[102] 托尔曼.动物和人的目的性行为[M].李维,译.北京:北京大学出版社,2010:1.

[103] VGL. Wolfgang Frisch. Straftat und Straftatsystem [C/OL]. in: Wolter/Freund (Hrsg.), Straftat, Strafzumessung und Strafprozess im gesamten Strafrechtssysem, 1996:56.

[104] 陈述.行为心理论[M].长沙:湖南师范大学出版社,2010:284.

[105] 黄希庭.简明心理学辞典[M].合肥:安徽人民出版社,2004:69.

[106] 张春兴.现代心理学:现代人研究自身问题的科学[M].上海:上海人民出版社,2009:327.

[107] VGL. Luís Greco. Das Subjektive an der objektiven Zurechnung: zum "roblem" des Sonderwissens [J]. ZStW 117 (2005): 541-542.

[108] 张丽萍,王运彩.心理学教程[M].北京:北京师范大学出版社,2011:213.

[109] ROXIN. Der fehlgeschlagene Versuch [J]. Jus 1981, S.1, 1. Sp.

[110] MAURACH, GÖSSEL, Zipf. Strafrecht, Allgemeiner Teil [C] //Teilband, 2, 7. Aufl., 1988, S.72-74, Rn.62-70.

[111] 山中敬一.中止犯[C]//现代刑法讲座.5卷.东京:成文堂,1982:388-389.

[112] 盐见淳.中止行为的构造[C]//中山先生古稀祝贺论集.3卷.东京:成文堂,1997:255.

[113] BAUMANN, WEBER, MITSH, STRAFRECHT. Allgemeiner Teil [J]. 10. Aufl., 199: 567, Rn.16.

[114] ULSENHEIMER. Grundfragen des Rücktritts vom Versuch in Theorie und Praxis [M]. 1976: 322-323.

[115] 俞国良,戴斌荣.基础心理学[M].武汉:武汉大学出版社,2007:378.

［116］周光权．刑法总论［M］．2版．北京：中国人民大学出版社，2011：202.

［117］大塚仁．刑法概说：总论［M］．冯军，译．北京：中国人民大学出版社，2003：221.

［118］韩忠谟．刑法原理［M］．北京：中国政法大学出版社，2002：180.

［119］弗莱彻．刑法的基本概念［M］．北京：中国政法大学出版社，2004：243.

［120］ROXIN. Rezension von Alexander Peter Gutmann, Die Freiwilligkeit beim Rücktritt vom Versuch und bei der tätigen Reue［C/OL］.ZStW, Bd. 77, 1965：98.

［121］黄荣坚．基础刑法学［M］．3版．北京：中国人民大学出版社，2009：364.

［122］甘添贵．刑法之重要理念［M］．台北：瑞兴图书股份有限公司，1986：144.

［123］王作富．刑法学［M］．2版．北京：中国人民大学出版社，2005：126.

［124］高铭暄．新编中国刑法学：上册［M］．北京：中国人民大学出版社，1998：224.

［125］平野龙一．犯罪论的诸问题：上（总论）［M］．东京：有斐阁，1981：149-150.

［126］齐佩利乌斯．法学方法论［M］．金振豹，译．北京：法律出版社，2009：140.

［127］蔡圣伟．论罪疑唯轻原则之本质及其适用［C］//战斗的法律人：林山田教授退休祝贺论文集．台北：元照图书出版有限公司，2003：139.

［128］韦塞尔斯．德国刑法总论［M］．李昌珂，译．北京：法律出版社，2008：376.

［129］王昭武．论中止犯的减免处罚根据［J］．河北工业大学学报（社科版），2009（1）：67.

［130］宁汉，魏克家．中国刑法简史［M］．中国检察出版社，1999：140.

［131］戴炎辉．唐律通论［M］．戴东雄，黄源盛，校订．台北：元照出版公司，2010：131.

[132] 高绍先.中国刑法史精要［M］.北京：法律出版社，2001：213.

[133] 蔡枢衡.中国刑法史［M］.北京：中国法制出版社，2005：199.

[134] 李韧夫，等.中英美刑法基本问题比较研究［M］.北京：法律出版社，2011：152.

[135] 史密斯，霍根.英国刑法［M］.李贵方，等译.北京：法律出版社，2000：358.

[136] 储槐植，江溯.美国刑法［M］.4版.北京：北京大学出版社，2005：107.

[137] 弗莱彻.刑法的基本概念［M］.王世洲，主译.北京：中国政法大学出版社，2004：242.

[138] 德肖维茨.法律的创世记：从圣经故事寻找法律的起源［M］.林为正，译.北京：法律出版社，2012：100.

[139] 黄兴瑞.人身危险性的评估与控制［M］.北京：群众出版社，2004.

[140] 沃尔顿.品性证据：一种设证法理论［M］.张中，译.北京：中国人民大学出版社，2012.

[141] 珀尔，麦肯齐.为什么？：关于因果关系的新科学［M］.江生，于华，译.北京：中信出版集团，2019.